圖解系列

圖解

國際貿易理論與政策

伍忠賢 博士 著

閱讀文字

理解內容

觀看圖表

五南圖書出版公司 印行

自序
實用易懂的國際貿易理論與政策

2012年起，國際財經新聞的顯學是區域經濟整合，跨太平洋夥伴全面進步協定（CPTPP，日等11國）、區域全面經濟夥伴關係協定（RCEP，東南亞10國＋6國），中國大陸「一帶一路」政策（2014年起）。2018～2019年國際財經新聞的主軸是美中貿易戰，這影響全球經濟、股市。全球、美、中與各國的國際貿易明顯成為影響各國政府、公司、人民生活工作投資的原因，社會需要一本「懶人包」式的書。

一、本書目標讀者

1. 大學生：這包括3個直接課程
   ⑴國際貿易系大三國際貿易理論、大四國貿政策；
   ⑵國際企業管理系國際投資；
   ⑶經濟系國際經濟學（不含國際金融）。
2. 企業人士與政府官員
3. 放眼華人圈

本書目標市場區域如下：「立足臺灣，胸懷中國大陸，放眼全球。」基於「80:20原則」，本書以美、中為主，針對臺灣的國際貿易現狀、國貿政策（經濟及能源部國際貿易署署長的報告）限於篇幅，請讀者上網查一下。

二、本書特色

1. 易懂：作者曾擔任專欄記者1.5年，文章白話易讀，寫作風格愈來愈生活化、口語話。
2. 實用：讀完本書讓你無縫接軌媒體上的美中貿易戰、各國貿易關係，而且知道歷史前因後果數字，得以鑑往知來。

三、全書架構（四篇16章）

1.第一篇（第1～4章）：全球經濟

本書「國際貿易理論與政策」，其中「國際貿易」是各國「需求結構」、「國內生產毛額」中「消費、投資、政府支出、國際貿易」中的一部分。本書從全球經濟角度切入、鳥瞰「全景」。

2.第二篇（第5～10章）：國際貿易

全景後，拉「近景」到「國際貿易」，這包括全球數字分析（第4～6章）、各經濟成長階段的出口型態（第7～8章）、國際貿易理論（第9～10章）。

3.第三篇（第11、12章）：國際直接投資

國際直接投資涉及服務貿易和國際設廠。

4.第四篇（第13～16章）：國際貿易政策

⑴ 第13章──國貿政策導論，以中國大陸改革開放、汽車業，來具體說明。

⑵ 第14章──世界貿易組織是全球貿易投資的準則

⑶ 第15章──區域經濟整合，這是任何一國在國貿政策的重大決策。

⑷ 第16章──美中的經貿政策、組織設計，兼論技術性貿易政策。

四、感謝

本書的撰寫，感謝許多人的協助。

恩師中央研究院院士麥朝成教授，2014～2015年我在淡江大學產業經濟研究所碩士班，旁聽1.5年的區域經濟課程，並且數年承恩師私下指教，讓我如同廚師般有「好手藝」。

本書經過四次大改寫，約1,000頁，你們看到的是第四版，這必須感謝「谷歌」，讓我很有效率地看到全球的資料庫、研究報告、論文。有好食材，再加上廚師的好手藝，就成了膾炙人口的本書了。

伍忠賢

謹誌於臺灣新北市新店區

2019年5月

本書四篇16章架構

投入	轉換	產出
生產因素市場 經濟政策	商品市場	經濟產出

投入

第4篇　國際貿易政策
ch.13　國際貿易政策
ch.14　世界貿易組織下的國際貿易政策
ch.15　區域自由貿易協定
ch.16　美中經貿政策與組織

轉換

供給面產業結構

需求結構
一、消費
二、直接投資
第3篇　全球直接投資
ch.11　海外直接投資
ch.12　海外直接投資理論
三、政府支出
四、國際貿易
第2篇　國際貿易
ch.5　國際貿易分析
ch.6　國際貿易商品分析
ch.7　國際貿易地理分布分析
ch.8　各經濟成長階段的出口貿易
ch.9　國際貿易理論
ch.10　服務貿易

產出

全球經濟
第1篇　全球經濟
ch.1　全球經濟快易通
ch.2　經濟效率與所得分配
ch.3　全球經濟的生產因素市場、產業結構
ch.4　全球經濟的供給面

本書目錄

本書目錄

第 6 章　國際商品貿易的商品分析

第 7 章　國際商品貿易的地理分析

本書目録

本書目錄

第 14 章　世界貿易組織是全球貿易投資的準則

第 15 章　區域經濟整合

第 **16** 章　世界貿易組織架構下的國際貿易政策：兼論美中經濟貿易政策與相關部會

第 1 章

全球經濟快易通

● ● ● ● ● ● ● ● ● ● ● ● ● ● ● ● ● ● 章節體系架構 ▼

Unit 1-1
為什麼要學國貿理論與政策

　　人的時間、財力有限，所以在排事情的優先順序時，大抵會依順序做「緊急重要」、「緊急不重要」、「不緊急重要」、「不緊急不重要」的。學習以提升自己的工作能力比較偏「不緊急重要」，任何一本書、一位老師，在一開始時，便需把「為何而戰（學）」講清楚、說明白。當學習動機愈多（例如：必修學分、經建行政公職人員高考、普考，可以學到東西），學習動機更強。本書跟作者所有書一樣，皆強調個人在「工作」、「生活」、「投資」三方面讓你「實際運用」（簡稱實用）。

一、追本溯源，知其因，才能預測結果

　　日常生活中，我們常需要許多預測，讓我們生活更順遂，例如：交通路況、每週六的下週一油價預測和天氣預測，包括溫度、下雨或下雪等。冷鋒像海浪般一波一波最容易精準預測到的時間（甚至可精準到週五晚上7點等）。

　　掌握環境，才能未雨綢繆；同樣的，由右圖可見，在第四欄中，我們的工作、生活、投資都取決於大環境，大環境跟氣候一樣，有脈絡可循，以實體經濟的四率（經濟成長、物價上漲、利率、匯率）來說，這些是經濟產出，「有因必有果」，所以往前了解其「因」是很重要的。

　　由右圖第一欄可見，政府相關經濟政策、貿易政策影響國際收支經常帳（current account），中央銀行的貨幣政策影響金融帳（financial accounts）。國際貿易相關理論協助你了解國際貿易政策的走勢與內容，國際金融讓你更能看清金融帳的發展。

二、工作

　　一般依公司營業區域分為兩大類（以中國大陸來說）。
1. 出口／進口公司：中國大陸主要出口行業是電子業，90%以上營收來自出口；主要進口行業是食品業（例如：油脂業進口黃豆）、石化業（進口原油）、鋼鐵業（進口鐵礦砂等）。
2. 國內需求公司：以國內需求為主的服務業（占總產值51.6%，國內生產毛額GDP，本書簡稱總產值）中的零售業（占總產值9%）來說，便利商店（主要是日本零食）、量販店（主要是食品、日用品）、百貨公司（主要是精品、服裝）至少有二成商品是進口。

進行國際貿易須考慮商品匯率、區域等。

三、生活

　　中國大陸是個大型開放的經濟體系，「開放」顯現在一些生活層面，以2020[*]年為例：
1. 出國1.8億人次、入境1.95億人次：2020年人口14.2億人，一年約1.8億人次出國，占總人口12.5%，100人一年有13位出國，會涉及買外匯或信用卡刷卡匯率。外幣支出金額愈大，匯率差就愈大。
2. 買進口品：以進口消費品最大項汽車為例，一年汽車銷量2,900萬輛，有5%（約145萬輛）是進口汽車，約人民幣7,200億元。其中進口汽車四成來自日本、德國，抓緊匯率點，人民幣支出會差二、三萬元。

---

[*] 本書主要以2020年預測值為準。人口數字來自美國商務部人口普查局（之人口時鐘）；總產值來自世界銀行。

投　資

投資依其目的分成兩大類

1 直接投資　中國大陸一年約到海外投資1,300億美元、外資到中國大陸約1,350億美元。

2 金融投資　包括兩中類：
- 證券投資：人民幣約3兆元在海外基金、股票投資。
- 商品投資：例如：海外房地產投資。

國際貿易對個人工作、生活與投資的關聯

投入	產出		
政府相關經濟政策	國際收支 （balance of payment）	經濟產出 （economic output）	個人需求

| 商務部
國際貿易政策
1. 多邊、雙邊自由貿易協定
2. 出口、進口政策 | 經常帳順差
1. 商品貿易順差
2. 服務貿易順差 | 一、實體經濟
1. 經濟成長率
2. 物價上漲率
3. 失業率
4. 所得分配
5. 利率
6. 匯率 | 工作
1. 出口商品
2. 出口區域
3. 報價 |

國際貿易
相關理論

二、金融面
1. 股價指數
2. 債券殖利率
3. 房地產價位

生活
1. 出國
2. 買進口品

| 中央銀行貨幣政策
1. 利率政策
2. 匯率政策 | 金融帳逆差
1. 直接投資
2. 金融投資 | |

1. 金融投資
- 股票（型）基金
- 債券
- 外幣存款

2. 商品投資
- 保險
- 房地產
- 其他

國際金融
相關理論

003

Unit 1-2
了解全球商品、服務貿易統計的目的：趨吉避凶——
以農礦產品為例說明

許多書以各種分類（例如：地理範圍、人均總產值），把商品（出口、進口）、服務（出口、進口）作表比較，你可以直接上世界貿易組織的「世界貿易統計回顧」（World Trade Statistic Review）年鑑。以臺灣的高中地理來說：第2冊討論人口與產業結構，第5冊應用地理（上）可說是經濟地理。例如：第2、4章產業國際分工，在本書第8章各經濟成長階段的出口貿易；第15章區域經濟整合，在本書第16章作兩國貿易的協定。

一、挑大分類中農礦產品來分析的原因

限於篇幅，以商品中兩大類中的農礦產品為例，原因如下：
1. 跟人民生活息息相關，所以媒體爆光率高。
2. 以金融投資的角度：期貨市場中的主角之一是商品期貨，包括農產品、能源（原油）等。

二、工作

許多人的工作都跟農礦產品有關，由產業供應鏈來說，必須預測未來，才能妥籌對策。
1. 農礦公司，可說是農礦的供給端。
2. 農礦加工公司，對農礦原料有商業需求（business needs）。以作沙拉油的食品公司來說，當預期黃豆價格會大漲，可大量買進黃豆現貨或期貨，以提前固定住數量、成本。
3. 零售公司：同前項。

三、生活

生活中最跟國際貿易相關的有二，一是買進口汽車和家電；一是出國旅遊，這些跟匯率有關。匯率往往是國際貿易的結果。

四、投資

日常生活中，當原油價格上漲，由於安全等因素，家庭無法儲存汽油（柴油）給汽車用。「漲」什麼，就投資什麼，由投資獲利，大大可以彌補農礦產品上漲帶來的「什麼都在漲，只有薪水不漲」的悶經濟。

初級商品價格數量對各層級的重要

地理層級	說　明
一、全球 1.產出 　消費者物價 2.需求結構 　國際貿易 　　・農產 　　・油礦	占比率 農礦商品約占25% 以出口來說 10% 14%
二、一國 1.產出 　消費者物價指數	20%
三、公司 1.商品相關公司 2. 投資人	1. 食品（加工）公司：買小麥做麵粉，買黃豆做沙拉油 2. 能源需求公司：石化、電力公司 3. 礦產品：鋼鐵公司、電纜公司 以商品期貨來說，農、礦商品期貨是期貨交易大宗

個人、公司了解農礦產品行情的三大用途

大分類	中分類	小分類	說　明
一、工作	1.上游：農礦（原料） 生產公司	①農產公司：農林漁牧 ②礦產公司：煤、油、天 然氣	看清趨勢，低買高賣，贏在「採 購點」
	2.中下游：農礦公司、 加工公司	①食品：例如食品公司 ②油：例如石化公司 ③礦：例如電力公司	以進口黃豆、玉米、小麥等食品 公司來說，騎車、開車甚至搭車 的人都會體會油價高壓力 煤礦價格影響電力公司成本，進 而影響電價
	3.下游：零售公司	①綜合零售公司 ②專業零售公司	―
二、生活	1.耐久品	①房屋　②汽車 ③家具、家電	以進口汽車、家電來說，看清匯 率趨勢，採購價格差很多。
	2.消費品	①食　②衣 ③育　④樂	消費品價格較低，不需「屯積」 （提前消費）
三、投資	1.股票	①大宗物資概念股 ②農產品、油 ③基金	在極端氣候影響下，全球很容易 旱災、水災，以致農產品價格狂 飆，抓住趨勢，便容易獲利
	2.債券	同上	―
	3.期貨	①農產品期貨 ②原油期貨 ③礦產期貨	―

Unit 1-3
2020年全球經濟全景：擴增版一般均衡架構

　　當你拍照、拍影片時，或看電影時，大抵是由大到小運鏡：全景→近景→特寫。全球經濟的全景詳見右圖，這是以擴增版一般均衡架構當基礎，先見「林」，再見「樹」（例如：一個國家的經濟，甚至只是其中需求結構中的國際貿易，這是本書焦點），便知道前因後果了。

一、擴增版一般均衡架構圖

1. 一般均衡架構（general equilibrium frame work）：由右下小檔案可見，在瓦爾拉斯的一般均衡架構，同時考慮「投入」面的生產因素市場（production factor market），俗稱生產要素市場和「產出」面的商品市場（commodity market）。
2. 擴增版（augmented GEF）：擴增版是指在前述二個市場再加上「轉換」兩項。

二、投入：生產因素市場

由右圖第一欄可見五種生產因素與相關數字。

三、轉換：產業結構（industrial structure）

一般指「轉換」，是指生產函數，本處是指兩項。
1. 產業（industries）：即一級、二級、三級產業，即農、工、服務。
2. 產業結構：由圖可見，農業產值占全球總產值（world gross product, WGP, 但常用world GDP）4.4%，比率很小；工業占28%，也不大；服務業占67.6%（美國大抵如此）。

四、產出I：商品市場（commodity market）

　　（最終）商品市場包括資本品（capital gross, 約占10%），消費（consumer product或consumption goods），由圖第三欄可見，常見的是大一經濟學中所稱。
1. $Y = C + I + G + (X - M)$：這是學過經濟學的人記憶深刻的國民所得恆等式。
2. 全球的需求結構：在全球需求結構中，一國出口，便有一國進口，一加一減得零，所以國際貿易占比重0。

五、產出II：經濟績效（economic performance）

經濟績效包括兩中類：
1. 經濟效率（economic efficiency）：這俗稱「把餅做大」（grow the pie或make the pie bigger）。
2. 分配公平（distributive justice）：這是指「不患寡而患不均」，詳見第3章。

全球經濟：擴增版一般均衡架構			2020年
投入	**轉換**	**產出**	
生產因素市場 （production factor market）	產業結構 （industrial structure）	需求結構 （need structure）	經濟績效 （economic performance）
五種	三級產業	四大類	193國

自然資源
1. 土地
2. 水電
3. 礦
4. 空氣
5. 其他

服務業
占67.6%
（詳見chap.5）

消費
占60%
人口78.5億人
（詳見Unit1-6）

經濟績效
（2020年）
1. 總產值93.084兆美元
（詳見Unit1-5）
2. 經濟成長率3%
（詳見Unit1-9）
3. 人均總產值1,185美元
（詳見Unit1-5）
4. 失業率5.5%
（詳見Unit2-3）
5. 物價上漲率1.8%
（詳見Unit2-1）

二、分配正義
1. 所得分配
（詳見chap.3）
2. 財富分配

勞工
約 36 億人

工業
占28%
（詳見chap.3）
1. 製造業 占22.3%
2. 營建業 占5.8%
3. 礦產業

投資
詳見
chap.11～16
占23%

資本
1. 機器設備
2. 資金

政府支出
占17%

技術
1. 人工智慧所帶來的智慧製造
2. 5G通訊

農業
占4.4%

國際貿易
詳見chap.5～10
1. 出口
2. 進口

企業家精神
創業、創新

007

一般均衡理論架構（General Equilibrium Theory）

時：1874年
地：瑞士洛桑市
人：里昂·瓦爾拉斯（Leon Walras, 1834～1910）
事：在《純粹經濟學定義》書中，提出一般均衡架構。

Unit 1-4
全球經濟資料來源

你上網查美國、全球經濟成長率，至少會有世界銀行、國際貨幣基金、環球透視公司等資料來源。或者你查相關文章，大部分機構、人都會註明資料來源，少部分人語意不詳。只要你看三篇文章，往往會發現縱使講同一件事（例如：2019年全球經濟成長率），竟然會有三個不同數字，那麼以誰為據？我的作法是聽聯合國的，尤其是世界銀行。

全球總體經濟資料來源

領域		資料統計機構	資料性質
一、經濟效率			
（一）經濟成長率		・世界銀行	每半年發表「全球經濟展望」（Global Economic Prospect, GEP）
		・國際貨幣基金	每1季（1月22日、4月12日、9月11日、12月22日）發布「世界經濟展望（World Economic Outlook）」
		・環球透視公司（HIS Global Insight Inc.）	每季第2個22日發布上一季全球、各國經濟成長率
（二）總產值		美國聯邦準備銀行聖路易分行	
（三）人均總產值		・世界銀行	維基百科上的左述三個數字皆有，國際貨幣基金是去年資料，聯合國、世銀是前年資料
		・國際貨幣基金	
		・聯合國	
（四）人口數			
	1. 未來	聯合國經濟和社會事務部人口司	每二年（奇數年）6月21日發布「世界人口前景展望」，預估到2100年全球
	2. 數目	・美國商務部人口統計局	隨時有全球人口時鐘
		・Davidson Institute	Worldometers世界實時統計數據世界人口等
（五）就業		國際勞工組織（International Labour Organization, ILO），瑞士日內瓦市	每年1月23日，發布「世界就業與社會前景趨勢」（World Employment and Social Outlook）

全球總體經濟來源（續）

領域	資料統計機構	資料性質
（六）物價上漲率	・世界銀行	1960年起
	・國際貨幣基金	global inflation rates
二、生活水準	英國經濟學人旗下經濟學人智庫	以全球133個大城市，160樣商品服務比較
（一）人類發展狀況	聯合國開發計畫署	每年11月5日人類發展指數（human development index，自1980年起編，成人平均受教育年數（mean years of schooling）
（二）貧窮	世界銀行	2017年起，偶數年公布一次（Poverty and Shared Prosperity reports）窮人人數、貧窮比率估計值
（三）所得分配	1973年成立聯合國大學，旗下World Institute for Development Economics Research（WIDER），1984年成立	World Income Inequality Database（WIID）

總體經濟資料庫公司

成立時間	2007年	2007年
地點	德國漢堡市	美國紐約州紐約市
公司	Statista	Yardeni研究公司
資料來源	18,000個，主要是各國公務統計機構	同左，由美國紐約市哥倫比亞大學經濟系教授Edward Yardeni成立
國家／行業	50個工業、服務業等	主要是證券分析

經濟體（economy 或 economics）

這指國家以外的經濟單位，常見有兩種：
1. 超國家組織，主要指歐洲聯盟。
2. 一國內獨立地區，例如：中國大陸香港。

Unit **1-5**
全球總產值與人均總產值

　　全球有多少人，讓你三選一：7.8、78、178億人？許多人會選78億人，因為有個參考值：中國大陸14億人，全球每五人中便有1人是中國大陸人。全球人口數好推論，那麼全球「國內生產毛額」（GDP，本書簡稱總產值）、經濟成長率呢？或許有些人知道全球第一大經濟國美國占全球總產值約23%，但是不知道美國總產值多少，還是無法推論出全球總產值。本單元說明。

一、全球生產毛額

　　「國者，人之積也」；同樣的，把「全球當一國」，把各國當「人」，那全球由200個國家組成。全球生產毛額這英文字是這麼來的。

　　1. 國內生產毛額（Gross Domestic Product, GDP）：每個國家皆有「國內生產毛額」。

　　2. 全球生產毛額（Gross World Product, GWP）：把前述英文中「國內」擴大為「全球」，便得到全球生產毛額這名詞，只是用的人不多，許多人還是習慣用World GDP這詞。由上述可見全球總產值是把各國總產值加總起來。

二、1950年代起，各國漸採取聯合國的國民經濟制度

　　1. 1937年以前，全球各國總產值是沒統計的：1937年美國先推國民所得制度，1940、50年代，歐洲各國（不含蘇聯）跟進。1953年起，聯合國推動國民經濟會計制度（System of National Accounts, SNA）。大體來說，1970年代起，全球各國陸續使用。

　　2. 經濟史學者估計中、印、歐洲（德法蘇）、美、日總產值：在1937年以前的二大文明古國（中、印）、現代經濟大國（西歐）、當代（美、日）總產值，主要是三位經濟史學者所估計。

三、全球人均總產值

　　全球總產值除以全球人數等於全球人均總產值（World GDP per capita），套用羅斯托（Walt W. Rostow, 1916~2003）的經濟成長階段理論（take-off model），大抵來說如下：

　　・1970年起，起飛前準備

　　・1990年起，起飛階段

　　・2020年起，成熟階段；人均總產值11,857美元，這剛好是中國的「全面建成小康社會（building a moderately prosperous society）」目標。

全球總產值（Gross World Product, GWP）

$$= \sum_{i-1}^{n} GPDP_i \qquad i=各國 \qquad n=193國（以聯合國會員來說）$$

以2020年為例：

93.084兆美元＝美國總產值＋中國大陸總產值＋…＝22.12兆美元＋15.26兆美元＋…

（占23.76%）　　（占16.39%）

註：2020年全球總產值：88.081兆美元×（1＋5.6766%）＝93.084兆美元

全球總產值

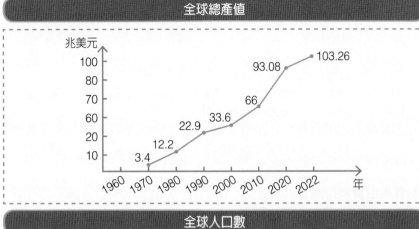

全球人口數

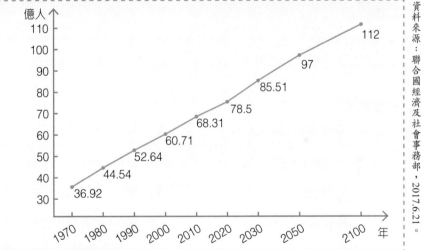

資料來源：聯合國經濟及社會事務部，2017.6.21。

全球人均總產值

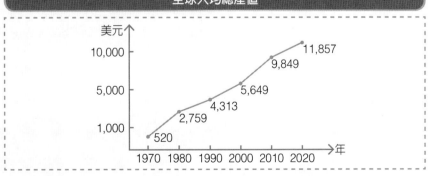

Unit 1-6
世界人口

圖解國際貿易理論與政策：國際經濟與區域經濟

人口經濟學（population economics）中，對人口有雙重意義。

· 供給端：五種生產因素中，勞力（labor force）是第二項，但隨著資本（機器設備）、技術進步，勞力重要性漸減。

· 需求端：需求結構中「消費」（約占全球總產值60%）、「投資」（占23%）、政府支出占17%、國貿0%；消費主要來自人口數、購買力（所得、財富）。

一、全球人口資料來源

因南亞、非洲（54國）許多國家沒有戶籍制度，像印度有多少人口數是估計的，全球人口數目也是估計而得之。常用的人口數有二個來源：聯合國、美國商務部人口統計局。

二、全球人口數目

全球人口數字現狀大抵如下：2020年約78.5億人，其中中國大陸14.15億人、印度13.9億人。

三、總生育率

人口成長率取決於「婦女總生育率」與「死亡率」（全球約1%）。

1. 婦女生育率：由右圖可見，全球婦女的總生育率從1950年代的戰後嬰兒潮4.94人，逐年降低，其中1979年9月15日中國大陸政府針對城鎮居民實施「一胎化」（2015年10月解禁），預估減少4億新生兒，這是1980年起，全球總生育率大幅降低主因。

2. 人口成長率1.16%：每年增加8,300萬人，至2020年約有78.5億人。

012

四、全球人口預測

2050年全球可能會有多少人？這涉及對全球婦女總生育率的假設，分成「高」推估（例如：2.5人）、「中」推估（例如：2.3人）、「低」推估（例如：2.1人），圖中2030、2040年是中推估。2050年推估人口數97億人（美國商務部人口統計局預測，92.5億人）、2100年112億人。

總生育率（Total Fertility Rate, TFR）

▶ 每位婦女（尤指15～49歲，俗稱生育年齡）一生中生子女數目（births per woman）。

▶ 維持人口數目的替代生育水準2.1人，多的0.1人是因為部分子女可能會「中途」死亡，無法安享天年。臺灣在1984年起，低於2.1人。

全球婦女總生育率（TFR）

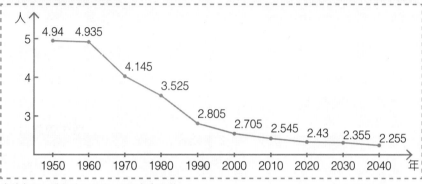

資料來源：聯合國人口司，2012年中估計。

全球人口成長率

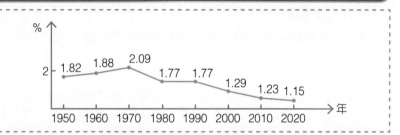

全球失業率   單位：%

年	1990	1992	1992	1993	1994	1995	1996	1997	1998	1999
	—	6.067	5.972	6.069	6.158	6.158	1.251	6.317	6.446	6.558
年	2000	2001	2002	2003	2004	2005	2006	2007	2008	2009
	6.369	6.352	6.512	6.502	6.355	6.301	5.938	5.542	5.668	6.211
年	2010	2011	2012	2013	2014	2015	2016	2017	2018	2019
	6.082	6.029	5.971	5.92	5.764	5.702	5.379	5.6	5.5	5.5

資料來源：國際勞工組織，World Employment Social Outlook, 2018。

由主要國家失業率推估全球失業率

1	中國大陸	5%×0.16＝0.8%
2	印度	—
3	美國	3.8%×0.236＝0.897%
4	印尼	—
5	蘇俄	—
6	巴基斯坦	—

Unit 1-7
全球土地面積／人口分布

全球五大洲（不含冰封的南極洲）的土地面積、人口數不同，這影響各洲的生產、需求等。

一、世界人口相關屬性

1. 性別屬性：重男輕女的南亞國家（印度等）仍有胎兒性別篩選的作法，全球男女性別相近。由於衛生（主要是飲水）、疫苗、醫療的發達，全球人類壽命近71.5歲，全球人口年齡愈來愈老，工業國家大都老年人口已占14%（老年社會）。

2. 區域分布：以2020年來說，亞洲59.43%、非洲17.1%、歐洲96.3%、美加4.75%、拉丁美洲8.53%。

二、五大洲占全球人口比率

以全球五大洲的人口分布來說，這有歷史典故。

1. 2015年：亞洲第一

10萬年前，人類從發源地非洲外移，亞洲有地利之便，一直是全球人口最多的洲，占全球人口60%；美洲是從1607年英國建立美洲殖民地，因移民成為全球人口第三大洲。亞洲占全球土地面積32.6%、占全球人口60%，人口密度最高；另一極端是大洋洲（主要是澳大利亞），可用地廣人稀形容，占全球人口0.5%。

2. 2050年：非洲人口大幅成長

非洲是全球人口第二大洲，由於出生率高（總生育率4.7人），預計2050年占全球人口21.8%。

三、2020、2030年人口十大國人口數目

聯合國會員193國，以人口前十大國來說，有兩個衡量人口集中的數字，由下表可見。
- 第1～5大國，占全球人口46.27%。
- 前10大國，占全球人口57.375%。

十大人口大國人口數

全球：2020年78.5、2030年85.81億人　　　　　　　　　　　　　單位：億人

排名	國家	2020年	2030年	排名	國家	2020年	2030年
1	中國大陸	14.15	14.41	6	巴基斯坦	2.1	2.44
2	印度	13.9	15.13	7	奈及利亞	2.1	2.64
3	美國	3.35	3.547	8	孟加拉	1.7	1.856
4	印尼	2.75	2.96	9	俄	1.47	1.405
5	巴西	2.17	2.25	10	墨西哥	1.35	1.475

人口因素對全球供給需求的影響　2020年

項目	生產因素市場：供給面	商品市場：需求面
一、人口數目		
1.人口數	勞工人數35.27億人	全球人口數78.5億人
2.成長率	—	1.15%
二、人口分布		
1.性別	許多國家（例如：印度）對女性工作岐視、限制	男50.4%、女49.6% 此比率正常
2.年齡 ①年齡結構	14歲以下26.3%、15~64歲65.9%、65歲以上7.9%	
②平均壽命	—	71.5歲
③區域分布	—	工業國家普遍面臨人口老化問題，老年人消費能力較低
三、區域分布	—	1.人口成長區：非洲、亞洲（尤其東南亞、南亞）、拉丁美洲 2.人口停滯區：歐洲、北美

資料來源：英文維基百科，" List of countries by life expectancy "。

五大洲土地、人口比重

洲	土地面積（%）（萬平方公里）		人口比重（%） 2010年	2020年	2050年
亞洲	4,400	32.6	61	59.43	57.2
美洲	4,200	31.1	12.499	13.28	11.77
・北美	2,400	17.77	6.366	4.75	4.48
・拉丁美洲	1,800	13.33	5.733	8.53	7.29
非洲	3,000	20.2	15.12	17.11	21.8
歐洲	1,000	7.4	10.839	9.6	8.72
大洋洲	900	6.67	0.538	0.53	0.51
合計（不算南極洲）	13,500	100	100	100	100
			68.148億人	78.5億人	97億人

資料來源：比重部分，聯合國人口司，2008年。

Unit 1-8
美日中總產值占全球總產值比率

2005年起，全球經濟由美中「兩大國」（Great Two, G2）主導。尤其從2012年11月中國大陸習近平掌權後，美中在全球經濟各方面都在爭取國際話語權（international discourse right）。本單元說明美中在全球總產值比率的歷史演進。

一、1760年以前，中、印曾長期居全球總產值第一、二位

在1970年全球各國主要採取聯合國全球經濟會計制度之前，針對各國人口、總產值的推估，由右表可見，歐美有兩個重要資料來源。大抵可說，中國大陸在西元0年占全球總產值比率約26.2%、1000年22.7%。

二、1970年以來

1970年以來，全球十大經濟國有聯合國、世界銀行和國際貨幣基金統計，本書採用聯合國資料，因其有考慮蘇聯。

1. 1980年日本成為全球第二大經濟國

1970年時，美國占全球總產值32.22%，第二名蘇聯占13.202%，中國大陸第八名占2.787%，第三名日本占6.369%。1961年起，隨著歐、日、印度等經濟崛起，美國在全球經濟的份量大跌，1970年跌破30%、1980年23.337%，之後大抵在這位置。由於蘇聯（1991年解散）沒依聯合國的國民所得會計制度，所以有人主張1968年日本超越德國成為全球第二大經濟國。如果把蘇聯考慮進來，1998年才開始成為第二名。

2. 2010年中國大陸成為全球第二大經濟國

1994年，由於日圓升值，日本占比率到頂點17.849%，之後便一路下跌，此消彼漲，2001年美國比率高到31.882%。之後，隨著中國大陸快速升起，美國占全球總產值比率逐漸下滑。

3. 2032年，中國大陸占全球總產值23%

這對中國大陸來說，可說是黃金交叉。

美國的景氣循環

年：1869年以來

人：美國國家經濟研究局（NBER）

事：150年來擴張期平均約39個月，收縮期約17.5個月。最長的擴張期1991年3月開始的第32個景氣循環共120個月；後收縮期為18個月。第34個循環谷底是從2007年次貸危機後2009年6月開始，至2018年12月，9年6個月，共144個月。第三長的擴充期是1961年2月開始的第27個循環共106個月，之後收縮期為16個月。

歷史上全球總產值各國比率（Share of World GDP throughout History）

項目	I	II
時	2001年起	2006年10月12日
地	經濟合作暨開發展組織的發展中心，法國巴黎市	美國加州柏克萊大學
人	英國人麥迪森 （Angus Maddison, 1926～2010）	美國人德隆 （J. Bradford Delong, 1960～）
事	《The World Economy》 第1卷：A Millennial Perspective, 2001年 第2卷：Historical Statistics, 2003年 《The World Economy: The Unbroken Window》引用次數6,057次	Estimating World GDP, One Million B. C. – Present, 1998，中國大陸、印度、英、法、德、美、日在全球總產值中的比重

1960年起美中日總產值占全球總產值比率

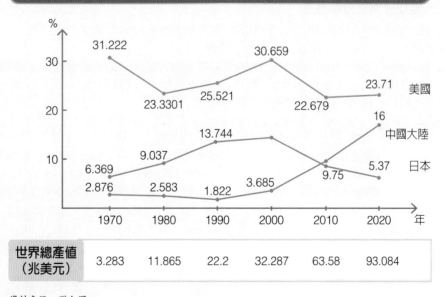

世界總產值 （兆美元）	3.283	11.865	22.2	32.287	63.58	93.084

資料來源：聯合國

　　維基百科，歷年世界十大經濟體國內生產總值表。

Unit 1-9
全球經濟成長率

　　「一人得道，雞犬生天」，「覆巢之下無完卵」；這些俚語都貼切說明全球經濟成長率好（例如：3%以上），大部分國家都吃香喝辣；但全球經濟率差（2%以下），那就很多國家人民「勒緊褲帶，過苦日子」。

一、全球經濟數值

　　全球經濟數值大都是把各國依其占全球總產值的比率，加權平均而得，這包括經濟成長率、人均總產值、失業率、物價上漲率、所得分配的吉尼係數（或大島指數等）。

二、全球經濟成長率

　　全球經濟成長率（World Economic Growth Rate）是把200個國家的經濟成長率加權平均而得，主要是前十大經濟國。

三、全球經濟成長率歷史

　　鑑古知今，由右圖可見，全球經濟成長率逐漸升高，原因主要有「技術」（工業革命）、各國經濟陸續進入「起飛」階段。

1. 1800年以前，0.5%以下：1760年左右第一次工業革命，在此之前，農業占各國總產值極大，農業受限於氣候（看天吃飯）、耕地、人力等，產值不易大成長，1800年前，全球經濟成長率0.5%以下。
2. 1800～1900年0.6～2.5%：1800年起，英法德經濟受惠於第一次工業革命，1870年起，美國、日本（1870年明治維新）經濟受惠於第二次工業革命。全球經濟成長率隨著二次技術進步、更多國受惠，經濟成長率從0.6%上升到2.5%。
3. 1950～2000年3.12～4.0%：1948～1960年的戰後重建潮、1945～1965年的戰後嬰兒潮（baby boom, 共8,100萬人）；第三次工業革命（1964年起）；再加上經濟全球化。全球經濟成長率常為4%，尤其1955～1970年大都在5%以上。
4. 2000年以後3%：2000年，隨著日本經濟「消失的20年」（1991～2010年、美國經濟「失落的10年」（lost decade, 2000～2010年），全球兩大經濟國經濟成長率都在2%以下，拖累全球經濟成長率。

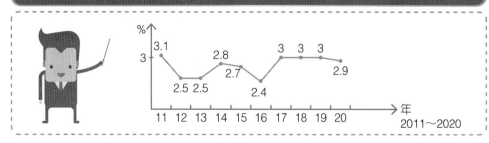

2011年起，世界經濟成長率

（圖：2011～2020年世界經濟成長率，數值依序為 3.1、2.5、2.5、2.8、2.7、2.4、3、3、3、2.9）

全球經濟成長率（World GDP Growth Rate）$= \sum\limits_{i-1}^{n} \dfrac{GDP_i}{GWP} \dot{y}$
（$\dot{y}$：經濟成長率，唸成 y dot）

以2020年為例：

$\left(\dfrac{\text{美國總產值}}{\text{全球總產值}} \times \text{美國經濟成長率} \right) + \left(\dfrac{\text{中國大陸總產值}}{\text{全球總產值}} \times \text{中國大陸經濟成長率} \right)$

$= \left(\dfrac{22.12}{93} \times 1.7\% \right) + \left(\dfrac{15.26}{93} \times 6.2\% \right)$

$= 0.404\% + 1.016\% = 1.42\%$

全球經濟成長率

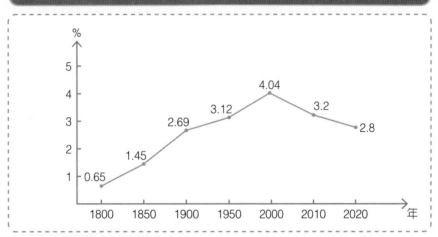

全球與中國大陸美國經濟成長率

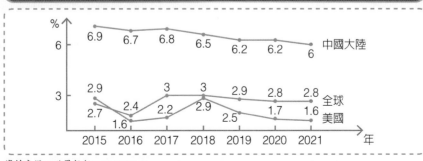

資料來源：世界銀行，2019.1.8。

019

Unit 1-10
全球經濟成長率的主要引擎：兼論美中對全球經濟成長率的貢獻

　　2020年全球經濟「成長」（growth，中稱增長）率2.8%，中國大陸的貢獻占33.1%、美國占16.207%，合計占49.307%，合稱全球經濟成長的雙引擎（Economic Growth Twin Engine）。

一、各國對全球經濟成長率的貢獻

　　以總產值占全球總產值40%的美中，以2020年情況來說明對全球經濟成長率2.8%的貢獻，有二種算法，詳見右表。

　　・主要方法：經濟份額乘上經濟成長率，美占14.428%、中國大陸占36.28%。

　　・次要方法：增量法。

二、1895～2000年，美國為主，日本為輔

　　20世紀（尤其是下半世紀），全球經濟成長率的貢獻主要靠美國，其次是日本。

1. 1895年起，美國成為全球第一大經濟國

　　由於第二次工業革命等之助，1895年美國總產值超過「大英帝國」，成為全球第一大經濟國，1945年總產值占全球總產值比重最高時40%。

2. 1968年起，日本成為全球第二大經濟國

　　不考慮蘇聯，1986年日本超越德國成為全球第二大經濟國；總產值1995年達到高點便衰退，2010年才恢復，號稱「失落20年」（lost two decades）。

三、2008年起，中國大陸為主，美國為輔

　　2010年起，全球經濟成長率33%看中國大陸、16%看美國。

1. 2001年起，美國經濟「失落10年」

　　2000年起，美國二次股市（2000、2008年）、一次房市（2006～2008年）泡沫破裂，經濟大傷，全球經濟成長率降至2%。美國總產值占全球總產值比重23.76%，乘上很低的經濟成長率，數字大減。

2. 2010年起，中國大陸成為全球第二大經濟國

　　中國大陸總產值占全球總產值比率16%以上，加上經濟成長率6%以上，二者相乘，力道大，成為拉動全球經濟成長的「單引擎」。

四、有「新平庸」這檔事嗎？

　　2015年，有許多人宣稱全球經濟進入「新平庸」（new mediocre），3%經濟成長率是「新正常」（new normal, 或稱新常態）。這話對工業國（歐美日）適用，但對新興國家不適用；中國大陸、東南亞、南亞印度，會一波波進入經濟起飛、經濟成熟階段，拉動全球經濟成長率在3%（以上）。

美中對全球經濟成長率的貢獻：2020年

國家	金額（兆美元）	方法一			方法二
		(1) 占全球總產值比率（%）	(2) 經濟成長率（%）	$(3)=\dfrac{(1)\times(2)}{2.9\%}$	總產值增量（兆美元）
美國	22.12	23.76	1.7	$\dfrac{0.404\%}{2.8\%}$ $=14.428\%$	0.868
中國大陸	15.26	16.39	6.2	$\dfrac{1.016\%}{2.8\%}$ $=36.2857\%$	0.56
全球	93	100	2.8		5

新平庸經濟（new mediocre economy）

時：1. 2014年11月13日
　　2. 2015年 1月24日
　　3. 2015年 4月 9日

地：1. 美國首都華盛頓區
　　2. 瑞士達沃斯鎮（Davos）的世界經濟論壇
　　3. 大西洋理事議（Atlantic Council），同1

人：拉加德（Christine Lagard），國際貨幣基金總裁。

事：先在國際貨幣基金出版的《世界經濟展望》中提出這名詞。
　　認為全球經濟成長率在3%以下是「新正常」（new normal），但這跟以前（1945～1970）黃金25年或2003～2007年的5%相比是平庸的。

世界人口展望（World Population Prospects）

地：美國紐約州紐約市

人：聯合國經濟與社會事務部人口司

事：公布〈世界人口展望〉，其中全球（各國）人口餘命，可見維基百科（英文）" List of Countries by Life Expectancy "。

第 2 章

全球物價與就業：
全球化與全球經濟政策

章節體系架構

Unit **2-1**
全球物價上漲率

把全球當成一個國家、把193國當成一國的各個省市，依占全球總產值比重，加權平均，可以計算全球物價上漲率（world inflation rate），本單元說明從完整紀錄的1970年起，全球物價由高往低分三階段發展。

一、全球物價上漲率的衡量

　　1. 全球物價上漲數學式：由右式可見，全球物價上漲率的數學表示方式。

　　2. 由美中兩國物價上漲率推估全球物價上漲率：美國總產值占全球總產值約23.76%、物價上漲率2%；中國大陸總產值占全球總產值16.39%、物價上漲率2%；小計0.245，由占全球總產值40%的美中物價上漲率0.803，大抵可推論全球物價上漲率約2%。

二、高物價（9%）時期：1973～1998年

　　這25年，全球有兩大因素，造成全球面臨停滯性物價上漲（stagflation），這物價上漲主要來自成本推動型。

　　1. 1973～1978年兩次石油危機

　　2. 1985～1998年新貿易保護主義：1980年代，各國（除了中東產油國）大都面臨經濟不景氣，紛紛採取貿易保護主義（補貼、雙邊數量限制、市場瓜分、關稅以外措施）。

三、中物價（3～5%）時期，1999～2012年（2007、2008年例外）

　　1999年起，隨著下列兩個原因發酵，全球物價上漲率5%以下。

　　1. 烏拉圭回合談判開始實施：從1995年迄1999年，工業品在工業國平均關稅稅率6.3%降到3.8%；新興國家15.3%降至12.7%。

　　2. 2001年12月，中國大陸加入世界貿易組織，低價的中國大陸製品大量流入各國。

四、低物價（3%以下）時期：2013年起

　　全球物價上漲率低於3%，供給面因素有美國液岩油氣大量供應，一桶原油價格50美元；需求面因素為中國大陸產能過剩，對鐵礦砂等需求大降。

五、以美國與中國大陸為例

　　全球物價上漲率可能很多人「無感」，換成任一國就能明白，右下圖以全球第一大經濟國美國的消費者物價上漲率來看，也是可見。甚至經濟中高速成長（6.5%）的中國大陸2017年物價上漲率1.6%，是10年來降至2%以下，2018年2.1%。

全球物價上漲率・公式

$$\sum_{i=1}^{n} CPI_i$$

$$= \frac{GDP1}{GDP}CPI_1 + \frac{GDP2}{GDP}GPI_2 + \cdots$$

$$= (0.2376 \times 2\%) + (0.1639 \times 2\%) + \cdots$$

$$= 0.4752\% + 0.3278\% + \cdots$$

國際貨幣基金的全球消費者物價上漲率

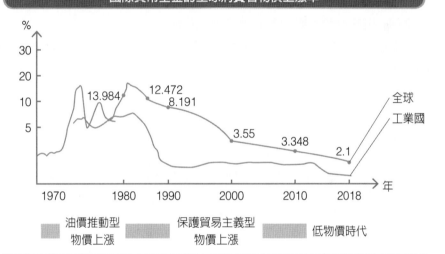

全球

工業國

油價推動型
物價上漲　　　保護貿易主義型
物價上漲　　　低物價時代

1998年5.19；1999年起5%以下；2007、2008年（8.9）例外；2013年起3%以下

全球物價上漲率

單位：%

地理範圍	2015年	2016年	2017年	2018年	2019年
全球	2.1	2.4	2.6	2.8	2.8
一、工業國家	0.2	2.7	1.5	1.9	2.1
美國	2.1	1.3	1.7	2.1	2.1
二、新興國家	4.4	5.2	4.4	4.3	4.1
中國大陸	1.4	2	1.6	2.1	2
三、轉型國家	15.8	7.8	5.3	5.1	4.6

資料來源：聯合國，2018.4。

Unit 2-2
影響全球物價水準的二大成本面因素

全球消費者物價未來會如何發展？由中國大陸的消費者物價指數的成分大抵可以看得出來。

1. 外部因素：中國大陸的糧食自足率80%、油氣自足率不到50%，糧食（占消費者物價比重32.7%）、油氣仰賴進口，容易因大宗商品、原油價格大漲，引發「輸入式物價上漲」（imported inflation）。

2. 內部因素：主要是「住」占22.7%（其中房租占14.632%），美國此項占30%；房價上漲會引發住宅、商店房租上漲；商店老闆大抵會把房租上漲轉嫁到商品／服務售價，讓給顧客負擔。

一、全球消費者物價影響因素的權威研究人員

談到全球消費物價影響因素的實證研究學者中，歐洲中央銀行的經濟研究處主管（principle economists）Miles Parker可說是其中翹楚。本單元以其研究結論做起頭。

二、農產品價格

由右頁小檔案可見，全球糧食價格指數由聯合國糧食及農業組織（FAO）編製。
由下圖可見，全球糧食價格指數走勢：

1. 供需比129比100：以2018／2019年為例，全球穀物供給34.162（其中產量25.952）億噸、需求20.13億噸，產比售多29%，另庫存7.62億噸（占需求28.76%）（摘自聯合國糧農組織「世界糧食形態」，2018.10.6）。

2. 影響供給因素：極端氣候的洪水、旱災等。

3. 影響需求因素：主要是全球經濟，尤其是中國大陸人民的吃肉。

三、原油價格的影響

原油價格主要影響消費者物價項目有二：「住」的水電燃氣、「行」的油料費。

全球農產品各年價格指數

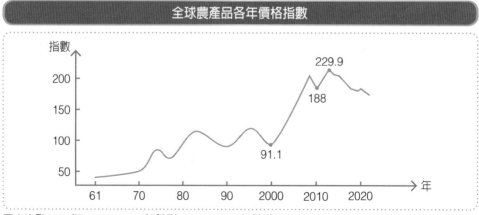

歷史高點2011年229.9，2014年跌到201.8，2015年跌破200。

食物、原油價格影響高所得國家的消費者物價指數

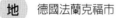

時　2017年2月

地　德國法蘭克福市

人　Miles Parker，歐洲中央銀行研究員，他可說是全球專攻全球物價上漲的人。

事　「食物、住宅、能源價格在全球物價上漲的角色」
　　　研究對象：223國／地區，分四類國家，高（工業）、中高、中、低所
　　　　　　　　得國。
　　　研究期間：1980～2012年。
　　　資料來源：世界銀行、各國。
　　　研究方法：多變量、迴歸分析等。
　　　結　　論：全球因素（糧食、油價）能解釋高所得國家的物價上漲。

全球農產品價格指數編製機構（FAO Food Price Index, FFPI）

時　每月月初發布

地　義大利羅馬市

人　聯合國糧食及農業組織（FAO, Food and Agriculture Organization of the United Nations），1945年10月16日成立。

事　糧農組織價格指數
　　　基期：2002～2004年
　　　項目：穀類26項，植物油10項，糖、肉4項，乳製品4項
　　　權重：各類商品的平均出口貿易比重
　　　以《穀物供需簡報》來說，1年發布9次。

Unit 2-3
全球失業率

全球經濟成長率、物價上漲率都是把各國相關數字加權平均而得，本單元討論全球失業率（world unemployment rate, 經常以 jobless 來取代 unemployment）。

一、失業率的計算

失業率（unemployment或jobless rate）是失業人口數目除以勞動人口數目，由右圖可看出，以2020年例，下列三者相乘：

- 世界人口78.5億人。
- 乘上勞動人口比率：人口中15～64歲（中國大陸男性60、女性55歲）的稱為「勞動人口」。
- 乘上勞動參與率：勞動人口中有意願工作的占65%。
1. 全球勞工人數35.27億人。
2. 全球失業人口1.936億人，這個數字很模糊，主要困難是各國對「就業」的定義很寬，一天賺一美元算不算「有工作」？
3. 全球失業率5.5%。

二、失業率的估計

若你只有美中兩國的失業率數字，也可以「由小看大」，由占全球總產值40%兩國加權平均失業率乘上2.5倍，大抵可推估全球失業率。

三、世界失業率趨勢

世界失業率逐漸下滑，每10年降低0.226個百分點。這是因為全球貿易、投資的發展，1990年代中國大陸、東南亞，21世紀南亞、非洲陸續「工業化」，人民到工廠去，有工作可做，失業率逐漸降低。

四、全球失業率降低原因

1. 全球化讓新興國家的許多人有工作

全球化給新興國家有機會出口農礦產品、勞務密集的加工產品，把全球「經濟的餅」（總產值）做大，增加的工作機會比工業國家流失工作機會還多。

2. 工業4.0會提高失業率嗎？

智慧製造（常見是使用機器手臂生產）需要大投資，在工業國家，主要是彌補少子女化、老年化帶來的缺工問題。至於南亞、非洲的勞工勞資極低，從事勞力密集工作（衣服、鞋子等），這些用機器手臂來作是極不划算的。

就業人口（以**2020年**為例）

人口×勞動人口率×勞動參與率

＝78.5億人×0.7161×0.6274

＝35.27億人

失業率有兩種算法

1 一國一國算

$$\frac{1.936億人}{35.27億人}＝5.5\%$$

2 美中兩國來推估

$$\sum_{i-1}^{n}U_i＝（0.2376×3.6\%）＋（0.1639×5\%）$$
$$＝07128＋0.8195＝1.5323$$

由美中失業率去推估
＝1.673% / 0.3962 → 4.2226%

中國大陸失業率的調查

地區：城鎮，即不考慮鄉村。

人：國家統計局、人力資源和社會保障部。

事：調查方法是針對12萬戶家庭，採取門對門調查，2019年4月公布去年城鎮失業率。城鎮勞工約4.34億人、失業約0.22億人。

Unit 2-4
國際貿易2國（以美中為例）分工：資源配置更有效率

一個工廠的2位勞工便可能能力各有專精（有長有短），這時把生產步驟拆成2道，由各專精的人做其中各一道。這種分工（division of labor）方式，比2位勞工各作全部工作程序時產量要來得多。

技能專精（specialization）與工序（甚至產品）分工，對許多人來說是普遍常識。把範圍擴大到2個國家，只是勞工、公司、商品變多了，道理是一樣的。

一、貿易前：各自做2樣產品

在國際貿易前，美中兩國須自給自足。

1. 生產因素

・美國機器多、技術先進；

・中國大陸人多、勞動人口7.75億人比美國1.5億人多。

2. 商品：2種商品年產銷量如下

・中國大陸：汽車1,000萬輛（真實2,800萬輛），每輛30,000美元；衣服100億件（平均1年1人買7件），每件100美元。

・美國：汽車1,500萬輛，每輛20,000美元；衣服23億件，每件200美元。

二、貿易後：專精分工

進行國際貿易後，兩國在市場機制下，各自依生產成本較低的去生產，於是兩國皆可享受商品成本、價格下跌的好處；由右圖下半部可見。

1. 汽車2,500萬輛，平均成本15,000美元

美國汽車公司同時作美中市場，需求量2,500萬輛，可以往第二條短期成本線（$SRAC_2$）移動，並假設此處於長期平均成本線最低點，表示生產規模最佳。

2. 衣服123億件，平均每件成本80美元

中國大陸服裝公司作美中市場，分析方式如前述。

三、產業結構調整需要時間

上面從貿易前到貿易後，看似兩國都得利，至少消費者能有面對商品價格下降的好處。

1. 當比較優勢法則或絕對優勢法則美中各一強項：美國的成衣業沒立足之地，勞工必須轉到汽車業，其中一部分人能力不足，將面臨結構性失業。中國大陸汽車業沒生存空間，汽車業勞工面臨轉移到紡織業的問題。

2. 當絕對優勢法則適用，且中國大陸勞工、設備都強：在絕對優勢法則適用，且中國大陸的勞工、設備成本皆低，中國大陸可能「贏者通拿」（Winner-take-all），美國的工業勞工面臨工作機會破壞（job destruction）。

貿易前 　　　　　　　　2020年

中國大陸（14.15億人）　　　美國（3.34億人）

汽車：資本密集商品

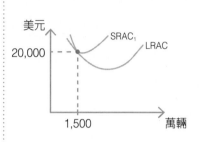

衣服：勞力密集商品

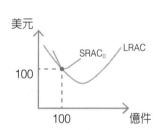
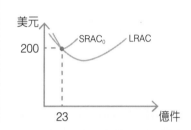

貿易後

衣服　　　　　　　　汽車

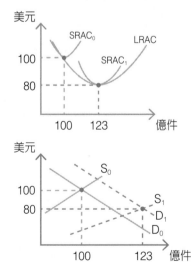

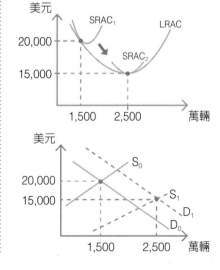

Unit **2-5**
全景：科技、全球化與其他對全球經濟的影響

　　全球200國，針對生產因素、產業、需求結構，皆會影響經濟績效（分成經濟效率、所得分配），在本單元中，我們根據下列兩個資料，得到表中結果。
　　・實證：2007年國際貨幣基金的研究。
　　・資料：主要是聯合國、世界銀行的資料。

一、投入：生產因素市場

　　國際貨幣基金針對生產因素市場考慮三項：
　　1. 勞工教育與就業：這包括勞工受教育年數，各行業就業比重。
　　2. 資金全球化中的放款：資金全球化包括兩項，一項放在全球化中，一項放在此項，稱為銀行等金融機構對公司、家庭的放款（private credit）。
　　3. 技術：技術的性質有二
　　　・對勞工有替代效果：大部分的技術進步，都能節省人力的，會全面影響「失業率」上升。
　　　・對物價有下降效果，一方面是省時省力，造成生產成本下降。

二、產出：需求結構中的投資與出口

　　經濟全球化（economic globalization）在需求結構中分在兩項：
　　1. 投資中的海外直接投資：一般來說，投資透過乘數效果（multiplier effect），有利於經濟績效；在此處，聚焦在海外直接投資流入（inward foreign direct investment），也就是俗稱「招商引資」（attract foreign investment）。
　　2. 市場自由化：國際貿易中的出口與關稅稅率自由化，市場全球化是指一國國內、國外需求中，外國因出口自由（例如：降低配額、關稅稅率），使本國出口的任督二脈打通。

三、產出：經濟產出

　　一般來說，科技提高機器和勞工生產力，全球化（尤其是生產全球化）提高生產因素「使用率」（例如：機器利用率），皆有利於經濟效率（指所得提高、物價下跌等）。

自動化造成失業的經典文章

時：2013年9月
地：英國牛津市
人：Carl Benedikt Frey 與 Michael A. Osborne，牛津大學教授。
事：「雇傭的未來：各職業會怎樣受自動化影響」（The Future of Employment: How susceptible are jobs to computerisation），此文引用次數3,310次
　　在 *Technological Forecasting and Social Change* 期刊上論文，第254～280頁。

生產因素、商品市場全球化對經濟績效的影響

經濟績效	生產因素市場全球化			商品市場全球化	
	1.1,1.2勞工等	1.3資金	2.技術	3.1直接投資	3.2出口
一、經濟效率					
（一）總產值					
1.人均總產值	+				
2.人民生活狀況	+			+	
（二）經濟成長率					
（三）就業	+		−		
（四）失業率	−			−	−
（五）物價上漲率	−		−	−	−
二、分配					
所得分配					
吉尼係數	−		+		

＋代表鄭影響、－代表赴影響，未標示者無影響。

了解全球化的重要書

時：1999年3月
地：英國杜倫市
人：大衛・海爾德（David Held）等四人，其中三人是開放（Open）大學教授。
事：*Global Transformations: Politics, Economics and Culture*, Polity Press and Standford University Press.
　　引用次數7,500次。

經濟全球化的常用指標── 全球國際貿易占全球總產值比率

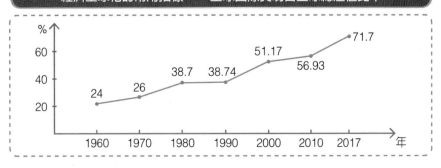

Unit **2-6**
全球化的衡量

　　有人用地球村（Global Village）來形容世界各國相互間的息息相關，如何衡量「天涯若比鄰」的「全球化」，是指三個層面，這對各國政府、公司都很重要。
- ・範圍：總體經營環境四項目（科技、法令、經濟／人口、文化／社會）的行為、互動的權力運作系列過程。
- ・空間：大到「跨洲」（五大洲）、中到跨「區域」（一洲的東西南北中區域等）；小至一國（甚至東西南北中的一地區）。
- ・時間：強度、速度、衝擊影響。

　　範圍由寬到窄，如同拍照般，先拉個全景，再拉進到近景，最後再拉個特寫。

一、全景：經營環境

　　全球化的全景最代表性的學者是英國開放（Open）大學教授大衛・海爾德（David Held），由Unit2-5小檔案可見，他們四人所寫的「巨著」，學術論文引用次數極高。
1. 企管中對總體經營環境的定義：企管中把經營（中國大陸稱營銷）環境分成總體（中國大陸稱宏觀）環境、個體（中國大陸稱微觀）經營環境。總體環境分成四股力量，畫在圖外框，上右下左順序依次為政治法令、人口／經濟、文化／社會、科技。
2. 海爾德（1999）等全球化定義：海爾德等對全球化範圍分成五項，跟總體經營環境一樣，其中把「科技」換成「環境」，政治法令又衍生出軍事全球化。

二、近景：經濟全球化指標

　　全球35國政府組成的「經濟合作暨發展組織」（OECD）為了提供會員國政府制定全球化相關政策，因此編製手冊，提供資料。
1. 手冊：全球化衡量、OECD經濟全球化指標手冊，我們以擴增版一般均衡架構呈現，詳見右圖。
2. 資料庫：全球供應、全球企業活動、附加價值國際貿易（Trade In Value Added, TIVA）。

三、特寫：經濟全球化

　　一般狹義的稱全球化是指經濟全球化（economic globalization）。
1. 經濟學者的定義：包括市場全球化（market globalization）、生產全球化（production globalization）。
2. 企管學者的定義：企管六項企業活動以邁克・波特分成兩類。
- ・核心活動：研發、生產、行銷「全球化」。
- ・支援活動：人力資源、資訊、財務管理「全球化」。

經濟合作暨發展組織的經濟全球化評估項目指標

投入
生產因素市場

轉換
產業結構
生產全球化
（Production globalization）

產出
商品市場

市場全球化
（Market globalization）

一、自然資源

二、勞工
大學教育全球化

一、全球價值鏈
1. 產業間貿易
2. 中間品貿易（地理分布、產業別）
3. 垂直專業化（直接與間接進口在一國出口中占比）
4. 製造業、服務業：外包服務情況與技術水準

一、消費

二、投資
1. 外資流量／存量
　・流入、流出
　・金融帳投資收入
2. 本國投資

中央銀行
國際收支帳
1. 經常帳
2. 資本帳
3. 金融帳
　・證券投資流量
　・其他國際投資流量

三、資本

三、政府支出

四、科技
1. 國際研發合作、海外資金挹注
2. 環境科技

二、外資公司全球企業
1. 投資金額
2. 雇用人數
3. 對出口、稅捐、總產值

四、國際貿易
1. 商品貿易
　知識密集產品
2. 服務貿易
　技術權利金收支

035

五、企業家精神

Unit 2-7
全球化的增減

全球化的程度（degree of globalization）跟天氣溫度一樣，有高有低；全球化上升稱爲inglobalization，本單元說明。

一、以現象來說

把全球化程度上升或下降視爲現象，從英文名詞字首「in」、「de」，以就近取譬來看，這個個詞跟物價上漲、下跌的英文字首一樣。

1. 以物價上中下來舉例：由圖左邊來看，工業國家大都以消費者物價指數連續三個月漲幅超過2%稱爲「物價上漲」（inflation）；跌幅超過2%稱爲「物價下跌」（deflation）。
2. 同理可推：當全球化程度比基期等上升三年以上稱爲「全球化程度上升」（inglobalization）；下跌「一定幅度」（例如：20%）以上三年稱爲「全球化程度下降」（deglobalization）。

二、全球化程度下跌的原因

1. 全球需求力道減少

當需求牽引力道減弱，國際貿易、海外直接投資、經濟移民等減少，這來自兩個原因。

- 全球戰爭：例如：1914～1918年的第一次世界大戰。
- 景氣：2009年全球景氣衰退。

2. 政府政策

- 保護貿易主義：例如：1929～1936年，全球經濟大蕭條時，英美紛採保護貿易措施。
- 全球化程度下降運動：例如：2001～2016年美國小布希、歐巴馬總統任期內，大力推動「愛用美國貨法」（Buy American Act）。

英國經濟歷史學者哈羅德·詹姆斯（Harold James, 1956～）認爲1880年代是全球化程度快速上升的起點。

中文維基百科——全球化

起源：公元前2000年
導入期：1492年起，地理大發現階段。
成長期：1880年起
成熟期：1970年代，尤其是1990年網際網路，方便全球人們溝通。
意義：世界觀、根源、文化、產品元素的交換，所帶來的國際性整合的過程。

三個常見的全球化指數編製機構

年	2002年	2008年	2002年
地	美國芝加哥市	瑞士日內瓦市	同左
人	科爾尼公司 （A. T. Kearney）	世界經濟論壇 （WEF）	KOF 經濟研究中心

全球化種類

政治 全球化	10% 參考國際維持和平預算條約		占24%
社會 全球化	15%人們國際移動 ・國際旅遊 ・網際網路使用 ・國際電話		占39%
經濟 全球化	75%	100% 經商環境市場開放 邊境管理 交通基礎建設	占37% ・海外直接投資占總產值比率 ・貿易占總產值比率
	62國 1998年基期	118國	158國 國家數目

全球化程度

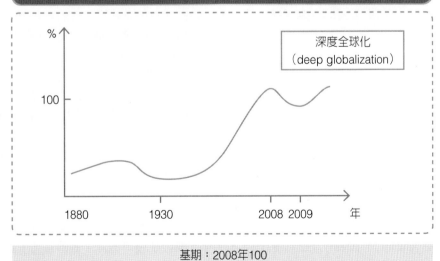

%

深度全球化
（deep globalization）

100

1880　1930　　2008 2009　年

基期：2008年100

Unit 2-8
全球主要國家的經濟政策合作組織

以聯合國會員國來算，全球約193國，由於美國總產值占全球總產值比率從1945年（第二次大戰結束）起，一路走跌，全球經問題的解決分三階段：1945年一國、1975年七國、1999年二十國。本單元說明。

一、1945年聯合國體系

1944年第二次大戰末期，美國已成全球第一強國，除了蘇聯（蘇俄及其附屬國）外，民主國家們在政治（軍事外交）經濟方面以美國馬首是瞻，所以此階段成立的國際組織地址皆在美國，美國是最大出資國。

1. 1945～1946年的兩個銀行類組織：世界銀行、國際貨幣基金皆設在美國首都華盛頓特區。

2. 1945年10月24日起：聯合國旗下有許多經濟相關「部會」，地址在美國紐約州紐約市。

二、1975～1998年七大工業國

迄1960年代，美國在越戰失利、高額戰費支出造成美國政府債務攀高，德日以對美出口作為戰後重建的主要經濟成長方式，德、日陸續成為全球第二、三大經濟國，美國總產值占全球總產值比重從1956年35%、下降到27%，削弱了美國「唯我獨尊」的話語權。

1. 1971年，美國尼克森震撼：德法政府想把手上美元外匯存底向美國聯邦準備銀行兌換成黃金，美國尼克森總統拒絕，史稱尼克森震撼（Nixon Shock）。

2. 1973年10月～1974年3月，第一次石油危機：第一次石油危機，原油價格從3美元漲到12美元，1974年美德日經濟成長率轉負，德日比美國慘，1975年7月，美日德法英五國先開會，探討如何聯手面對這問題。1976年義大利、加拿大加入，稱為「G7」（Group of Seven，七大工業國、七國集團）。1998年，俄國加入，稱為「八大工業國」（Group 8, G8）。2014年3月，因俄入侵烏克蘭東部，被其他七大工業國排除，回到到七大工業國。

三、1999年起，20國集團

1997年7月，亞洲金融風暴發生，八大工業國力有未逮，其代表之一國際貨幣基金紓困金額捉襟見肘，因此把八大工業國會議擴大到二十國，1999年，進入二十國集團（Group of Twenty, G20）時代。2000年美國發生股市泡沫，經濟實力下滑，新興工業國、新興國家勢力抬頭。由於新興國家占全球經濟比重大增，二十國集團會議的重要性大增，中國大陸首次躍上國際經濟社會談判舞臺。

1994年迄今，全球經濟話語權三階段稀釋

項目	1944.3～1975.6	1975.2～1999.11	1999.12.16起
美國產值占	1950年35%	1970年跌破30% 1975年占27.98%	1999年29.74%
全球比重	英法德占17% 日占3%	1994年日占17.93%	2015年日占5.97%
世界面臨經濟問題	1.全球在二次大戰後需要重建，尤其是德日 2.美國有錢（馬歇爾計畫）、有物資	1.1971年尼克森震撼 2.1973.10～1974.3第一次石油危機，全球經濟成長率如下： 年|1973|1974|1975 全球|6.542|1.994|0.772 美|5.6|-0.5|-0.2 日|8.03|-1.23|3.09	1997年7月2日，東南亞三國（泰馬印尼）發生金融風暴，9月擴大到東亞（日、南韓）、菲、香港，稱為亞洲金融風暴
全球經濟組織	1.布列敦（森林）體系 ・1944年世界銀行 ・1945年國際貨幣基金 2.美國 	1.同左 2.八大工業國 ・七大工業國（G7） 　1975～1997年 ・八大工業國（G8）， 　G7＋俄，1998～ 　2014年3月	1.新興國家10國 ・亞洲：東南亞的印尼、西亞的土耳其 ・美洲：中美洲墨西哥、南美洲阿根廷 ・金磚五國（Bricks）依英文字母順序：巴西、俄、印度、中國大陸、南非 2.七大工業國加上2個工業國和1個國際組織 ・亞洲：東亞南韓、中東的沙烏地阿拉伯 ・歐洲：歐盟

布列敦森林體系（Bretton Woods System）

時：1944年7月1～2日
地：美國新罕布夏州布列敦（或布雷頓）森林的華盛頓山旅館
人：44國
事：在〈聯合國貨幣金融會議〉中通過，設立2個國際金融機構：
　　1.國際貨幣基金（組織）（International Monetary Fund），1946年2月成立。
　　2.國際復興暨開發銀行（International Bank for Reconstruction and Development, IBRD），俗稱世界銀行（World Bank），1945年12月27日成立。
　　3.美元跟黃金間的固定匯率，1英兩（31公克）黃金兌35美元。

Unit 2-9
聯合國與美中政府經濟相關部會

圖解國際貿易理論與政策：國際經濟與區域經濟

040

中國大陸、美國、聯合國經濟相關事務部會署局			
組織層級	中國大陸	美國	聯合國
一、行政決策	國務院	總統府（即白宮）	聯合國大會
（一）規劃	**國務院發展研究中心	*經濟顧問委員會	祕書長辦公室
（二）統計 （*號代表涵義：以下欄位同*號代表隸屬同一機構）	*國家統計局 *國務院直屬機構 **國務院事業單位 ***國務院部委管理的國家局	*行政管理與預算局 *總統直屬 **獨立機構 ***聯邦機構	*政府間組織
二、司法			
（一）法院	（人民）法院	聯邦法院	國際法庭
（二）司法行政	（人民）檢察院 司法部 公安部、國家安全部	司法部 國土安全部	聯合國法律廳
三、行政：生產因素市場			
（一）自然資源 1.土地	自然資源部 ***國家林業和草原局（由自然資源部管理）	***國家公園管理局	
2.礦產	***煤礦安全監察局（由應急管理部管理）	能源部	*國際原子能總署（IACA）
3.水電	水利部、***國家能源局（由發改委管理）	*環境質量委員會	*世界氣象組織（WMO）
4.空氣	生態環境部 **氣象局	***環境保護署（EPA）	聯合國環保署
（二）勞工	教育部 人力資源和社會保障部	教育部 勞工部 **國家勞工關係委員會	聯合國教育科學及文化組織（UNCSCO） 國際勞工組織（ILO）

（三）資本
  1.中央銀行
  2.外匯管理
 	
  3.證券
	人民銀行
	銀行保險監督管理委員會
	**外匯管理局（由人民銀行管理）
	**證券監督管理委員會
		聯邦準備銀行
		財政部
		
		***證券交易委員會
		***期貨交易委員會
			*世界銀行（World Bank）
			*國際貨幣基金(IMF)

（四）技術	**中國科學院、科學技術部 **國家知識產權局（由市場監督管理總局管理）	*科學技藝辦公室	世界智慧財權組織（WIPO）
（五）企業家精神	***國家移民管理局（由公安部管理）	***小型企業署（SBA）	工業發展組織旗下全球中小企業聯盟

四、產業結構	國家發展和改革委員會	—	—
（一）農業	**國家糧食和物資儲備局（由發改委管理） 農業農村部	農業部	*國際農業發展基金（IFAD） 世界糧食計畫署（WFP）
（二）工業	**中國工程院、工業和信息化部 ***國防科技工業局（由工信部管理）	商務部 運輸部 ***聯邦通訊管理委員會（FCC）	聯合國工業發展組織（UNIDO或ITU） 國際電信聯盟（UIT） 萬國郵政聯盟（UPU）
（三）服務業	交通運輸部 文化和旅遊部 ***郵政局（由交通運輸部管理）	***國家航空航天署（NASA） **美國郵政署 **美國郵政價格委員會	國際海事組織（IMO） 世界旅遊組織（UNWTO）
五、需求結構	**中國社會科學院		
（一）消費	商務部		
1. 土地		***社會保障總署（SSA）	
2. 住	住房和城鄉建設部	住房和城市發展部	聯合國人人居署
3. 行	***鐵路局、民用航空局（由交通運輸部管理）	**國家運輸安全運輸委員會	
4. 育	*國家醫療保障局 ***藥品監督管理局（由市場監督管理總局管理） 國家衛生健康委員會 *國家體育總局	衛生和公共服務部 退伍軍人事務部	世界衛生組織（WHO） 瑞士日內瓦市
5. 樂	*國家廣播電視總局	**聯邦通訊委員會	
（二）投資	*市場監督管理總局	**聯邦貿易管理委員會（FTC）	聯合國開發署
（三）政府支出 1.收入 ・海外 ・國內 2.支出 3.審計	 *海關總署 *國家稅務總局 財政部 審計署		—
（四）國際貿易			
1.貿易談判	商務部國際貿易談判代表	*美國貿易代表署（USTR）	**世界貿易織織（WTO）1995年成立
2.貿易行政	*國家國際合作發展署	***美國國際貿易委員會（USITC） ***國際開發署	**聯合國貿易和發展會議（UNCTAD）

第 **3** 章

全球的所得分配：
兼論國際貿易、國際投資的影響

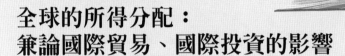

章節體系架構 ▼

Unit **3-1**
全景：全球所得、財富分配

你覺得你是高所得、中所得、中低所得「家庭」（或個人）呢？你覺得你家的財富（房子、車子、存款股票等）在全國算前、中、後段班？

2008年9月的全球海嘯，拖累全球景氣，衰退0.6%，全球失業率8％以上，過苦日子的人，特別會想「全球誰搶未來我國勞工、我的工作？」大部分人會跟別人比，甚至跟外國人比。

在〈國際經濟〉學中的「國際貿易理論與政策」或〈國際企業管理〉領域的「國際投資」課程，一定會討論全球化對所得、財富分配的影響，本章說明。

一、經濟分配正義

經濟學中所談的「分配正義」（distributive justice）包括：

1. 比較的項目：表一第一欄。

　　每年流量：所得分配（income distribution）。

　　存量：財富分配（wealth distribution）。

2. 比較標準：詳見表一第二欄。

　　這二項皆有絕對（金額）、相對（比率等）標準。

3. 衡量方式：詳見第三欄。

二、三篇重要的論文與書

有關全球所得、財富分配的論文、書如過江之鯽，表二是引用次數最高的。

2018年全球各國財富				全球317兆美元	
州	比重（%）	總產值排名		兆美元	比重（%）
美洲	36.17	（1）美		98.154	30.955
北美	33.59	（2）中		51.874	16.36
拉丁美洲	2.54	（3）日		23.884	7.53
		（4）德		14.499	4.57
亞洲	33.41	（12）印度		5.972	1.88
		（6）法		13.883	4.378
歐洲	26.93	（5）英		14.209	4.48
		（17）巴西		2.464	0.777
非洲	0.67	（7）義大利		10.564	3.33
大洋洲	2.72	（11）南韓		7.107	2.224

（）內為國家財富排名

資料來源：英文維基百科 " list of countries by total wealth "。

表一　經濟分配正義的衡量

項目	比較標準	衡量方式
一、財富分配	（一）相對標準	大島指數 ・1%富人vs.99%其他人 ・5%富人vs.95%其他人 ・10%富人vs.90%其他人 ・全球100大富豪
	（二）絕對標準	1.自有房屋比率 2.家電普及率
二、所得分配	（一）相對標準	1.吉尼係數（Gini coefficient） 2.大島指數（Oshima index） ・高低10%家庭（即10等分分類） ・高低20%家庭（即5等分分類）
	（二）絕對標準	1.貧窮的定義 2.貧窮率，貧民占人口比率

表二　三篇有關全球所得、財富分配的重要論文與書

時間	2006年8月	2013月8月	2018年6月
地點	美國	全球 英文版在美國先上市	英國劍橋大學
說明	Branko Milanovic，世界銀行經濟研究處經濟研究員，在聯合國舉辦的「經濟／社會事務」研討會中發表論文 " Global Income Inequality: What It Is and What It Matter "，另出版 *Worlds Apart: Measuring International & Global Inequality*	湯瑪斯·皮凱提（Thomas Piketty）巴黎經濟學院教授出版《21世紀資本論》（*Capital in the Twenty-First Century*）一書，以具體財富分配數字說明全球43國（主要是經濟合作暨發展組織35國）的財富分配情況	Laurence Roope等三人，他是健康經濟學研究中心教授，在〈Economics Letters〉期刊上發表論文 " How Polarized is the Global Income Distribution?" 此文只有4頁，有資料（1975～2010年）並且涵蓋過去重要研究文獻
次數	450次	10,000次	─

Unit 3-2
全球「北富南貧」的沿革

談到一國所得分配，就有「高所得人」（俗稱富人）、「低所得人」（俗稱窮人）的分別，所得分配差距太懸殊，小則「傷和氣」，大則「仇富」等形成階級衝突（class conflict）。全球193國，把「國」當成人民，可分為「高所得國」（俗稱富國，rich countries）、低所得國（俗稱窮國，poor countries）。偏偏全球出現高所得國主要在北半球北緯30度以北、低所得國在北緯30度以南的「北富南貧」現象。富國大都是歐美（日）等白種人為主，窮國大都是黃種人、黑人；種族、民族（國家）情緒，把經濟問題泛政治化，形成窮國政府、人民攻擊富國政府和大公司剝削等，雙方國家的對立、衝突。

一、1964年，窮國大團結

1964年，77個新興國家在聯合國架構下，籌組「聯合國貿易和發展會議」（UNCTAD, 簡稱貿發會議），討論如何團結、不要讓工業國家一直在貿易上有大幅順差，如此新興國家才有機會發展經濟。

二、1974年，77國不平則鳴

1974年，聯合國的世界人口會議，發表五個結論，第一項便是各國貧富不均，以全球來說，北富南貧。

1. 工業國家「高所得」：主要是經濟合作暨發展組織（歐美日），主要在「北」半球，都是人均總產值較高國家（除了歐洲東歐共產國家）外，主因是1760年起第一、二、三次工業革命在歐美日發生。

2. 新興國家「低所得」：北半球國家較有錢，俗稱北方國家（north countries），南半球國家較窮，俗稱南方國家（south countries）。

三、經濟學的相關用詞

了解國際政治經濟的背景後，才知道歐美經濟學書、論文、甚至媒體用北方、南方國家的典故。

1. 不當的簡稱：北方、南方國家無法顧名思義，何況再用簡稱北國、南國，更令人不知所云。

2. 1990年以後，改成工業、新興國家：1990年後，隨著美蘇間冷戰結束，北方、南方國家等名詞褪流行，新詞是工業國家（industrialized countries）和新興國家（emerging countries），至於人均總產值1,200美元以下的稱為「開發中國家」（developing countries）。

工業與新興國家的地理範圍與名詞

項目	南方國家 （south countries）	北方國家 （north countries）
一、地理範圍		
（一）北半球	亞洲：東南亞、南亞（6國） 西亞（中東）	八大工業國（G8） 1. 美洲：北美中的加、美 2. 歐洲：5大國 3. 亞洲：日
（二）南半球	非洲 中南美洲	澳大利亞、紐西蘭
二、經濟發展程度		
（一）人均總產值	20,000美元以下	20,000美元以上
（二）工業化程度	新興國家（emerging countries），1,200～20,000美元 開發中國家（developing countries），1,200美元以下	工業國家（industrialized countries）或 已開發國家（developed countries）

全球北方與南方國家分歧的歷史延革

地點	人與事
美國與蘇聯	全球冷戰（cold war）1947～1991年 北南分歧（north-south divide）、貧富分歧（rich-poor divide）
瑞士日內瓦市	1964年12月成立「聯合國貿易和發展會議」（UN Conference on Trade & Development, UNCTAD），195國
羅馬尼亞 布加勒斯特市 （Bucharest）	聯合國的世界人口會議（population conference），主要由77國（Group of 77, 1964年成立）發表「Report on Bucharest」，大量使用南方國家一詞，強調全球所得、財富分配公平的重要性等
德國	南方國家一詞來源：1980年德國前總理維利·布蘭特（任期1969.10～1974.5.7）以北緯30度為基礎，稱為布朗特界線（Brandt line）

Unit **3-3**
工業國家跟新興國家人均總產值逐年接近：以美中為例

　　以小學數學課本中兩輛車來舉例，工業國家這部車1760年便起跑，新興國家（中國大陸1980年代起、印度1990年改革開放）慢了200年才起跑。工業國家經濟成長率2%、新興國家5%以上。許多人喜歡用工業國家、新興國家總產值占全球總產值比率已「逐年接近」，這個範圍太大，很多人「無感」，本書以美中來分析。

一、投入：全球化、科技皆有利於中國大陸

　　全球化（國際貿易、海外直接投資）有利於新興國家（以中國大陸為例），藉由生產、出口低價商品，勞工薪資上升，慢慢拉近跟工業國家（以美國為例）勞工薪資水準。由下方小檔案可見，「生產因素價格均等定理」（factor price equalization theorem）只是經濟學中的「完全市場」中的特例，大方向是對的。

二、產出：經濟成長率

　　由美中、全球經濟成長率可看出：
1. 中國大陸快速追趕：1980～2010年，這30年的中國大陸平均經濟成長率約10%，高速成長期間很長，2010、2020年代預計7、5%，中高速成長。
2. 美國經濟成長率低速成長：2000年起，美國兩次股市泡沫破裂（2000、2008）、一次房市泡沫破裂（2007年1月），負財富效果，拖累美國經濟，經濟成長率2%左右。
3. 全球經濟成長率3%：2000年起，全球經濟成長率3%，中低速成長。

三、產出：總產值

　　由右頁圖三可見，中美總產值的差距愈來愈小，以中國大陸總產值占美總產值比率來說：1980年10.76%、2010年40.78%、2020年70%、2030年100%。

四、產出：人均總產值

　　中國大陸及美國人均總產值差距愈來愈小，以中國大陸人均總產值除美國人均總產值比率來說：1980年2.47%、2010年9.18%、2020年16.1%、2030年25%。統計人均消費支出，中國大陸2,400美元、美國的35,000美元相較僅約7%、教育支出美國的10%，中國大陸人均醫療支出500美元，美國9,000美元。

生產因素價格均等定理（Factor Price Equalization Theorem）
斯托爾珀—薩繆爾森定理（Stolper-Samuelson Theorem）

時：1941年
地：美國麻州劍橋市麻州理工大學
人：薩繆爾森（P. A. Samuelson, 1915~2009），1970年諾貝爾經濟學獎得主。
事：在國際貿易的基礎上得出下列結論
　　美國服裝商品價格較高→中國大陸生產服裝，出口到美國，中國大陸勞工薪水上漲→美國服裝業勞工薪資少漲或下跌，美中勞工薪資趨於一致。

圖一　人均總產值成長率

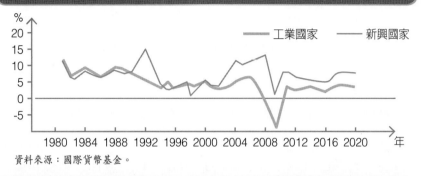

資料來源：國際貨幣基金。

圖二　美中的經濟成長率

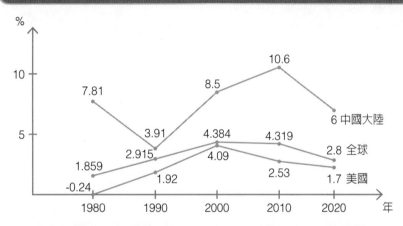

圖三　美中的總產值

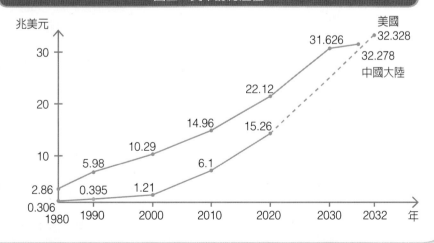

2030年本書估計，詳見Unit4-3。

Unit 3-4
世界各國人民生活狀況評估

聯合國對各國生活水準的衡量，分兩階段：

1. 1947～1989年，依人均總產值來區分：這階段只以「人均總產值」來分，分成高所得（工業國家25國）、中所得（新興工業國10國）、低所得國（130個新興國家與20個開發中國家）。
2. 1990年起，人類發展指數：1990年起，聯合國把生活水準由「所得」擴大二個項目：教育水準、壽命，加權平均計算後稱為人類發展指數，依分數排列，約50國一群，分成「極高」、「高」、「中」、「低」人類發展指數國家。在右圖中，我們把「投入」（成人平均受教育年數）、產出（全球人均總產值、人類的平均壽命）。

各國人民生活水準的分類階段

時間	1947～1978年	1980年代	1990年起
年	1947年～	1979年	1990年
組織	世界銀行、國際貨幣基金、美國中央情報局等	經濟合作暨發展組織（OECD）	聯合國開發計畫署（UNDP）的「人類發展報告」
事	北方國家與南方國家	下列三洲10國/地區是新興工業國 亞洲：四小龍（由北往南）南韓、臺灣、香港、新加坡 美洲：墨西哥、巴西 歐洲：南歐三國（西班牙、葡萄牙、希臘）、南斯拉夫	以人民三方面來衡量各國的「人類發展指數」 一、三大類衡量技術 1. 教育水準 2. 所得：人均國民所得 3. 健康壽命 二、分四群 1.極高指數52國：歐、北美 2.高指數第53～106國：亞洲的東南亞等 3.中指數國第107～147國：南亞、中南美洲 4.低指數國第148～188國：主要是非洲

全球國家人民生活狀況評比

優良國家指數（Good Country Index, GCI）
時：每年6月3日，從2014年6月23日起。
地：英國
人：安霍爾特（Simon Anholt）、戈弗斯（Robert Govers）
事：對象——163國
資料來源：聯合國及旗下機構
評比標準：總體環境四大類中分七中類

成人平均受教育年數

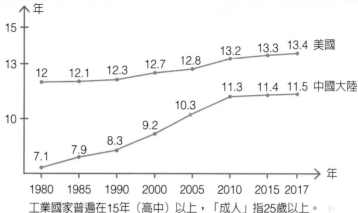

工業國家普遍在15年（高中）以上，「成人」指25歲以上。

資料來源：聯合國開發計畫署「人類發展報告」，男性就學教育年數。

全球人均總產值

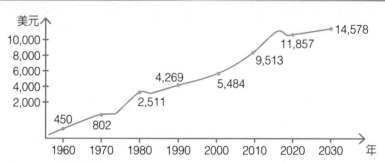

資料來源：世界銀行，以2010年為基期。

人類的平均壽命

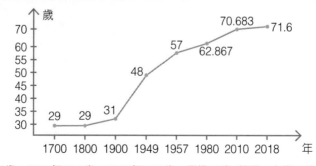

1973年60歲，2010年69.8歲，2017年71.5歲，男性68歲4個月、女性72歲8個月

資料來源：英國牛津大學的" Our World in Data, Life Expentancy "。

Unit **3-5**
全球化對全球所得分配的影響：兼論全球貧窮人口數目、比率降低

全球化有助於減少全球貧窮人民（poor people）、貧窮國家（poor countries）的數目，本單元說明「貧窮」的定義。

一、所得分配的大分類

所得分配是否平均，有二大類標準。

1. 相對標準（relative poverty）：這是在《論語》第十六篇中所指「不患寡而患不均，不患貧而患不安」，共有二中類衡量所得分配平均的方式。
2. 絕對標準（absolute poverty）：貧窮人民數目、貧窮人民占全球人口比率；兩個數字都下降，這種衡量方式比較具體，本單元說明之。

二、所得分配的中分類

1. 相對標準二中類：衡量所得分配有種方式，即吉尼係數、大島指數（Oshima Index）。
2. 絕對標準二中類：衡量絕對標準的所得分配有兩個「貧窮門檻」（Poverty threshold）。
   · 各國標準：這是依各國生活水準而定，稱為國家貧窮線（national poverty line），分成二小類。
   · 世界標準：這是聯合國所屬世界銀行的衡量方式。

三、所得分類的小分類

世界銀行的國際貧窮線（interntational poverty line）把世界貧窮標準分成二小類，這是「吃得飽，吃不飽」的「絕對標準」的貧窮。

1. 名目值：由右表可見，依各國人均總產值分成三個門檻，其中較常引用的是針對低所得國（人均總產值4,200美元）的2015年10月的貧窮線（poverty line），以每人平均生活費分成二個水準：貧窮所得國1.9美元、赤貧（extremely poor）1.25美元。
2. 購買力水準值：這跟「購買力」人均總產值一樣，皆已考慮各國的物價水準，以2011（或2014年）的購買力修正匯率來調整。（詳見世界銀行F. Ferreira等三人，"The 2017 Global Poverty Update from the World Bank"）。

四、貧窮人口數、比率

以世界銀行1981年起才有較詳實資料來說，貧窮人數、比率皆下降。

1. 1981年窮人人數達到高峰：窮人人數（poverty headcount）約在1981年達19億人高峰，隨著中國經濟改革開放，貧民人數快速減少。
2. 貧窮率（Poverty rate或poverty headcount rate）：窮人占全人口比率也快速下降，1981年42.2%，2018年8.6%。

所得分配平均的衡量方式

大分類	中分類	小分類
一、相對水準：這是孔子所說「不患寡，而患不均」	(一)吉尼係數(Gini Index) (二)大島指數(Oshima Index)	1.五等分：即最高所得20%家庭所得除以最低所得20%家庭所得，2017年臺灣約6.07倍，2019年中國9.21倍 2.十等分
	(一)各國的貧窮門檻 以中國大陸為例	1.高標人均所得40%，臺灣採此 2.低標：人均所得的0.29倍 1.城市：約人民幣3,000元 2.農村 ⑴貧民：日均所得人民幣11元以下（約1.6美元），2015年55　臺灣稱為中低收入家庭 ⑵赤貧：年均所得人民幣683元
	(二)聯合國的貧窮門檻，俗稱國際貧窮線（international poverty line）	1.絕對標準：日人均總產值5美元以上 ⑴中所得國.5美元 ⑵中低所得國3.2美元 ⑶低所得國分二標準 　・貧窮：1.9美元 　・赤貧：1.25美元 2.購買力（PPP）標準
二、全球化影響 (一) 所得金額 (二) 依家庭 1.最高所得20%家庭 2.最低所得20%家庭	V V 3.其他因素 　2.2 出口與關稅自由化 V 1.技術進步 2.經濟全球化 　2.1外人直接投資	V V 1.技術進步 2.經濟全球化 　2.1 外人直接投資 3.其他因素 　2.2 出口與關稅自由化

中國大陸　東南亞10國（主要是印尼）
　　　　　拉丁美洲
　　　　　中美洲
　　　　　南亞6國（主要是印度）
　　　　　非洲54國（尤其是撒哈拉沙漠以南）
　　　　　占赤貧人口一半

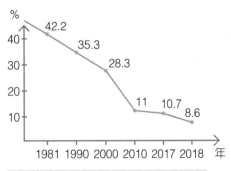

貧窮人口比率

資料來源：世界銀行發展研究局，資料起自1981年，1981～2013年每三年公布一次。

Unit **3-6**
全球所得分配：人均總產值分配

吉尼係數太抽象、大島係數只呈現高低所得家庭所得的倍數（例如：臺灣2018年6.07倍），一般人比較熟悉的還是金額，本單元引用一篇權威性論文，且由今天（2003、2013年）看未來（2035年）。

一、有關彼得森國際經濟研究所

美國的智庫（think tank）大都偏政治（外交軍事），彼得森國際經濟研究所（Peterson Institute for International Economics）「人」如其名，把研究領域放在機構名稱上。

二、有關本研究

2013～2015年，彼得森研究所聘了兩位專案研究人員，先後出論文和書。

1. 2015年4月發表論文（44頁）：論文名稱 " The Future of Worldwide Income Distribution "。

2. 2016年12月出書（166頁）：書名 " World on the Move: Consumption Patterns in a More Equal Global Economy "，美國哥倫比亞大學印行。這書名也是英國廣播公司（BBC）節目名稱。

3. 後續解讀：2018年4月9日，三大智庫之一布魯金斯學會（Brookings Institution）兩位研究員Homl Kharas與Brina Seidel，寫了一篇文章 " New insights into the distribution of world income "。

三、研究結果解讀

1. **家庭所得只有人均所得數字的一半**：右表中2013年家庭所得5,375美元，跟全球人均總所得10,748美元相比，恰巧只占50%；這是因為家庭所得是來自抽樣調查，跟母體數字會有差距。

2. **看圖說話**：由右圖可見，三年（2003、2013、2035年）的家庭所得分配都是「左偏」分配，即低所得家庭占全球人口比率較高。但是重點在於所得分配改善，由分配形狀逐漸平坦可看出。表現在吉尼係數從0.69、0.649到0.61，也看得出來。

3. **生活水準日漸提升**：追蹤社會福祉變化的網站Our World in Data資料顯示，過去幾百年來，人類福祉獲得大幅改善，例如：兒童死亡率、暴力致死率案件下降，而民眾識字程度與平均壽命不斷提升。

2015年全球家庭所得分配

時：2015年4月14日
地：美國首都華盛頓特區
人：湯馬士・海勒布蘭特（Thomas Hellebrandt）與保羅・毛羅（Paolo Mauro），智庫的研究員，任期二年。之前，海勒布蘭特在英格蘭銀行任職。
事：在國際貨幣基金任職二十年，發表在美國智庫彼得森（Peterson）國際經濟研究所研討會中，論文名稱「全球所得分配的未來」。
　　研究對象：100國以上
　　研究資料來源：經濟成長預測數字來自四個部分—國際貨幣基金與世界銀行、經濟合作暨發展組織、美國Consensus Forecasts、作者們。
　　人口成長預測值自聯合國—家庭所得分配來自Luxembourg Income Study cross-national data center、世界銀行。
　　所得分配預測論文：Dranko Milanovic (2000, 2005), Xavier Sala-i-Martin (2000)
　　研究結果：詳見下表。本文被引用次數28次。

全球家庭所得分配圖

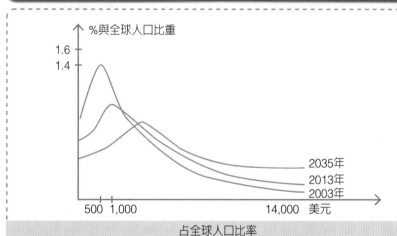

占全球人口比率

全球家庭調查的人均所得

單位：2011年美元國際價格

項目	2003	2013年	2035年
平均數	3,451	5,375	9,112
中位數	1,090	2,010	4,000
吉尼係數*	0.69	0.649	0.613

*1988年　0.7，1998年　0.69
依2011年數字更新，這是Lakner & Milanovic的數字。

資料來源：上述論文中圖5。

Unit **3-7**
技術、全球化與其他因素對所得分配的影響

諺語說：「公說公有理，婆說婆有理」，1969年諾貝爾經濟學獎頒給挪威弗瑞希、荷蘭丁伯根，以肯定其在計量經濟學的貢獻，第一屆諾貝爾經濟學獎頒獎便頒給這個領域的教授，有其指標意義。這也是經濟學能成為社會「科學」之后的關鍵。本單元說明技術、全球化與其他對全球所得分配的影響。

一、一個很具說服力的研究報告

在有關全球所得分配的實證論文中，由右頁小檔案可見，2007年10月國際貨幣基金的報告說服力極高。

1. 投入：資料來源可信度最高，即世界銀銀行資料庫。
2. 轉換：主要是指研究方法。
3. 產出：主要是指推理過程、結論。

二、三類影響因素：分成兩個市場

我們的治學理念之一是「二個就可以做表，三個就可以分類」，三類因素分屬兩個市場，詳見右表。

1. 生產因素市場占二類因素。五種生產因素只研究二個。
   · 技術。
   · 其他因素中包括三中類，兩中類屬勞工，一中類屬資本。
2. 商品市場占一類因素。商品市場、需求結構中有二中類，合稱經濟全球化。
   · 投資：外人直接投資。
   · 國際貿易：出口、關稅自由化，簡稱貿易全球化。

三、結果 I：全球與高低所得國家

三類因素對全球、經濟成長各階段國家的影響都一樣，由於其數字不一，所以本文以敘述方式說明。

1. 技術、對外直接投資不利於所得分配平均：技術最基本的功能便是省時省力省錢，即取代勞工，造成勞工（尤其是普通勞工）失業，經濟自由化兩中類之一的對外直接投資詳見下段說明。
2. 貿易自由化與其他因素有利於所得分配平均
   · 貿易自由化：本研究特別強調新興國家的農產品得以出口，有利於農民等提高所得。
   · 其他因素：勞工兩中類（教育水準、行業分布）、資本兩中類之一的「金融機構對公司、家庭貸款」。

四、結果 II：高、低所得家庭

當考慮143國國內所得分配，僅考慮大島指數（五等分分類）的兩個極端所得家庭。

1. 最高20%所得家庭：大方向是，技術進步、經濟全球化都有助於高所得家庭所得快速增加；其他因素扯後腿力道微不足道。
2. 最低20%所得家庭：只有其他因素有助於低所得家庭多賺一點。經濟全球化中的對外直接投資，以中國大陸來說，美國等外公司大都比當地公司技術、高中高階勞工需求高。

全球經濟的「投入—轉換—產出」架構

投入：生產因素市場	轉換：產業結構	產出：經濟績效
一、自然資源	一、服務業（占67.5%）	一、經濟效率 　　人均總產值
二、勞工	二、工業（占28%） 　　1. 製造業（22.3%） 　　2. 營建業（5.8%）	二、分配正義 　　1. 所得分配 　　2. 財富分配
三、資本 四、技術 五、企業家精神	三、農業（占4.4）	

影響全球吉尼係數的技術、全球化與其他因素

時：2007年10月
地：美國首都華盛頓特區
人：國際貨幣基金
事：在〈世界經濟展望〉（World Economic Outlook）季刊
　　・研究對象143國
　　・研究資料來源：世界銀行Proval資料庫
　　・研究期間：1980～2006年
　　・研究方法：研究影響全球、兩類國家
　　・研究結論：工業、新興國家的三個影響因素，標示於下面兩個表中。

對全球吉尼係數的影響方向　　+代表提高，−代表降低

生產因素市場	轉換	需求：商品市場
一、自然資源 二、勞工（−） 　3.1 教育水準 　3.2 各行業就業比重 三、資本 　3.3 金融機構對公司、家庭貸款 四、技術（＋） 　機器取代人力 五、企業家精神	一、農業（−） 　新興國家人民受惠於農產品出口 二、工業 三、服務業	一、消費 二、投資（＋） 　2.1 生產全球化海外直接投資 三、政府支出 四、國際貿易（−） 　2.2 市場全球化：出口與關稅自由化

其他因素包括三項，標示於上3.1、3.2、3.3
金融全球化包括二項：2.1海外直接投資、3.3金融機構對公司、家庭貸款（private credit）

三項因素對高低所得家庭的正面影響

家庭	技術	全球化	其他
1. 最高所得20%家庭	V （占90%）	2.2外人直接投資 （占10%）	負面影響微不足道
2. 最低所得20%家庭		2.1貿易全球化：即出口、關稅自由化 但2.2外人直接投資具負面影響 總體而言，利大於弊	V 3.1勞工 3.2金融 3.3其他因素

Unit 3-8
全球所得分配：吉尼係數

圖解國際貿易理論與政策：國際經濟與區域經濟

058

全球化是使全球所得分配愈來愈平均，還是不平均？這是許多國家的人士爭論的焦點，往往是「公說公有理，婆說婆有理」。直到2002年起，許多學者在資料庫的建立、經濟歷史的推估下，得到突破性發展，如同刑事偵察有指紋辨識的協助一樣。

一、全球吉尼係數

1. 數學式子：全球吉尼係數（World GINI Coefficient）是各國吉尼係數的加權平均。
2. 由美中吉尼係數推估全球吉尼係數：以2017年來說，由全球兩大經濟國的吉尼係數加權後約0.1788，兩國占全球總產值0.4，依此大抵可推估全球吉尼係數約0.47。

二、全球吉尼係數趨勢分析

簡單的說，由右頁第一個圖來說，全球與工業、新興國家的吉尼係數愈來愈高，所得分配愈來愈不平均，這不是好消息。

三、兩大經濟國的趨勢分析

美中吉尼係數變動方向「一升一降」，變動極度相同。

1. 美國：以2000年吉尼係數0.47到2017年0.482，吉尼係數上升0.012，大方向是所得分配微幅惡化，主因在於服務業（零售、餐飲）基層員工薪資低；工業（網路、電子業）比服務業（例如：金融業）員工薪水高。
2. 中國大陸：只以國家統計局公布2003年0.479迄2017年0.468數字來說，吉尼係數下跌0.011，大方向是所得分配微幅改善，主因有二；城鎮化比率逐年提高（農村農民所得較低）、貧窮地區（例如：大西南雲南省、貴州省）許多人脫離貧窮。中國大陸國務院扶貧辦公室有大預算，2018～2020年是「脫貧攻堅三年」，其中之一是培訓鄉村幹部800萬人次，讓他們有能力協助人們就業、創業等。

全球吉尼係數（World Gini Coefficient）

Corrado Gini（中國大陸稱基尼）

$$= \sum_{i=1}^{n} GINI_i$$

＝2017年美國（0.235×0.482）＋中國大陸（0.16×0.468）＋…

以2016年來說，全球吉尼係數最高的0.591是納米比亞，2011年南非0.634。

吉尼係數（Gini Concentration Coefficient）

時：1922年

地：義大利帕多瓦市（Padova）

人：吉尼（Corrado Gini, 1884～1965）

事：根據羅倫茲曲線提出吉尼係數。

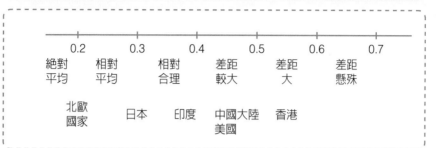

吉尼係數各區間在「所得分配」涵義

| 0.2 | 0.3 | 0.4 | 0.5 | 0.6 | 0.7 |

| 絕對
平均 | 相對
平均 | 相對
合理 | 差距
較大 | 差距
大 | 差距
懸殊 |

| 北歐
國家 | 日本 | 印度 | 中國大陸
美國 | 香港 | |

世界吉尼係數

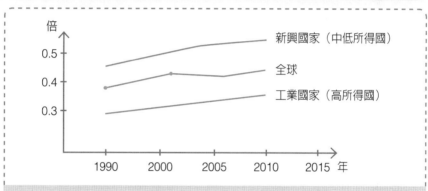

高所得國：人均國民所得10,726美元以上
中低所得國：人均國民所得3,466～10,726美元，典型是中國大陸

美國家庭所得分配　　　　　　　　　　　　吉尼係數

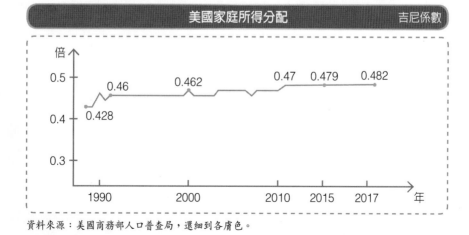

資料來源：美國商務部人口普查局，還細到各膚色。

第 4 章

全球經濟的供給面

章節體系架構 ▼

Unit 4-1
經濟成長階段理論

　　總產值金額、人均總產值是經濟「結果」，有因必有果，重點是什麼原因造成各國人均總產值的高中低呢？最常引用的美國經濟學者羅斯托（Walt W. Rostow, 1916~2003）1960年提出的「經濟發展五階段」（註：「發展」指政治經濟社會，「成長」指經濟面）。

一、羅斯托的經濟成長理論

　　美國經濟學者羅斯托以經濟史方式，研究歐（英法德）美、日的經濟發展過程（詳見表中第二列），得到經濟成長分五階段。1971年，在《政治和成長階段》一書中，增加第六階段「超越大眾消費階段」。

·五階段的劃分：Y軸人均總產值

　　世界銀行是用人均所得，本書改換常採用的人均總產值，四個數字也取較容易記的（例如：1,200、4,200），至於15,000美元，也有人用12,000美元。

二、有因必有果

　　經濟成長階段的「人均總產值」只是結果，依序受投入、轉換影響。

1. 投入面：生產因素市場

　　由右表中第一列可見，在五個成長階段，主要的生產因素依序為五種生產因素其中之一。

2. 轉換面：產業結構

　　本處以中國大陸為例，只歷經三個成長階段。
- 農業社會階段：此時工業占產值47%，這是特例。
- 起飛前準備階段：正常較高水準是1995年工業占總產值47.2%。
- 起飛階段：2009年起，中國大陸經濟進入起飛階段，農業占總產值比率2009年9.9%（跌破10%），工業比重沒變、服務業增多。

三、聯合國193國大抵呈現常態分配

　　由右表中第三列可見，聯合國依人均總產值把國家分成三群。
1. 開發中國家（即低所得國）占17.53%。
2. 新興國家占57.22%：把「起飛前準備」（中低所得）、「起飛」（中所得）這二階段合計，占193國的57%，可說是常態分配之中間區域。
3. 工業國家占25.25%：中高與高所得國合計占25.25%。

經濟成長階段理論（起飛理論，take-off model）

時：1960年
地：英國劍橋市
人：羅斯托（Walt W. Rostow, 1916~2003）
事：1960年，英國劍橋出版社《經濟成長的階段》（*The Stages of Economic Growth*），主要是1958年秋天在英國劍橋大學的系列演講，講題為「經濟史學家對現代歷史發展的觀點」，1971年在《政治和成長階段》一書中，增加第六階段「超越大眾消費階段」。

全球193國的經濟成長階段與國際貿易狀況					單位：美元
人均總產值	1,200以下	1,200～4,200	4,200～15,000	15,000～30,000	30,000以上
一　經濟成長階段	農業社會	起飛前準備	起飛	邁向成熟	大量消費
二　聯合國的三分類	三、開發中國家（34國）	二、新興國家（111國）	同左	（二）新興工業國家（NIC）	一、工業國家（一）工業國・經濟合作暨發展組織35國中的24國・主要是中東產油國
二　聯合國193國占比率	34國 17.53%	56國 28.87%	55國 28.35%	21國 10.82%	28國 14.43%
三　生產因素市場	自然資源：土地	勞工	資本	技術	企業家精神
四　產業結構	以農業為主	由農業進入工業社會	以工業為主 1.輕工業 2.家電業	由輕工業轉型為重工業和精密工業	以耐久性消費品為主
①農業	31%	12.4%	9.9%	10%	2%
②工業	47%	45.5%	45.7%	35%	30%
③服務業	22%	42.1%	44.4%	55%	68%
④中國大陸	1979～2002年	2003～2008年	2009～2027年	2028年起	
五　工業 依科技水準區分為勞力、資本密集行業	—	1. 一 2. 低科技行業：食品等 3. 勞力密集行業：鞋、成衣	1. 工礦 2. 中科技行業：家電 3. 勞力密集行業	1. 高科技行業 2. 同左：運輸工具（汽車等） 3. 重工業：石化、鋼鐵等	同左，航空、醫藥、電子機械 同左，資本品（製造設備）
六　（一）歐洲	—	—	東歐	中南歐	西歐
（二）美洲	南美	中美	中美	北美：加、美	
（三）亞洲、大洋洲	非洲54國大部分	南亞6國 東南亞2國	東亞：中國大陸 東南亞：6國	東亞：韓、臺 中東、中亞：產油國	大洋洲：紐澳 東亞：日 東南亞：新加坡、汶萊
七　國際貿易（一）商品貿易：順（逆）差	入超	入超	出超	出超	入超：美法英 出超：德日
（二）服務貿易：順（逆）差	入超	入超	入超 泰國在觀光業收入全球第六	出超	出超

Unit 4-2
全球第一大經濟國的沿革

清代詩人趙翼（1727～1814）在〈論詩〉一文中，有句佳句：「江山代有才人出，各領風騷數百年。」這句詩貼切形容全球各國在經濟版圖中的地位，本處把時間聚焦在西元1800年以後，依序大英帝國（現在英國只是其中一部分）、美國、中國，本單元說明。

一、農業社會時代全球第一大經濟國：中國

在1760年第一次工業革命之前，印度、中國各自都當過全球第一大經濟國，這是因為在農業社會，印中擁有廣土眾民。

1. 自然資源：土地加水、農民（此時就業人口中70%以上是農民），俗稱農業社會，以農立國。
2. 錦上添花：西元前119～112年，漢武帝軍隊大敗匈奴，再加上張騫打通西域（主要是中國大陸新疆省），絲綢之路（silk road）興起，中國絲綢、茶葉西傳。到南宋的海上絲路（marine silk road）出口貿易大幅成長，中國出口商品包括瓷器等。

二、全球起飛前準備階段第一大經濟國：大英帝國

1800～1894年大英帝國是全球第一大經濟國。

1. 生產因素市場：1760年左右，第一次工業革命發生在英法，以蒸氣機運用在農業、工業生產（主要是紡織）、服務業中的運輸（鐵路、輪船），英國靠機器之助，紡織機產量超過清朝百、千位織布機勞工。再加上大英帝國幾乎占全球三分之一土地，靠埃及、印度（含印度、孟加拉、巴基斯坦）種棉花；運回英國曼徹斯特市等處紡織成布。
2. 商品市場：英國靠便宜的棉花、紡織機織布，靠出口布、茶（印度、錫蘭）到殖民地、清朝等地，低價產品橫掃全球，靠出超致富。

三、全球經濟起飛階段第一大經濟國：美國

1839～1919年英國侵略阿富汗，1914～1918年第一次大戰，大英帝國花大錢參戰，數百萬人戰死，使英國控制殖民地的能力大減。「大英帝國下臺」，美國上臺，美國在兩個市場大有斬獲。

1. 生產因素市場：美國廣土眾民，「廣土」包括19世紀開發西部，建立兩洋（東岸大西洋到西岸太平洋）。「眾民」包括人口快速成長（主要來自移民，成為全球第三大人口國）。
2. 商品市場：以棉花來說，1830年美國出口占全球50%、1850年占70%。1865年內戰結束後，重建商機等，再加上1870～1914年的第二次工業革命，電器產品（電燈、內燃機等）需求大幅增加，1900年，全球工業產品產值比率如下：美24%、英19%、德13%、俄9%、法8%。

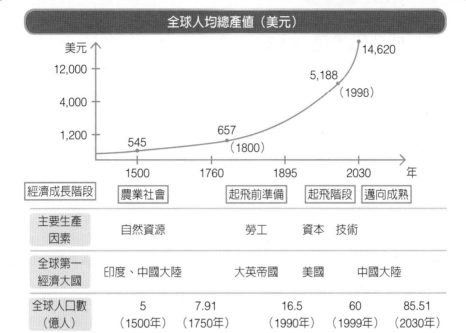

全球人均總產值（美元）

美元

- 14,620
- 5,188 （1998）
- 657 （1800）
- 545

縱軸：12,000　4,000　1,200

橫軸（年）：1500　1760　1895　2030

經濟成長階段	農業社會	起飛前準備	起飛階段	邁向成熟
主要生產因素	自然資源	勞工	資本　技術	
全球第一經濟大國	印度、中國大陸	大英帝國	美國	中國大陸
全球人口數（億人）	5（1500年）　7.91（1750年）	16.5（1990年）	60（1999年）	85.51（2030年）

1800年來，全球第一大經濟國的演變

項目		1800～1894年	1895～2031年	2032年
第一大經濟國		英國	美國	中國大陸
一、生產因素				
（一）自然資源	1. 土地	殖民土地中印度、埃及、美洲	南方種棉花	1992～2008年以農業用地轉作工業區、工廠用地
	2. 水		─	─
	3. 電		阿帕拉契山的煤	─
	4. 空氣			
（二）勞工	1. 人口數		1800年524萬人 1900年7,621萬人 2000年2.81億人	2000年12.42億人 2010年13.1億人 2020年14.2億人
	2. 素質		─	大量投資於人民教育、健康
二、需求結構				
（一）消費			美國成為全球市場	2005年中國大陸成為全球市場之一
（二）投資			美國成為世界工廠	2002年起，中國大陸成為世界工廠
（三）政府支出			─	─
（四）國際貿易			美全球第一大進口國	2017年起，成為全球最大

Unit 4-3
2032年中國大陸成為全球第一大經濟國：全球經濟成熟階段第一大經濟國

　　許多機構、人很喜歡預測中國大陸在哪一年成爲全球第一大經濟國。最早是2025年，晚一點的是2032年，都很接近，這跟小學三年級數學題一樣，以兩個人舉例，美國人比較早出發，走路時速2.4公里，中國大陸人比較慢出發，時速6公里；很快可算出中國大陸人趕上的時間。

一、兩個基本假設

　　如果以美中總產值（美元計價）來比較，中國大陸在哪一年超越美國，這取決於兩個變數。

1. 經濟成長率：中6%、美2.4%。中國大陸政府有很多政策可用，自由度比美歐等國寬廣太多，要維持個10年經濟成長率在6%以上是很容易的事。美國經濟實力再拚有限，2.4%經濟名目成長率是平均的，2.8%是樂觀估計。

2. 美元兌人民幣匯率：由於中國大陸商品貿易對美國鉅額出超（一年約4,000億美元），美元兌人民幣長期弱勢，即呈貶值趨勢。以美元一年貶值0.5%來說，十二年貶值6%（查現值表，R＝0.5%，N＝12，現值0.8787），這只是加快中國大陸成爲第一大經濟國速度。

預測中國大陸何時成為全球「第一大經濟國」

第一大國時間	2025年	2032年
時	2017年11月20日	2017年12月28日
地	中國大陸北京市	英國倫敦市
人	林毅夫，北京大學新結構經濟學研究中心主任	經濟與商業研究中心（CEBR）
事	以中國大陸占全球總產值比率來看 | 年	比重（%）	排名
2000年	3.69	6
2005年	4.98	5
2010年	9.36	2
2015年	14.84	2
2017年	18.00	2
2025年	20以上	1 | 本書註：2017年中國大陸占全球總產值約13%	在 " The World Economic League Table 2017 " 中預測。 印度第三、南韓第八

2032年中國大陸成全球第一大經濟國

單位：兆美元

國家	2020年	N=12	2032年
中國大陸	15.26	R=6.3% 終值2.1047倍	32.328
美國	22.12	R=3.2% 終值1.4592倍	32.278
匯率	2020年1美元兌人民幣6.6元 上述中國大陸成長率0.3%來自隱含當年美元兌人民幣貶值0.5%		

美中的經濟成長率

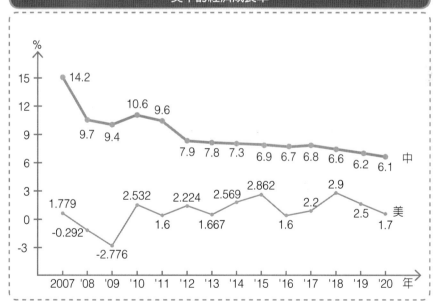

2019、2020年美國預測來自世界銀行
google 關鍵字：us GDP growth forecast

Unit **4-4**
全球產業結構與人均總產值

在全球各國的經濟成長階段是依人均總產值來區分，而在產業結構也會「此（農業）消彼（服務業）漲」。

一、人均總產值五等分跟經濟成長階段對齊

1. 78.5億人依所得高低分五等分：由右表第一欄可見，第一等分人均總產值1,088美元、第二等分1,844美元，很接近，可見，幾乎40%的人都「低薪」或「很低薪」。

2. 五等分人口跟四個經濟成長階段對應：由表第一、二欄可見，第二欄經濟成長階段有四個階段跟人均總產值五等分一一對齊。

二、國家分三大類

聯合國貿易和發展組織聯合國把193國分成三類。

1. 工業國家約30國（包括新興工業國的四小龍）。

2. 新興國家（包括開發中國家），約114國。主要集中在亞洲與大洋洲（一些島國）、美洲（中南美洲）、非洲（54國）。亞洲中包括中國大陸。

3. 轉型經濟國家，約30國：主要是指共產主義國家（緬甸、伊朗例外），1990年起轉型到市場經濟制度（不含古巴、北韓）。

三、三類國家的產業結構

1. 工業國家服務業占75%：農業產值低、占總產值比率1.3%，極低。

2. 新興國家工業占30%以上：新興國家靠進入工業化，尤其是商品出口賺外匯，所以工業產值占總產值30%以上。

3. 轉型國家跟新興亞洲國家較接近：1991年轉型國家陸續改革開放，起步慢，跟亞洲新興國家（尤其是中國大陸）產業結構相近。

產業結構（industrial structure）

時：1988年
地：美國紐約州紐約市
人：聯合國
事：〈國際標準產業分類〉第三版，17個行業如下：
　　一級產業：農業，占2個行業。
　　二級產業：工業，占4個。
　　三級產業：服務業，占11個。

2018年的全球三類國家的人均總產值

2018年人均總產值（美元）五等分	經濟成長階段	國家三分類 (country group)	⑴總產值（兆美元）	⑵人口數（億人）	⑶＝⑴／⑵人均總產值（美元）
V. 41,210	大量消費階段	全球	89.4	77.126	11590
		一、工業國家	54.08	12	45068
IV. 8,605	邁入成熟階段	二、新興國家	32.146	63.136	5092
		1. 美洲	6.348	5.936	10694
III. 5,169	起飛階段	2. 亞洲	23.163	44	5264
II. 4,655	起飛前準備階段	3. 非洲	2.6345	13.2	2000
I. 2,188	農業社會階段	三、轉型	3.172	2	15860

資料來源：世界銀行。

轉型經濟國家（transition economy）

時：1990年起
地：亞、歐洲，但一般狹義指歐洲
人：歐洲復興銀行、世界銀行和國際貨幣基金
事：1994年歐洲復興銀行（European Bank for Reconstruction and Development, EBRD）提出共產主義國家轉型市場經濟指標。

洲	區　域	國　家
亞洲	東亞	中國大陸
	東南亞	越、柬埔寨、緬甸
	中亞	4國
	西亞	伊朗
歐洲	東歐	俄、波羅的海3小國
	東南歐	其中10國在2004、2007年分二批加入歐盟
	中歐	波蘭、匈牙利

Unit 4-5
全球各國國際分工與人均總產值

在國際貿易、直接投資書中，必定會討論全球200國的產業分工與經濟水準（常以人均總產值衡量）。在本單元中以圖讓你一目了然。

圖解國際貿易理論與政策：國際經濟與區域經濟

一、投入：生產因素稟賦

俚語說：「種什麼因，得什麼果」，本處的「因」便是生產因素（production factors），一般譯為生產要素。

二、轉換：產業結構

五種生產因素經過各國公司的「組合運用」（俗稱生產函數），便反映在國際分工、產業結構。

1. 絕對優勢法則下的國際分工：在絕對優勢法則下，當新興國家吃下輕工業產品的生產，新興工業國家的公司「被迫」須產業「升級」（industrial upgrading）到重工業或技術密集工業，詳見右圖第二欄。
2. 產業結構：由圖第三欄可見，在國際分工情況，各國工業化比重由低到高（約42%），再下降。

三、本書依人均總產值把國家分三大類

1. 2016年以前，世界銀行二分法：2016年3月，世界銀行公布全球人類發展指數（Human Development Index, 1990年）時，不再把193國分成兩群：已開發國家（developed countries）、開發中國家（developing countries），這分類結果令人有繁榮、貧窮的對立感。
2. 羅斯托的經濟成長階段：圖中第五欄，套用美國經濟學者羅斯托的經濟起飛理論，本書以人均總產值分成五階段；許多情況，媒體仍沿用世界銀行的三分類。
   - 15,000美元以上稱為已開發國家（developed countries）。
   - 4,200～15,000美元，稱為新興國家（emerging countries），不宜稱為新興市場（emerging markets）或新興經濟體（emerging economics）。
   - 1,200美元以下，稱為「開發中國家」。

四、貿易產值

1. 農業國跟工業國貿易：農業國（紐澳、巴西、阿根廷、烏克蘭）跟工業國（美日）等，可說互通有無。
2. 工業國跟工業國貿易：工業國家間則專業分工，例如：美法製造飛機、德國日本產汽車，偏重資本密集製造業。中、印度等做服裝、鞋，屬勞力密集產業。
3. 服務業國跟工業國：英美的金融業、海空業發達，對外提供勞務，小賺服務貿易財。

生產因素市場	工業國際分工	產業結構	世界銀行的分類	人均總產值
				（美元）
四、技術	技術密集工業 ·飛機 ·電腦	服：78% 工：20% 農：2%	一、工業國家 （一）工業國家 ·經濟合作暨發展組織 　（OECD）35國	大量消費 階段 30,000
三、四 資本＋技術	高科技業 重工業 ·機械 ·汽車	服：72% 工：25% 農：3%	（二）新興工業國家／ 　地區 ·中東產油國 ·亞洲四小龍：星、 　港、韓、臺	邁入成熟 階段 15,000
三、資本	重工業 ·鋼鐵 ·水泥、石化	服：48% 工：42% 農：10%	·歐洲：東歐 二、新興國家	起飛階段 4,200
二、勞工	輕工業或 勞力密集行業	服：40% 工：25% 農：35%	·亞洲：東南亞、西亞 ·美洲：中南美洲 ·非洲：撒北、南非 ·亞洲：四小虎	起飛前 準備階段 1,200
一、 自然資源： 土地		服：35% 工：15% 農：50%	三、開發中國家 ·非洲：撒哈拉沙漠以 　南（簡稱撒南）	農業社會 階段

生產因素稟賦小檔案

生產因素

production factor，大部分簡稱因素，其他
書稱為「要」素，常指下列二大類：

一、先天
1. 自然資源：農業、礦業
2. 勞力（人口數）

二、後天
1. 資本
2. 技術
3. 企業家精神

稟賦（endowments）

1. 以家庭來說，某人繼承的財產，俗稱含
　著金湯匙出生。
2. 以國家來說，生產因素的存量、自然資
　源蘊藏量。

071

Unit 4-6
全球三級產業的歷史沿革

　　站在國際貿易角度，我們關心全球產業結構的變化，原因至少有二：產業間的產值、所得分配；其次是全球農工商品服務業的價格變化。

一、一級產業農業60年減5個百分點

　　進口農產品到處可見，美國櫻桃、日本青森蘋果、紐西蘭（中國大陸稱新西蘭）奇異果、澳大利亞的牛肉、泰國米。農產品一天三餐都會用到，可見度很高，而且量大（你去量販店等買菜都是大袋的提，很重），可惜，農產品售價低（以每公斤、每公克跟工業品相比），所以農產品產值在全球產業結構比重逐年降低，2016年4.4%，低到很難想像（唯一可喜的比率從2005年3.3%迄2015上漲1.1個百分點），有二個參考指標：美國農業占總產值1%、臺灣占1.7%。

二、二級產業工業60年減少9個百分點

　　農產品占總產值的比重低是因為「穀賤」，被工業、服務業比往下壓，但工業占總產值的比重從1970年37.3%，跌到2016年28.1%，下降9.2個百分點，比農業還大，突顯全球經濟已由「起飛」階段升級到「成熟」階段，服務業產值占總產值超過50%；「大量消費」階段70%以上。

三、三級產業服務業60年提高13個百分點

　　全球經濟成長階段史中，服務業是最大成長產業，在資本（機器設備）累積、技術進步情況下，在工業中不須投入太多人力，便可維持全球工業品的產出。許多人力被釋出到服務業，尤其是低附加價值、低薪的勞力密集零售業、餐飲業、旅館住宿業。

全球經濟產業結構的沿革						

單位：%

產業　　年分	1970	1980	1990	2000	2010	2016
三、服務業	53.3	55.7	62.1	67.3	66.4	67.5
1. 服務業	31.5	33.8	39.5	43.1	43.3	44.4
2. 運輸業	7.8	7.7	8.2	9.1	8.8	8.6
二、工業	37.3	37.4	32.7	29.2	29.5	28.1
1. 製造業	30.8	30.7	26.4	23.7	24	22.3
2. 營建業	6.5	6.7	6.3	5.5	5.5	5.8
一、農業	9.4	6.9	5.2	3.5	4.1	4.4

2020年世界主要國家產業結構

單位：%

人均總產值 經濟發展階段	國家／ 地區	2020年 人均總產值 （美元）	產業結構（2017年）		
			（一） 農業	（二） 工業	（三） 服務業
一、30,000美元以上 大量消費階段	美	61,000	0.9	18.9	18.9
	日	51,000	1	29.7	69.3
	德	49,500	0.6	30.1	69.3
	法	43,600	1.6	19.4	78.9
	英	43,800	0.6	19	80.4
	南韓	30,500	2.2	38.8	59.1
二、15,000～30,000美元 邁入成熟階段	臺灣	26,000	1.8	36	62.9
	俄	12,500	4.7	32.4	62.3
三、4,200～15,000美元 起飛階段	中	10,492	8.2	39.5	52.2
	墨西哥	11,500	3.9	31.6	64
	巴西	11,730	6.2	21	72.8
四、1,200～4,200美元 起飛前準備階段	印度	3,100	16.8	28.9	46.6
	印尼	4,567	13.9	40.3	46.6
	孟加拉	1,336	14.2	29.2	56.5
	奈及利亞	2,690	21.6	18.3	60.1
五、1,200美元以下 農業社會階段	—	—	—	—	—

資料來源：部分來自 Trading Economics, GDP per capita forecast。
英文維基百科，" List of countries by GDP sector composition "。

Unit 4-7
全球勞動人口 I：工業國家供不應求

全球人口每年約增加8,300萬人，但就跟下雨一樣，集中在一處便成水災，少雨的地方就缺水、旱災。同樣的，全球人口增加地方主要在新興國家（亞洲中南亞、非洲、美洲的中南美洲），限於各國對移民限制，新興國家多餘勞動人口很難全部移往工業國家。工業國家人口普遍面臨三化「單身化（不婚）、少子女化（不生、婦女一生生育數2.1以下）、老年化」，人口年齡中位數40歲以上。

一、人口高齡化的兩大因素

在右圖中，經濟成長階段與人口年齡結構正相關，即人口老化（population aging）是結果。有兩大因素影響：

1. 少子女化（fewer children）：工業國家的婦女生育數皆在2.1以下（2017年歐盟1.61、美1.87、日1.41），兒童占人口比率低於14%，人口年齡被墊高。
2. 成人長壽化（aging）：成人長壽原因主要來自右圖中的公共衛生、醫療，這又跟經濟成長階段有關。
3. 未富先老的國家：2020年中國大陸婦女生育數1.6、年齡中位數37.5歲、人均總產值10,443美元，2010年起各國媒體開始關心「未富先老」（getting old before getting rich）問題，泰、馬等也有這問題。

二、全景：表一

表一是依國家經濟成長階段，來看三個時期的人口年齡結構的改變。

三、近景：細看幾個國家

由表二可見，美國人較年輕，原因很簡單，因有大量年輕移民，大部分工業國家人口年齡中位數在40歲以上；中國大陸是新興國家，但1980～2015年實施都市「一胎化」政策，少子女化，再加上人們壽命延長，人口「老化」速度很快。2016年實施兩孩政策，年新生兒1,700萬人。

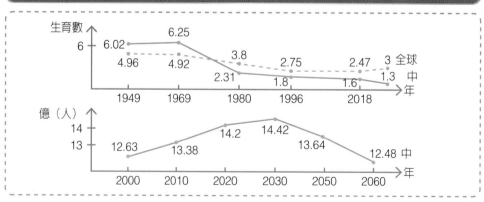

中國大陸婦女生育率與人口數

資料來源：中國社科院「人口與勞動綠皮書」，2019.1.5。

人口高齡化的兩大因素

人口長壽

❶ 公共衛生：疫苗（其是結核病疫苗）
❷ 醫療

少子女化

❶ 總生育率降低
❷ 人口成長率降低

人口老化問題

· 時：1982年
· 地：奧地利首都維也納市
· 人：聯合國
· 事：首次召開人口高齡問題大會，產生「老化問題國際行動計畫」，第二次2002年在西班牙首都馬德里市

表一　三年世界各經濟區的人口數與年齡分布

單位：億人

經濟成長階段		0～14歲	15～64歲	65歲以上
全球	2011年	18.76	46.20	5.45
	2016年	19.44	48.88	6.33
	2050年	20.83	61.42	15.46
工業國家	2011年	1.75	6.85	1.73
	2016年	1.73	6.82	1.96
	2050年	1.73	6.45	3.04
新興國家	2011年	16.47	37.24	3.37
	2016年	17.1	39.97	4.01
	2050年	18.54	53.06	11.82

表二　全球人口年齡結構進程

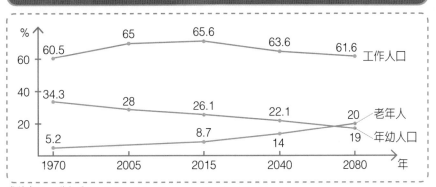

資料來源：聯合國 World Population Prospects, The 2015 Revision。

075

Unit 4-8
全球勞動人口 II：新興國家供過於求

全球勞動人口約占全球人口50%，其中約5.5%失業，已在Unit 2-3中說明，本處說明各洲勞動供需；簡單一句話：「工業國家勞動供不應求，主因是人口老化，勞動力不足，新興國家勞動供過於求，原因是就業機會不足。」

一、二分法

由右表第一欄可見，套用路易斯轉折點（Lewis Turning Point，中國大陸稱路易斯拐點），把勞動供需分成兩種情況：

1. 勞動力供過於求，俗稱人口紅利（demographic dividend）：新興國家大都人口年齡中位數30歲以下，年輕人多，勞動人口充沛，還可細分兩程度：
   - 供過於求：人口年齡中位數26～30歲的國家；
   - 嚴重供過於求：人口年齡中位數25歲以下的國家。
2. 勞動力供不應求，俗稱人口負債（demographic debts）：工業國家人口年齡中位數都在40歲以上，老年人多，照顧老年人抽走部分人力（尤其是提前退休或辭職照顧長輩），更使勞動力供不應求程度雪上加霜，日本是全球老年病（economic geriatric illness）的代表國家，詳見右表資料）。

二、勞動生產力成長率

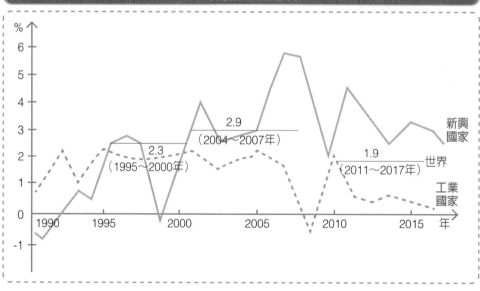

全球勞動生產力成長率

各國經濟階段與勞動供需情況

情況	嚴重供不應求	供不應求	供過於求	嚴重供過於求	
俗稱	人口負債 （demographic debts）		人口紅利 （demographic dividend）		
經濟成長階段	大量消費階段	成熟階段	起飛階段	起飛前準備階段	農業社會階段
一、年齡					
全球			30.4歲		
人口年齡中位數	40歲以上	36～40歲	31～35歲	26～30歲	26歲以下
老年化程度	超高齡社會（super-aged society）20%以上	高齡社會（aged society）14～20%	高齡化社會（aging society）7%以上	─	─
二、人口年齡中間值代表國家／地區 　　　　　　　　　單位：歲					
2017年	德 47.1 日 47.3 法 41.4 韓 41.8 英 4.5	臺 40.7 美 38.1 中 37.4 巴西 32	東南亞、南美、南亞 非洲 印尼 30.2 墨 28.3 印度 27.9 孟 26.7 巴 23.8		─
2060年推估	50.1 54.6 42.9 57.9 42.7	57 43 ─ ─	─	─	─

®伍忠賢，2019.4。

資料來源：英文維基百科，" List of countries by median age "。

人口衰退拖累日本經濟

時：2018年5月18日
地：美國首都華盛頓特區
人：國際貨幣基金
事：在報告中指出，人口急速老化及勞動力萎縮，正阻礙日本的經濟成長。另一份文件估計未來30年內，人口老化衝擊恐將日本經濟成長率平均每年拉下1個百分點。日本人口2010年起由1.281億人出現負成長以來，總人口數縮減約130萬人，2018年1.26億人。聯合國預計時至2065年，日本人口剩0.8億人。

Unit 4-9
全球資本形成

一國（政府、公司與家庭）投資結構分成兩項：
- 存貨，約占1%；
- 資本形成（capital formation）約占99%，全稱gross fixed capital formation，這又分成四項，詳見下表。

限於世界銀行有關全球資本形成資料起自1970年，本文依經濟成長階段分成三階段。

一、1974～1990年，起飛前準備階段

這階段資本形成主要動力來自亞洲和西歐。
1. 日與歐盟：主要從1951年起，二次大戰後快速重建。
2. 1966～1990年新興工業國家／地區，在亞洲，主要指：
   - 東亞的四小龍：南韓、臺灣、香港和新加坡（屬東南亞）。
   - 1980年代，東南亞的四小虎：泰、馬、菲、印尼。

二、1991～2020年，經濟起飛階段

這階段資本形成主要動力主要來自亞洲，尤其是中國大陸，分兩期：
1. 1991年～2000年，輕工業階段：這階段主要是香港、臺灣的製衣、製鞋、球拍等勞力密集行業，到中國大陸設廠。
2. 2001～2020年重工業、技術工業：這階段主要是汽車、電子（電腦、手機、消費性電子等3C行業）、建築（住宅、商業大樓）的發展，連帶衍生鋼鐵、有色金屬（鋁）、水泥、電力（煤）等工廠設立，中國大陸投資率（投資占總產值比率）40%以上，可說以投資驅動的經濟成長。

三、2021年以後，經濟成熟階段

這階段的資本形成成長動力仍來自亞洲。
1. 亞洲中的中國大陸：中國大陸由重工業（軌道、航空）、精密工業（例如：半導體）發展，即2015年5月國務院公布的「中國製造2025規劃」。
2. 亞洲中的東南亞和南亞：東南亞許多國家由輕工業進階重工業（例如：2017年越南的台塑河靜鋼鐵公司投產）；南亞三國（印度、孟加拉、斯里蘭卡）由成衣業逐漸升級。

1997～2017年平均固定資本形成				單位：%
資產種類	德	韓	日	美
1. 住宅	28.3	15.2	14.8	20.1
2. 公司廠房等	20.4	38.6	30.6	22.5
3. 機器設備、運輸工具	34.9	30.7	28.4	25.7
4. 無形資產：主要是技術、商譽購入	16.4	15.5	20.8	23.8
5. 其他	—	—	5.4	7.9

資料來源：office for National statistics，2017.11.2。

1973年以來，全球資本形成 —— 經濟成長階段

單位：美元

項目	1973年以前	1974～1989年	1990～2020年
一、經濟成長階段	農業	起飛前準備	起飛
二、全球人均總產值	1,172	1,326～3,865	4,272～12,000
三、資本形成			
1. 人均資本形成	353	414.5～969.3	1,058.3～2,488.2
2. 成長率	8.2%	−0.67～4.2%	—

全球工業占總產值比率

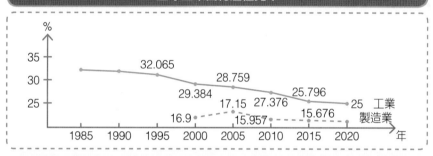

全球、中國大陸投資率（total investment as % of GDP）

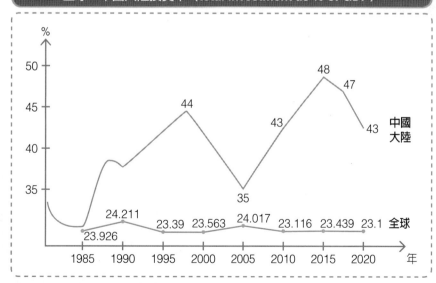

另有gross fixed capital formation as % of GDP

第 **5** 章

國際貿易敘述

 章節體系架構

Unit **5-1**
出口與進口的原因：國與國間為何會有貿易

圖解國際貿易理論與政策：國際經濟與區域經濟

你有沒有注意到你生活中的東西來自全球，且讓我們一起來逐項檢視。

1. 食：牛肉來自美國及澳大利亞，水果來自日本及美國。
2. 衣：百貨公司優衣庫（Uniqlo）是日本公司，佐拉（Zara，中國大陸稱颯拉）是西班牙品牌。
3. 住：冰箱、洗衣機、電視機，主要都是日、韓產品。
4. 行：手機中iPhone是美國蘋果公司，凌志是日本豐田汽車的產品。
5. 育：教美語的大都是外國人。
6. 樂：第四臺中HBO，電影院中主要都是外國片（占77%，類似美國片）。

一、國際貿易原因：人類歷史就是一部貿易史

大概一萬年前，人類才開始建立國家，但國際貿易的歷史更久，在歐亞洲，較有名的是絲路貿易，從漢朝到唐朝，中國出口絲布，西亞、歐洲羅馬帝國的官員、富商以穿貴如黃金的絲袍來突顯自己的身分：中國進口皮革、鋼刀等。一般貿易依兩國商品是否屬同一行業，分成兩類，依占貿易比重順序說明。

二、國際貿易商品的行業分類

兩國間的商品貿易，依行業分成兩種情況。

1. 產業間貿易（inter-industry trade）占商品貿易75%

最常見的產業間貿易，如右圖所示，兩國間「互通有無」。
- 農業大國：泰國出口熱帶水果（榴槤、椰子）到中國大陸。
- 工業大國：中國大陸出口工業製品（鋼鐵、手機）到泰國。

2. 產業內貿易（intra-industry trade）占商品貿易25%

同一產業內的商品，兩國間仍買來買去，依產品性質分為兩種情況。
- 同質產品以價取勝、以時輔之。在同質產品時，人同此心、心同此理，就是挑便宜的；農產品一年只有一季（例如：夏季）出產，所以南北半球國家產季時間相反，可互通有無。
- 異質產品以質取勝：最常舉的例子便是汽車，詳見下表。

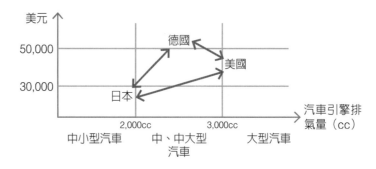

產出：依商品種類

轉換：產業結構

泰國 ← 榴槤、椰子 → 中國大陸

泰國 ← 手機、家電 ← 中國大陸

一、產業間貿易（inter-industry trade）占75%

俗稱「互通有無」

規模經濟	（一）同質產品
	1.價
	2.量

南北半球	3.時

二、產業內貿易（intra-industry trade）占25%

消費者的偏好	（二）異質產品
	質

三角貿易的典型：美國下單、臺灣接單、中國大陸生產

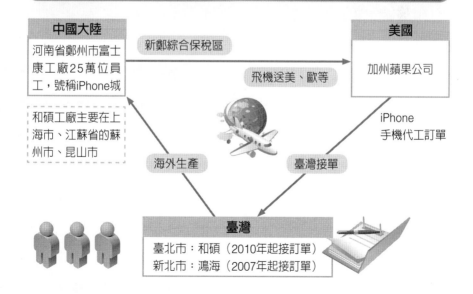

中國大陸

河南省鄭州市富士康工廠25萬位員工，號稱iPhone城

和碩工廠主要在上海市、江蘇省的蘇州市、昆山市

新鄭綜合保稅區

飛機送美、歐等

海外生產

美國

加州蘋果公司

iPhone手機代工訂單

臺灣接單

臺灣

臺北市：和碩（2010年起接訂單）
新北市：鴻海（2007年起接訂單）

Unit 5-2
哪些商品／服務在國際貿易間交易

1980年以前，許多教科書把三級產業商品以二分法分成兩類，即可以在國際貿易中交易的商品、服務，稱爲貿易品（tradable goods）和不准或限制交易的非貿易品（nontradable goods），但這「楚河漢界」不是涇渭分明，貿易品範圍愈來愈廣。

一、非貿易品的緣故

一半以上的商品、服務都是無法跨國交易的，原因至少有二。

1. 政府的政策限制：政府爲了保護本國人權益，在生產因素市場、產業（尤其是農業）、需求結構的某些項目，皆「限制」或「禁止」外國商品進口、外國公司投資或外國人從事。

2. 商品／服務性質限制

- 商品的性質限制：少數商品（例如：低價的生鮮農產品易腐壞）不適合長途運輸，頂多只能在鄰近兩國間交易，不能全球趴趴走。少數情況下，各國都有民族／地方特色商品（例如：瑞典的鹽醃鯡魚，外國人視爲異味），外國人往往「敬謝不敏」。

- 服務的性質：服務（service）的本質是顧客要「移駕」到服務提供者處，以餐廳來說，外國觀光客要入境才能大飽口福。求學（教育）、醫療、觀光（住），有許多人會如此作，其他生活領域（食衣樂）很少外國人會花大錢的跨國去購買服務。

二、貿易品（tradable goods）

由表一可見，在擴增型一般均衡架構下，大部分生產因素、產業和需求結構皆可在國際間交易。

1. 商品貿易（products trade）：商品貿易跟一國服務業中的零售業的性質很像，以商品出口來說，是把商品運到國外去賣，稱爲外國需求（foreign demand）。

2. 服務貿易（service trade）：大部分的服務貿易都是本國公司、人士到進口國去提供服務，最常見的是海運、銀行。

三、非貿易品（nontradable goods）

由表二可見，有部分商品、服務是不可在國際間交易的，稱爲非貿易品。

表一　開放外國商品進口或外國人投資行業：貿易品

生產因素市場	產業	商品市場
一、自然資源 　　土地 　　水 　　能源（電、礦） 　　空氣	一、農業	一、消費 　消費品 　（consumer goods） 　（一）食 　（二）衣 　（三）住 　（四）行 　（五）育 　（六）樂
二、勞工	二、工業 　（一）製造業 　（二）油氣燃料業 　　　　工礦業 　（三）營建業	二、投資 　資本品 　（capital goods）
三、資本 四、技術	三、服務業 　（一）零售業 　（二）金融業 　（三）其他	
五、企業家精神 　　俗稱商人無祖國		

表二　限制或禁止外國人投資的行業、商品

生產因素市場		產業	商品市場
一、 自然 資源	（一）土地	一、農業	一、消費
	（二）水電 為了保住人民生活命脈，大部分國家水電公司往往都是國營		（一）住：為了避免外國人（尤其是中國大陸人）炒房產 1.高稅率：加拿大、紐西蘭 2.高資格限制：臺灣
	（三）礦 以臺灣來說，礦業開發權在政府（自然資源部）手上		
二、 勞工	為了保護本國人就業，大部分國家皆限制外國長期移住勞工，全球人數約0.6億人，占全球勞工1.7%		二、投資 　（一）外資流入 　　　1.工業，占30% 　　　2.服務業，占70%
三、 技術	美國：對國家安全（例如：超級電腦）技術有出口管制	二、工業 國防工業 三、服務業 　（一）專業技能行業 律師、醫師、會計師	三、政府支出 四、國際貿易 　（一）進口 　　　1.農產品：有限度的 　　　　開放進口

Unit 5-3
國際貿易商品與服務的分類

　　國際貿易比國內貿易交易標的（object of transaction）狹窄一些，主要是受各國法令限制，其次是交易標的性質限制（例如：農產品中的葉菜類價格低，低溫冷藏運輸成本過高）。本單文說明國際貿易交易標的的分類。

一、大分類：商品 vs. 服務貿易，75%比25%

　　一般把國際貿易依交易標的區分為兩大類，這跟三級產業相關，符合「80:20原則」。

　　　1. 農業、工業為主的商品貿易，占貿易額75%：商品貿易（commodity trading）占國際貿易金額75%，這跟全球產業結構剛好倒反，可能原因是許多國家對服務業都較少開放外資來投資，以保障本國勞工的就業機會。

　　　2. 服務業為主的服務貿易，占貿易額25%：一般人很難想像服務貿易（service trading）占國貿額25%，因為外國進口汽車、商品舉目可見。服務貿易可見的有兩個：外國銀行、外國觀光客，還有一個你很難查覺的：「電話的國際漫遊，你會享受到外國電信公司的服務。」

二、中分類的分類標準：從損益表中的「成本費用」來分類

　　在兩大分類之下，農、工各可分四、三中類，服務業分二中類，中分類標準不同，如此便不好記憶；當套用擴增版一般均衡架構後，發現這九中類有個共同架構：即可以以該商品／服務的在損益表中主要成本費用來分類，也就是從生產因素市場來分類。

三、服務貿易

　　由右表可見，服務貿易（service trade）二分為兩中類，以生產因素來看，分兩時期。

　　　1. 1979年以前稱傳統服務貿易：從靠好山好水的觀光、出國當長期移住勞工、運輸，依序恰巧是生產因素中的自然資源、勞工與資本。

　　　2. 1980年以後項目稱現代服務貿易：現代服務貿易中的金融業、電信業都是資本密集、高科技業（例如：手機晶片），技術移轉是技術密集的，這兩項都是美國公司的主場。

兩種貿易的英文中文

英文	中文
commodity trade merchandise trade	商品貿易
service trade service trading trade in service	服務貿易

國際貿易中商品、服務貿易的交易內容

貿易種類 \ 生產因素 \ 產業	一、商品貿易（commodity trading）		二、服務貿易（service trading）	
	一、農業	二、工業	三、服務業	
			（一）傳統	（二）現代
一、自然資源	（二）林業 （四）牧業 1.肉類 2.乳製品 3.蛋製品	（一）礦業 1.金屬礦（鐵礦、銅等） 2.原油、天然氣、煤	1.觀光業（不含航運費用）	
二、勞工		（二）工業 1.輕工業：食品、成衣、製鞋等 2.重工業：石化、鋼鐵、金屬、汽車業等	2.國際長期移住勞工	
三、資本	（一）農業 1.糧食作物 2.其他 3.水果 （三）漁業 1.野生占26% 2.養殖占74%	（三）營建業 1.外國政府的公共工程	3.航運業	1.金融業，尤其是銀行 2.電信業
四、技術				3.技術移轉
五、企業家精神				

Unit 5-4
國際商品貿易型態：依商品移動方向分類

　　國際貿易的形態分類方式之一，是依商品移動方向分成三大類。

一、大分類：出口 VS. 進口

　　以臺灣機場的旅客來說，有分為出境、入境和過境（即不入機場但不入境，俗稱中轉），同樣國際貿易形態依商品進出方向分三大類。

1. 出口或商品輸出（product export）。
2. 進口或商品輸入（product import）。
3. 過境貿易（transit trade）：主要是各洲的各區域的海上交通「樞紐」（hub），亞洲有東亞香港、東南亞的新加坡、中東阿聯杜拜；歐洲西歐荷蘭阿姆斯特丹，這三國一地區常居全球出口、進口前十大國，但大都是轉口貿易（transshipment trade），賺點過路財。

二、中分類：以出口貿易為例

　　以出口貿易來說，以美國下單給臺灣的公司來說：

1. 直接貿易占50%：臺灣接單、臺灣出口，常見的是宏達電（HTC）接到美國的電信公司手機訂單，在桃園市生產，運至基隆市基隆港出口。
2. 間接貿易占50%：臺灣接單，可是轉單到海外生產，最常見是三角貿易，詳見下文說明。

三、小分類：以出口貿易為例

　　直接、間接貿易各分數小類：

1. 直接貿易分二小類，2018年中國大陸一般貿易占57.8%，2017年56.4%。
2. 間接貿易分三小類。

四、三角貿易

　　由Unit5-1右圖可見，這是1980年來，臺灣常見的三角貿易方式。

1. 臺灣接單，海外生產：1985年起，臺灣的公司大幅把接的外國訂單，移到海外（九成是中國）生產，1999年13.32%，2011年50.52%，2018年50.77%，2019年48.72%。
2. 美國下單—臺灣接單—中國大陸生產：由圖可見，以美國蘋果公司把iPhone組裝代工訂單下給臺灣三家公司鴻海、和碩、緯創，以鴻海為主。鴻海轉單至中國大陸富士康集團的各子公司生產，其中富士康科技集團鄭州科技園區（有三大公司），位於鄭州「航空港」區，號稱占蘋果公司手機出口量50%，有「蘋果城」之稱。

商品貿易方式分類

大分類	中分類	小分類
一、出口貿易（export trade）	（一）直接貿易（direct trade）	1. 一般貿易 ・整廠輸出 ・其他 2. 加工貿易 ・進料加工 ・來料加工
	（二）間接貿易（indirect trade）	1.轉口貿易（entreport trade），這跟過境貿易重複 2.三角貿易（merchanting 或 triangular trade） 3. 轉換貿易（switch trade）
二、進口貿易（import trade）	同上	
三、過境貿易（transit trade）又稱轉口貿易	（一）直接過境：在第三國碼頭過境 （二）間接過境：須在第三國倉庫存儲 （三）復運出口 （四）復運進口	

兩種加工貿易

加工貿易細分類	原料公司	加工公司	買方
進貨加工（feeding processing trade）	加工公司自購原料 →	中國大陸富士康公司	中國大陸小米公司
來料加工（processing on order）	買方進口原料 → 1. 三星顯示器OLED螢幕 2. 臺灣台積電A13晶片	中國大陸富士康公司	美國蘋果公司

Unit 5-5
全球貿易的資料來源

生產因素市場統計的國際組織

生產因素	國際機構	出版品與資料庫
一、自然資源	聯合國1945年10月成立，193國，美國紐約州紐約市	聯合國統計局的 1. Environment Statistics
二、勞工	1.聯合國際勞工組織（UN International Labor Organization）在瑞士日內瓦市 2.經濟合作暨開發組織（OECD），1961年成立，35國，法國巴黎市	國際勞工組織公約和建議 2. 全球勞工統計Key Indicators of the Labor Market database World Employment Social Outlook, Trend 每年國際貿易勞務統計
三、資本		
（一）對各國政府授信	世界銀行，1943年成立，美國首都華盛頓特區，189國	由世界銀行小組World Bank Group 透過World Integrated Trade Solution (WITS)，任何人可上網查
（二）對國家中央銀行緊急融資	國際貨幣基金，1945年12月成立，住址同世界銀行，189國	有關關稅和非關稅（non-tariff, NTM）資料可進行減關稅稅率電腦模擬，以分析其影響
四、技術	聯合國貿易和發展組織	2010年5月起Technology and Innovation Report（TIR）
五、企業家精神	英國倫敦學院與美國Babson學院	Global Entrepreneurship Monitor（GEM）

全球三級產業主要資料來源

產業	國際機構	出版品與資料庫
一、農業	聯合國旗下糧食及農業組織（Food & Agriculture Organization, FAO）	1.農：世界糧農組織統計年鑑、報告 2.林：世界森林狀況 3.漁：漁業和水產養殖年鑑 4.牧：年鑑
二、工業	聯合國工業發展組織（UN Industrial Development Organization, UNIDO）1966年成立，奧地利維也納市，約170個成員國	資料庫（Industrial Statistics Database）出版品 1. 年報：4月21日 2. 季刊「全球製造生產」 3. 2018年起
三、服務業	例如：國際服務業公會（International Chamber for Service Industry），2005年成立，印度新德里市	1.統計：尤其偏全球服務貿易 2.預測

需求結構	國際機構	相關資料庫
商品市場統計的國際組織		
一、消費	世界銀行	谷歌搜尋「World Economy」，首頁面右邊出現「Consumption」
二、投資	聯合國貿易和發展組織（UNCTAD）1964年成立，164成員，瑞士日內瓦市	世界投資報告
三、政府支出	聯合國統計局（UN Statistical Division, UNSD）	同左
四、國際貿易	(1) 世界貿易組織（WTO），瑞士日內瓦市，194國	每年5月15日出版 (1) 世界貿易統計（Review） (2) 自由貿易協定 每年1月26日，公布國際發展和發展統計手冊，另有Handbook of Statistics貿易和發展報告年報，主要是關稅、邊境稅資料
1.商品	(1) 聯合國統計局 (2) 聯合國貿易和發展組織	資料庫：UN Comtrade、IDB 資料庫：UNCTAD TRAINS
2.服務	(3) 經濟合作暨發展組織	該組織旗下國際貿易中心的市場分析和研究部，對外有Map Trade，分析貿易發展 每年1月28日出版去年國際貿易商品統計
＊國際旅遊	聯合國世界旅遊組織（UNWTO）1974年成立，154國，西班牙馬德里市	每年7月公布去年的全球旅遊年報

091

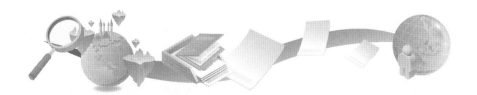

Unit 5-6
全球總產值、商品與服務出口比較

你會發現每年各個國家政府、研究機構等，對明年的經濟（經濟成長率、失業率、物價）預測，大抵會基於下列假設：

- 全球經濟成長率（世界銀行預測2020年2.8%）。
- 本國貨幣匯率，例如：1美元兌6.3人民幣，或1美元兌105日圓等。
- 出口金額（或出口成長率），甚至商品貿易經常帳盈餘，這是大部分出口導向國家（日、德、四小龍、四小虎、中）的經濟成長動能兩大來源之一。

一、兼聽則明，偏信則暗

在北宋司馬光著《資治通鑑》書中，描述唐太宗跟大臣魏徵的對話：

唐太宗問：「人主何為而明，何為而暗？」

魏徵回答：「兼聽則明，偏信則暗。」

同樣的，在分析時間數列時，如果可以把幾個相關的數據，畫在同一圖上，便可見：

- 時間順序先後；
- 相對比率，成長率幅度。

二、商品出口

由右圖下方的說明可見，1995年以來，商品出口可分兩時期：

1. 1995～2007年，黃金20年：由圖可見，此時期有兩大力量，推動全球商品貿易成長率（8%）在全球經濟成長率1.5倍以上。
2. 2008年起是低速成長的第一年：以2008年到2018年這10年平均成長率1.1%，約只有全球經濟成長率36%。由圖可見，商品出口在2014年達到高峰18.657兆美元，便走下坡，2017年的成長，沒有恢復。以中長期來看，出口成長率可能在3%左右。

三、服務出口

服務出口中有75%是跟公司有關，只有25%跟個人（旅遊、運輸）有關，商品出口成長停滯，服務出口很多是為了協助公司出口、進口，也被拖累了。

全球經濟、出口成長率

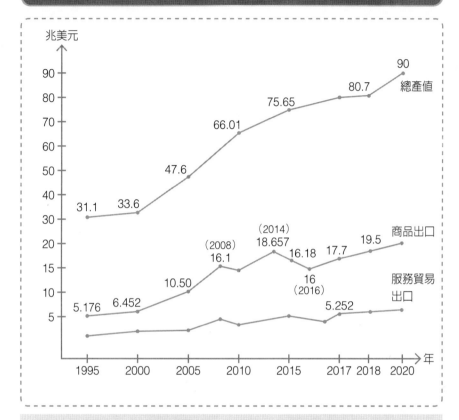

全球總產值、商品和服務貿易出口值

兆美元

- 總產值
- 商品出口
- 服務貿易出口

（總產值）31.1 33.6 47.6 66.01 75.65 80.7 90

（商品出口）（2008）16.1 （2014）18.657 16.18 16（2016）17.7 19.5

（服務貿易出口）5.176 6.452 10.50 5.252

年 1995 2000 2005 2010 2015 2017 2018 2020

商品出口成長率：2015年−13.2%、2016年−3%

出口貿易中速成長期

1995年起，烏拉圭回合談判生效，工業國家分6年大幅降低關稅稅率。2001年12月，中國大陸加入世貿組織，海外直接投資湧入，商品出口成長飛快

出口貿易高原期

2014～2018年，農礦產品價格大跌。2012年起，中國大陸減少零組件進口，實施第二次進口替代政策。2018～2019年，美中貿易戰，雙方各提高關稅稅率等

Unit **5-7**
全球出口金額、數量的所得彈性：趨勢分析

圖解國際貿易理論與政策：國際經濟與區域經濟

前面是只看全球總產值、商品與服務出口的「金額」間的關係，接著稍微加點工，用各項成長率來分析，這是「彈性」的觀念，由右下表可見，分成兩項：

- 商品出口金額的所得彈性，此種「所得」是指全球總產值。
- 商品出口數量的所得彈性。

一、1995～2008年：約1.68倍

這階段是全球出口金額成長率5%，出口的所得彈性1.68倍，是歷史高點。1995年關貿總協的巴拉圭回合實施、世界貿易組織（World Trade Organization, WTO）成立，全球貿易因關稅稅率大幅降低等，蓬勃發展。2001年12月，中國加入世貿組織，出口大幅增加，連帶大量進口。

二、出口金額的所得彈性

1961～1994年，1.3倍。這時期，可分為三次期，各約13、11年。

1. 1961～1972年：這階段全球經濟成長率4.2%，由於德日拚命對美出口，出口成長率5.43%。
2. 1973～1982年：1973、1978年兩次石油危機，1980年代因歐美經濟不振，許多國家採取保護貿易措施，稱為「新保護貿易主義」（new protectionism）。
3. 1983～1994年：此階段，全球從二次石油危機的衰退（1982年美國2.6%）中走出，1982年起3.5%以上（1991年-0.1%例外）。

三、出口數量的所得彈性

出口數量（例如：貨櫃數、散裝船載重量）每年成長率4%，約比經濟成長率稍高。

1. 1990～2010年，數量所得彈性2倍：這時期，1%的經濟成長率可帶動2%的出口數量成長。
2. 2011年起，出口數量所得彈性1.06倍：這階段，全球經濟成長率1%只能帶動1.06%的出口數量成長。

貿易的所得彈性		
範圍	2000～2007年	2010～2017年
1.全部貿易	1.45倍	1.25倍
2.商品貿易	1.5倍	1.2倍

資料來源：World Bank Global Outlook, 2018.5。

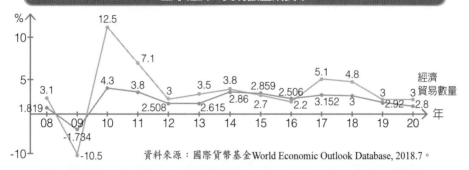

全球經濟、貿易數量成長率

資料來源：國際貨幣基金World Economic Outlook Database, 2018.7。

聯合國UN Comtrade資料庫廣泛經濟分類

原料	中間品	最終產品
	（一）零組件 42資本品零組件 53運輸設備零組件 （二）半成品	（一）資本品 41資本品（機器設備） 521運輸設備
111初級食品飲料（工業用途） 31初級燃料油品 32加工燃料油品	121加工食品飲料（工業用途） 21初級工業用品 22加工工業用品	（二）消費品 112初級食品飲料 122加工食品飲料 52運輸設備－客車 522運輸設備－其他（非工業用途） 61耐用消費品 62半耐用消費品

· 41電腦（桌上型、筆電、平板）
· 在臺灣財政部海關統計，手機是消費品

出口金額，數量的所得彈性

彈性種類	公式	2011～2016年	2017年
1. 出口金額所得彈性	$\dfrac{\frac{\triangle Ex}{Ex}}{\frac{\triangle Y}{Y}}$	0.7倍	3倍
2. 出口數量所得彈性	$\dfrac{\frac{\triangle Q}{Q}}{\frac{\triangle Y}{Y}}$	0.9倍	1.5倍

Y指的是全球總產值，△Y指的是新增全球總產值，$\dfrac{\triangle Y}{Y}$ 指的是經濟成長率

資料來源：世界貿易組織，每年2月19日公布的World Trade Outlook Indicator。

Unit **5-8**
中國大陸進口替代對全球商品出口成長的負面影響

農礦商品價格起伏，事關人民生活，所以很多人都「有感」，資本品（其中機檯中最主要的是工具機）的需求大減，只有資本品的生產、銷售國家（例如：德義日臺）和公司體會最深。

一、實證論文

由右頁下方小檔案可見，世界貿易組織經濟和研究部的兩位顧問的實證指出，在三個對進口品的買方中，公司的「經濟（成長率）」彈性最大，尤其是公司三種進口需求中的資本品。

二、中間品的進口替代

中國大陸政府為了在2020年達到人均總產值11,000美元的目標，2012年已大幅推動第二次進口替代，主要是針對電子產品關鍵「零件」（DRAM、晶片）、組件（液晶面板）、產品（LED，太陽能板）的進口替代，漸漸形成紅色供應鏈（red supply chain），2013年起減少對韓日臺的相關產品進口。

世界銀行的資料，中國大陸出口商品中，進口零組件比率1993年高峰60%，到2012年35%，本土零組件已取代進口零組件，效果顯著。

三、資本品進口大減的原因

1. 產油國：2008年起，原油價格走跌，產油國的公司大減投資，對資本品（鑽地機等）的需求大減。
2. 2012年起，中國大陸、美國大減進口，以機器設備來說，2008年臺資公司50%在中國大陸採購，2013年近七成。

四、結果

由於進口替代等因素，全球進口中國大陸資本品在中國大陸的所占比率，由2004年30%，2014年18%，10年減少12個百分點。

中國大陸二階段進口替代政策		
期間	1979～2011年	2012年起
第幾階段進口替代	第一	第二
產品（工業產品）	最終產品中的消費品：輕工業中的食品、服裝	1.中間品 2.最終產品中的資本品

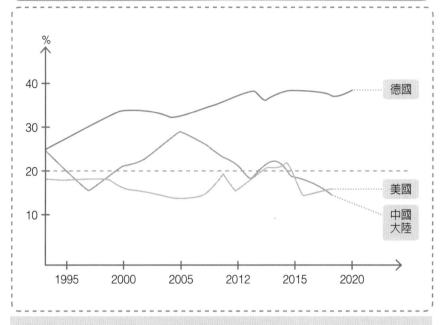

三大進口國資本品占進口商品比率

中國大陸：2004年占30%，但2014年18%，主因是工業中間品進口替代。

資料來源：世界貿易組織，「世界貿易統計Review 2017」，圖3, 4。

2012年起，貿易不振主因之一

時：2018年9月

地：瑞士日內瓦市

人：Marc Auboin和Floriana Borino，世界貿易組織經濟和研究部的顧問。

事：論文名稱「全球貿易的經濟彈性下滑：需求管道的檢驗」

　　研究期間：1995～2015年

　　研究對象：以美中日德為例

　　研究結論：以進口的三個買方來說，貿易彈性如下：

　　投資（公司）＞消費（家庭）＞政府支出（支出）

　　全球貿易降級，一半來自於各國供應鏈自給自足，保護貿易政策效果低。

Unit 5-9
從供給增、需求緩，來看全球商品貿易減緩

　　每次講到農產品（例如：2018年臺灣香蕉、鳳梨）價格狂跌的原因，沒唸過經濟學的人也會朗朗上口：「供過於求」、「供給多、需求少」。撇開一些國家的政策、地緣政治（例如：中東的伊朗等），2014年以來，全球商品貿易可說「供給增、需求緩」。

一、2002～2008年，商品價格狂飆原因

　　2001年12月起，中國大陸因加入世貿組織，出口大幅增加，大量進口農工原料以製造成品出口；再加上內需（消費、投資、政府支出）大增；針對全球大宗商品形成強大進口吸力。

1. 農產品：七斤穀類可生出一斤牛肉（豬肉），2002年起，中國大陸人民普遍小康了，每人吃肉量增，全球挪許多穀類作物去養家畜家禽，供不應求，因此農產品價格狂飆，直迄2013年。
2. 油價狂飆到2008年3月20日，北海布蘭特（中國大陸稱布倫特）原油1桶147美元。在中國需求的基礎上，再加上全球的炒作，原油價格泡沫形成，甚至創1桶147美元天價才崩盤、盤整到2016年，2017年才反彈，2019年起又下滑至60美元。
3. 礦類商品。

二、2012年起，需求面（進口需求）轉弱I：所得面因素

1. 中國大陸：中國大陸是全球第二大進口國，市占率約9.8%，2012年起，經濟成長率7.7%，初次由高速（8%以上）下滑到中速（6～8%），景氣減緩，再加上重工業（鋼鐵、水泥、有色金屬、電力、煤）產能過剩，進入減產能的供給側改革（supply side reform），對全球農、工礦原料需求大減，有人認為這是2014～2015年全球初級產品價格下跌四成以上的主因；直到2016年1月價格才反彈。
2. 美國升息隱憂：2015年美國聯準會數次宣稱提高利率，公司資金成本提高許多，公司暫停新投資，此減少對資本品（主要是工具機）的進口需求。

三、2012年起，需求面轉弱II：成本面因果——進口替代是進口最大殺手

　　捷運（地鐵）是公車、計程車的替代品，此漲彼消。同樣的，全球兩大進口國美中（占全球進口23.5%）在進口方面，有國內供給，「毋庸外求」。

1. 2012年起，美國頁岩油（shaleoil）大量產出：美國是全球最大原油進口國，2012年起，頁岩油大量產出，減少原油進口；2016年甚至開放頁岩油出口。2018年12月第二週美國能源部資訊管理局（EIA）調查，美國原油出口大於進口，淨出口20萬桶，日產量1,170萬桶，成為全球最大產油國。
2. 中國大陸的紅色供應鏈：詳見右圖。

1973年以來，全球資本形成——經濟成長階段

產品（價格下跌）	一、供給	二、需求
一、農礦產品 （一）農產品跌11% （二）油礦跌25% 　　1.原油 　　2.礦產	自從2003年起，中國大陸大幅買初級產品，世界各國大規模擴產，例如： 1.農產品：巴西砍雨林、種大豆，以養牛（牛飼養量2.17億隻），全球出口第一 2.礦：供過於求在2015年達到高峰	2012年起，中國大陸經濟成長率跌到8%（7.7%）以下，從高速掉到中高速成長，對進口農產品的量成長率大減。 1.2012年美國公司開始大量開採頁岩油，對進口原油需求減少，2016年起，逐漸出口。 2.2015年11月起，中國大陸政府實施供給面改革（supply-side reform），大量減少銅、鐵礦砂進口
二、工業製品跌4%	*補充右述：其中的典型便是液晶面板，2017年年產0.77億片，全球市占率30%，超越臺灣25%	2012年起，中國大陸對關鍵零組件，實施進口替代，減少從韓日臺進口，在3D1S（Display, DRAM, LED, Solar）上形成紅色供應鏈

中國大陸紅色供應鏈

供應鏈（supply chain）

技術水準	元件	模組	組裝	品牌公司
光學		液晶面板 （display）	3C產品組裝	中國大陸、美國、日本 例如：中國大陸華為、美國蘋果公司及日本索尼
電子	晶圓 1.DRAM 2.晶片		1.臺資公司 （俗稱臺商）	
機械		LED 太陽能 （solar）	2.中企	

Unit 5-10
出口商品價格、數量對出口金額的影響

　　如同影響蘋果公司手機營收金額的因素有二：客單價（ASP）、銷量一樣，全球商品貿易（或只看出口）金額成長率影響力量有二。

一、平均價格（unit value）大減

　　由表一中可見，1981年來以五年為1期，8期中有4期，貿易平均價格下跌，主要反應在農礦商品價格（主要是原油和農產品）大跌。

1. 農產品2009～2011年小跌，2012年起小漲： 由圖一可見，全球農產品價格2009～2011年小跌，這是全球金融海嘯導致經濟衰退、2011年歐債風暴，需求減弱；2012年起小漲。

2. 原油： 全球原油三大產地：英國北海布蘭特（Brent, 號稱占全球第一）、美國西德州、亞洲中東杜拜，由圖二可見，原油價格長期上漲，2000～2008年3月，因中國大陸的需求，加上人為炒作，造成原油價格泡沫價格狂飆到147美元（註：原油的開採成本20～50美元）。

二、數量（volume）小增

　　貿易數量（例如：1年出口小麥5億噸）的出口，每年大都為正成長4%，這有二個因素。

　　1. 人口數逐年增加1.1%：全球人口每年至少成長1.1%，以2020年為例，新增8,300萬人，這是商品貿易的基本成長率。

　　2. 經濟成長率約3%：全球經濟成長率約15年會衰退一次（約-2%），93%情況下，人均總產值成長率約3%。

　　3. 例外：3年負成長

　　出口數量有3年負成長，1982年-2.9%、2000年-0.2%、2009年-2.5%，這3年美國經濟成長率-1.8%、-4.1%、-2.5%。

三、兩者相加得到貿易金額成長率

　　由表一第四列可見，價格、數量因素相加得到金額成長率，商品數量皆正成長，所以價格是決定全球商品貿易金額正或負成長的主要力量。

　　1. 1980～2015年：由表一可見，35年內只有10年全球貿易衰退，1981～1985年是全球（尤其是美）需求不振，2011～2015年是中國大陸。

　　2. 單看2015年：由表二可見。

　　　・平均價格下跌16.6%。

　　　・數量成長率3%。

　　　・二者相加，商品出口金額大跌13.6%，其中工業製品也跌5.5%。

表一　全球貿易金額起伏的價量分析

單位：%

項目	1981〜1985年	1986〜1990年	1991〜1995年	1996〜2000年	2001〜2005年	2006〜2010年	2011〜2015年	2013〜2015年
⑴單位價格	-3.5	6.2	1.9	-2.1	5.1	4.6	-1.3	-6
⑵量	2.9	5.8	6	7	5	3.7	3.1	2.6
⑶=⑴+⑵ 金額	-0.7	12.3	8.4	4.8	10.5	9	1.8	-3.6

資料來源：世貿組織。

表二　2015年商品出口大跌13.6%的原因

單位：%

項目	一、農礦產品		二、工業製品	小計
	1.農	2.油礦		
⑴單位價格	―	―	―	-16.6
⑵量	―	―	―	3
⑶=⑴+⑵金額	-10.7	-25.2	-5.5	-13..6

圖一　全球農產品價格指數

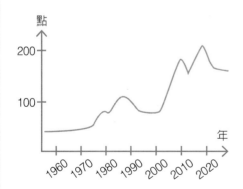

資料來源：聯合國糧食及農業組織2002〜2004年為基期，以出口餘額為比重。

圖二　全球原油價格

單位：一桶

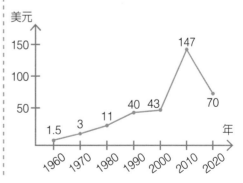

資料來源：維基百科「油價」1945〜1983年阿拉伯輕質原油，1984年起英國布蘭特。

Unit 5-11
全球商品出口占總產值比率

出口金額、成長率的趨勢分析只能看出單一項目的演進，由全球出口占全球總產值比率可看出二者間相對的成長速度。1960年來、以20年為一期間，以公司損益表上三大項目營收、營業成本（在此製造成本）、營業費用來分析。

一、1960~1980年，突破10%

1. 所得因素：這時間主要延續（二次大戰）戰後重建商機（例如：1947年7月～1951年的馬歇爾計畫）、戰後嬰兒潮（1945～1965或1946～1964年，約8,300萬位嬰兒）商機，全球經濟快速成長。1973、1978年兩次石油危機拖累全球經濟。

2. 成本因素：1953年起，德日開始大量出口
   ・1953年起，德日戰後重建，幾乎恢復戰前工業水準，藉大量出口到美國，加速經濟成長，1968年，日本超越德國，成為全球第二經濟國。
   ・1966年起，亞洲四小龍陸續出口掛帥。臺灣在高雄市前鎮區設立第一個加工出口區，透過替美國公司加工輕工業產品，賺外匯；香港、新加坡、南韓陸續加入。此階段美國公司把工廠、訂單外移亞洲，原本美國國內交易，變成國際貿易。
   ・1980年代，亞洲四小龍經濟邁入成熟階段；亞洲四小虎（泰馬印菲）接棒，從事勞力密集產品生產、出口。

二、1990年代起，突破20%

1. 所得因素：1980年代日本經濟黃金10年，成為全球第二大市場。
2. 成本因素：1979年起，中國大陸實施改革開放，香港、臺灣的勞力密集行業（成衣、鞋、玩具）紛紛到中國大陸設廠。1990年起，臺灣的電子業大幅西進設廠，把接到美國惠普、戴爾、蘋果公司訂單，在中國大陸生產。

三、2010年起，逼近30%。

1. 2008年是高峰，占26.23%。
2. 2009年起，全球出口占全球總產值跌破26%。

四、全球商品出口占總產值比率趨勢

詳見下圖。

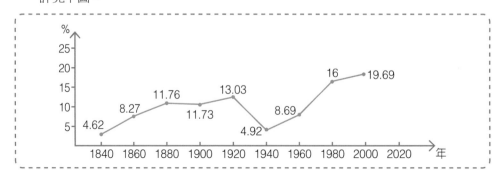

圖解國際貿易理論與政策：國際經濟與區域經濟

全球商品服務出口占全球總產值比率

單位：兆美元

年	1960	1970	1980	1990	2000	2010	2020
⑴ 全球總產值	1.366	3.402	12.293	22.98	33.6	66.01	93.084
⑵ 商品與服務出口值	0.1569	0.384	2.304	4.297	7.912	18.937	26.04
⑶ 商品出口值	0.1187	0.3086	1.967	3677	6.613	15.48	21.39
⑷=⑵/⑴(%)	11.876	13.349	18.746	19.416	26.133	28.838	28
⑸=⑶/⑴(%)	8.69	9.07	16	16	19.68	23.45	23
貿易占總產值比率	24.81	26.717	38.716	38.938	51.31	56.396	56
所得因素	1945.8 二次大戰後，美國大量進口	1968年日本成為全國第二大經濟國				2009年中國大陸成為全球第二大經濟國	
成本							
製造成本	1953年起，德日大量出口去美	1966年起，亞洲四小龍出口掛帥	亞洲四小虎出口掛帥	中國大陸出口掛帥			2009年中國大陸成為商品出口第一大國
貿易成本	—	運費高	運費高	關稅低	—	—	通關快

資料來源：世界銀行。

上網查關鍵字，例如：

• export as % of world GDP

• Trade as % of world GDP

2017年五大出口商品

產品	兆美元	比重
原油	0.8438	4.8%
汽車	0.7492	4.26%
油品	0.6582	3.74%
晶片	0.6235	3.546%
光學產品（含手機）	0.5624	3.2%
全球	17.585	100%

第 **6** 章

國際商品貿易的商品分析

章節體系架構 ▼

Unit **6-1**
產品的分類與編碼

當一個國家政府對進（出）口商品課徵進口關稅、編製進出口統計資料；當一家公司想了解全球、區域或一國對某一商品的進出口金額、數量，就跟零售商店的14碼二維條碼一樣，全球在貿易商品的分類編碼有「書同文，車同軌」的規定。

一、放諸四海皆準的貿易商品分類碼

1. 聯合國經濟和社會理事會：由右頁小檔案可見，1950年聯合國經濟和社會理事會通過「國際貿易標準分類」。
2. 臺灣的財政部：財政部統計處編製進出口商品表時，也是依據聯合國國際貿易標準分類，頒布「海關進口稅則暨輸出入貨品分類表」。

二、國際商品統一分類

隨著時間經過，全球產品品項愈來愈多，成分愈來愈複雜，聯合國的國際貿易標準分類制度有進一步深化的必要。

1. 全球海關組織：由第二個小檔案可見，全球海關組織推出8碼的國際碼，各國政府的海關總局在末端再加3碼，以區分各國（地區）。
2. 中國大陸的海關總署、臺灣的財政部也採用。中國大陸的大學國際貿易相關系有開「商品學」課程中詳細說明。

全球海上貨物運輸統計

年：1964年12月

地：瑞士日內瓦市

人：聯合國貿易和發展會議（United Nations Conference on Trade & Development, UNCTAD）會員國

事：1968年起，每年10月5～8日，發表去年「海上運輸回顧」（Review of Maritime Transportation）。以2017年來說，運量107億噸（成長率4%）三類國家比重如下：

國家	出口	進口
工業國家	3.4%	3.6%
新興國家	60%	63%
轉型國家	6%	1%

《國際貿易標準分類》

（Standard International Trade Classification, SITC）

時：1950年7月12日

地：美國紐約州紐約市

人：聯合國經濟和社會理事會

事：編製〈國際貿易標準分類〉，2006年3月，聯合國統計委員會（UN Statistical Commission）通過第4版10門、63章、223組、786分組、1,924個項目。

《國際商品統一分類》

（Harmonized Commodity Description and Coding System, 簡稱Harmonized System, HS）

時：1988年

地：比利時布魯塞爾市

人：世界海關組織（World Customs Organization，或世界關務組織、國際海關理事會），有200個國家參加

事：21類（section）、99章（chapter）、1,220節、5,000目（heading）、許多分目（subheading）。

例如：

II Section II 農產品	10 第10章穀物 （Cereals）	06 米	30 半研磨或 全研磨的稻米

6碼＋2碼，便成為臺灣的海關課徵關稅的進口分類稅則；8碼再加2碼，是各國政府「貿易管理與統計」使用；第11碼是電腦檢核用。

1980～2017年海上貨物出口量

億噸

年	1970	1980	1990	2000	2010	2017
1. 油輪	14.4	18.71	17.75	21.63	27.72	31.96
2. 散裝輪	4.48	6.08	9.88	12.95	22.59	31.96
3. 其他散裝輪	7.17	12.25	12.65	25.26	33.78	43.60
4. 合計	26.05	37.04	40.08	59.84	84.09	107.42

Unit 6-2
商品貿易中的商品分類

圖解國際貿易理論與政策：國際經濟與區域經濟

108

商品貿易（goods trade 或commodity trade）是「商品」（goods）加「貿易」兩名詞組成，在此說明商品的用詞和分類。

一、商品的英中文用詞

文字有時（不同時代）、空（不同國甚至同一國不同地區）的差異，英文名詞還有中文各種譯詞；這種「名異實同」，有時會令人「不知所云」，以「商品貿易」中的商品來說，至少有四個英文字，二種以上中文譯字。由表一可見，在三種領域中，對商品這個字的英文用詞不同，中文大都是根據英文名詞翻譯的。

二、出口商品大分類

由表二可見，出口商品結構分兩大類，這由產業中農業、工業來記會比較容易記憶，兩大類商品占比很穩定，每年上下起伏小。

1. 農礦商品（primary products）占出口商品27%，這包括二個產業，合稱「農工礦」原料（agricultural and industry raw materials）。
   ・農業；占出口商品比率10%。
   ・工業中工礦、油氣，占出口商品比率17%。
2. 工業製品（manufacture）占出口商品73%，這屬於占工業三大行業中的比率（85%）最大的製造業。

三、依產業分類 I：農產品

農產品（agricultural products）可分為農林漁牧四種，在此分二小類：農產品與活畜、食品與菸。

四、依產業分類 II：工業產品

工業產品可依產品性質分成兩中類。

1. 零組件（intermediate goods，或中間品），俗稱原物料，分成兩小類。
   ・油礦。
   ・零組件：俗稱中間品（intermediate goods）。

2. 最終產品（finial products）：這分為二小類。
   ・資本品（capital goods）；主要是機檯（尤其是工具機）。
   ・消費品（consumer goods），主要是食品、汽車和手機。

表一 商品貿易中商品的英文、中文用詞

領域	英文	中文
經濟學	Goods	商品
國際貿易	Merchandise或cargo	貨品
日常用語（含零售業）	Products	商品、產品

表二 產業與貿易商品分類對照

產業	商品分類（SITC）	門（section）	占出口商品比重（%）	10大出口、進口國，世貿組織年報
一、農業	一、農礦商品（primary products）即農工礦 （一）農產品：食品與活畜（food and live animals）飲料與菸	 0 1	27 10	表A14
二、工業				
（一）工礦油氣業	（二）工礦原料 1.非食品原料（不含燃料） ·例如：木、紙漿、紡織品 ·礦物燃料 ·動植物油脂及蠟	 2 3 4	 7 6 4	表A22 表A15
（二）營建業	二、工業製品（manufacture）		73	
（三）製造業	工業產品 ·化學成品及相關產品 ·按原料分類（紡織、橡膠、紙） ·機械及運輸設備 ·雜項製品 ·末分類商品	 5 6 7 8 9	 12 5 辦公室與電信 11 機械 2 汽車 9 左2項占34	 表A18 表A23 表A20 表A21 表19

資料來源：世貿組織每年的世貿統計Review表9.2「定義與方法論」出口產品。

世界貿易組織，2018.4.4。另UNCTAD Handbook of Statistics。

Unit **6-3**
農礦商品的用詞和種類

　　農礦商品占全球出口商品各約10％、17％，合計占27％；許多缺乏自然資源的國家，農礦商品進口占供給量的50％以上，全球農礦商品價格大漲，會引發輸入型物價上漲（imported inflation）。基於這些因素，在全球兩大類商品中，挑第一大類農礦商品為例，詳細說明其英中文用詞和成分。

一、農礦商品的英中文用詞

　　由表一可見，各種領域對農礦商品的用詞不用。

1. 農礦商品的英文、中文用詞：中文用詞大都是英文用詞翻譯過來。
2. 直接稱呼，易懂易記：你會發現，我們用「農礦商品」取代國際貿易中的「初級」產品，原因是較明確，這跟產業中1、2、3級產業，我們直稱農、工、服務業一樣。不用形容詞（例如：初級）、代號，最易懂也易記。

二、農礦商品的分類

　　農礦商品是國貿商品的大分類，之下有中、小類。

1. 二中類：由表二第一欄可見，農礦商品可分成兩中類

　　‧農業商品（agricultural products）。

　　‧礦業商品（mining products）。

2. 二中類下各有二小類

　　農、礦商品中各有二小類商品，其中飲料（beverage）商品是指泡飲料的農產品「茶」、「咖啡豆」、「可可豆」。

三、湯森路透公司的商品研究局指數

　　以全球普遍使用的加拿大的湯森路透公司的「商品研究局」（Commodity Research Bureau Future Price Index, CRB）的採樣內容來說，由表三第四、五欄可見，是從世界貿易組織的農礦商品中挑大部分，增加小部分，有些中分類（例如：軟性商品是跨中類的重組）。

全球商品價格指數編製沿革

‧1934年，美國財政部請勞工部統計局編製，1940年公布，1950年統計。

‧1957年，民營公司商品研究局（CRB）公布其指數，共22項。1986年該指數在紐約商品（已併入NYBOT）交易。勞工部統計局不再公布其商品價格指數。2005年6月20日，更名為路透／Jefferies CBR指數。

表一　農礦產品的英文和中文用詞

領域	英文	中文
經濟學	Agriculture和minerals	農礦產品
國際貿易	Primary products	初級商品
日常用語	Commodity或bulk stock	大宗商品

表二　農礦商品的中、小分類

中分類	小分類	說明
一、農業		
（一）食物和飲料（food & beverage）	1.食物6類	穀類（cereal）、肉（4種）、海鮮、糖、油
	2.飲料3類	茶、咖啡豆、可可
（二）農業原料（agricultural raw materials）	5樣	林：木材、橡膠、棉 牧：羊毛、皮
二、礦業		
（一）能源（energy）	3樣	原油、天然氣、煤
（二）礦（minerals & non-ferrous metals）	8樣	卑金屬：銅鐵、鉛鎳、鋁

資料來源：整理自世界貿易組織表67，其價格指數以2005年為基期（100）。

表三　農礦產商品價格指數變化

2010年基期：100

中類	小分類	細分類	2014	2015	2016	2017	2018	2019
農	（一）食物與飲料	1. 食物	107	88	89	90	90	91
		・穀物	104	87	81	81	88	90
		・其他糧食	107	95	99	102	98	99
		・油料及粗粉	109	84	88	87	85	87
		2. 飲料	102	94	97	83	78	80
	（二）農業原料	1. 原材料	92	83	80	81	88	90
		2. 化學材料	101	98	78	74	81	87
工礦	（一）能源	原油	118	65	55	68	91	92
	（二）礦	1. 金屬礦產	85	67	63	78	82	82
		2. 貴金屬	101	91	97	98	96	96

資料來源：世界銀行〈大宗商品市場展望〉，2018.10.24，2018、2019年為預測。

Unit 6-4
農礦產品的價格與預測

報紙有一天壽命，聚焦昨天發生、今天可能發生的事；週刊有一週壽命，聚焦在上週發生、本週可能發生的事；月刊、年鑑同理可推；那教科書呢？要看5、10年甚至50年，看「趨勢」（trend）、循環（cycle）；不在意季節性（seasonality）或波動（fluctuation或irregular）。

一、農礦商品價格指數

農礦商品在全球交易金額大，所以有很多機構公司編製指數，任何指數的基本元素有三：基期、採樣範圍（大中小類）、比重（權數）。

1. 全球通用：由表可見，美歐（例如：德國的德意志銀行流通商品指數，DBLCI）的農礦商品價格指數8種以上。
2. 各國指數：美中皆有各類商品期貨交易所，皆有編製本土化的農礦商品指數。

二、過去趨勢分析

1. 最常引用的農礦商品價格指數：由右頁小檔案可見，商品研究局指數（CRB）1957年問世，可說是最早的農礦商品價格指數。由百年線圖可劃分二期。
2. 1990～2000年指數下跌趨勢：全球人口大增，但是農地（尤其是巴西、印尼砍雨林）、農業技術（產量）等，產量成長率大於人口成長率，農產品價格看跌。
3. 2001年起，指數上漲趨勢：2001年起，商品研究局指數上升到200。

三、展望

展望未來12年的農礦產量、價格，世界銀行一年出二次報告，看長不看短，比較容易抓牢大趨勢，例子詳見Unit6-3右下表。

大宗商品市場展望小檔案

時：每年4、10月24～29日發表

地：美國首都華盛頓特區

人：世界銀行，尤其發展經濟局，其局長又稱「經濟分析主管」（chief economist）

事：每月發表〈大宗商品市場展望〉（commodity markets outlook）

　　1. 農產品價格2018年小跌，2019年（預估）上漲1.6%，例如2018年原油一桶72美元、2019年74美元。

　　2. 46種商品到2030年的價量預測。

全球農礦商品價格指數			
地理範圍	大分類	中分類	小分類

一、全球

(一) 國際機構	國際貨幣基金		
(二) 金融資訊公司	1.加拿大湯森路透：核心商品CRB指數 2.美國銀行證券、高盛證券 3.彭博 4.金融服務公司：道瓊、標準普爾	4大類	22

二、區域

三、國家

(一) 中國大陸	1.網盛生意寶旗下生意社Bulks Price Index（BPI），2011年12月1日基期	8	100
	2.中國大陸流通產業網China Commodity Price Index，2006年6月基期	9	26
(二) 澳大利亞	澳大利亞中央銀行（準備）的澳大利亞商品價格指數2011／2012年基期	20	

113

三小類農礦原料指數趨勢

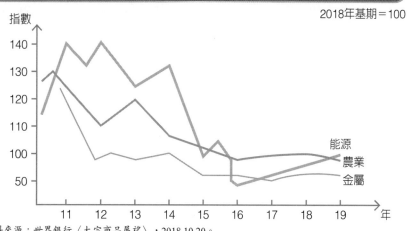

2018年基期＝100

能源
農業
金屬

資料來源：世界銀行〈大宗商品展望〉，2018.10.20。

Unit **6-5**
貿易成本對國際貿易的影響

　　進口國公司考慮在國內購買或向國外進口時，考量「價量質時」四項因素，1970年末以來，國際貿易在這四項上皆大有進步，本單元說明。

一、價：以貿易成本為例

　　國際貿易比國內貿易多一項貿易成本（trade cost），使出口國商品到進口國時，成本又增加10%以上，詳見右圖。

1. 運費與保險費：離岸價加運輸費用（transportation cost）、保險費，對進口國進口公司來說稱為「抵岸價」（cost, insurance & freight, CIF）。此種保險費是指運輸保險費，如同人搭飛機時，投保旅行平安險一樣。
2. 進口國進口關稅（import tariff）：進口國對少部分消費品會課稅進口關稅。

二、1960～1970年代

1. 關稅：1958年，德法義荷比盧六國成立歐洲共同市場，區內2年逐漸降低關稅，1968年7月，區域內零關稅。
2. 運輸費用大降：1956年海運的「貨櫃」（中國大陸稱集裝箱）船開始下海服務，大幅減少貨物上下船、港口裝卸貨速度，因而降低碼頭工人、港口停泊費。1970年代末，貨櫃尺寸標準化（20呎、40呎）更使貨櫃船大幅成長，有助降低運輸費用。

三、1981～2000年

1. 全球關稅：1994年123國在世貿組織（前身關貿總協）的烏拉圭回合（Uruguar Round）談判，簽約，1995年分5年（以上）降低工業製品關稅稅率，工業、新興國家的加權平均關稅如右圖所示；農產品也是大幅降稅。
2. 區域關稅：1994年北美自由貿易協定（North American Free Trade Agreement, NAFTA）實施，加拿大、美、墨西哥關稅稅率逐漸降至0。

四、2001年以來

1. 關稅：這期間，世貿組織在多邊貿易談判的降關稅談判方面進展很少；主要是靠區域貿易協定（例如：東協加3）。
2. 運輸費用：2016年6月巴拿馬運河拓寬工程竣工，舉行通航儀式；使1.4萬貨櫃輪、液化天然船也能通行，有利於亞洲（中國大陸港口占全球貨櫃吞吐20%）跟美國東岸的海運。

海關政策對應之中文用詞		
英文	中文	中文
customs duty	海關	
export duty	出口	關稅
import 或 tariff	進口	

出口商品的貿易成本

出口國		進口國

中國大陸	貿易成本（trade cost） ＝運費保險費＋關稅	美國

	離岸價　＋　　運費、保險 （free on board,　　（CIF） 　FOB） C：離岸價（FOB） I（insurance）：（運輸）保險費 F（freight）：運費 CIF稱為抵岸價	
1. 江蘇省蘇州市 2. 浙江省洋山港		海關課徵進口關稅 （import tariff）

出口商品的貿易成本沿革

貿易成本	1961～1980年	1981～2000年	2001年起
一、關稅			
（一） 區域經濟協定	1968年10月 歐洲共同市場區域內六國關稅降至零	1994年北美自由貿易協定（加美墨）生效	2002年東南亞10國的東協自由貿易區實施
（二） 世貿組織		1994年烏拉圭回合生效 1.工業國家分5年，工業製品加權平均關稅稅率6.3%，降至3.8% 2.新興國家，分10年，由15.3%降至12.3%	2001.12中國大陸加入世貿組織，2007年起，成為全球第一大商品出口國 2013年商品進出口4.16兆美元，全球第一
二、運輸費用			
（一）船	1956年貨櫃船問世 1970年代末，貨櫃全球標準決定	造船技術大幅進步，以貨櫃輪來說，從標準貨櫃2,000個擴大到14,000個，大幅降低每個貨櫃的運費	韓日中占全球造船量90%，2018年中國的造船訂單全球最大
（二）港		1980年起，各國港口海關實施電腦化，使進出口商品報關增快，有助於不耐久放的農產品進出口	2005.12.10中國大陸上海市外港洋山港（在浙江省）第一期投入營運
（三）航線等		―	2016.10巴拿馬運河拓寬

Unit 6-6
近景：全球商品出口的運輸方式

　　當你公司接了一筆海外商品訂單，買方給你送達時間，運費的條件，這時你在電腦上須規劃出運輸方式（transport mode）。在國際貿易系、國際企管系中，至少有三門課跟這有關：國際貿易實務、運輸經濟學和海上運輸保險；企管系、工業管理系稱運籌管理。

一、三種運輸方式的適用時機

　　由右圖可以大致看出，三種貨運方式（mode of freight transport）在X軸（時間）、Y軸（價格，指運費）各有其特性，這算生活常識，一般的記憶口訣是「陸運在海空運中間，比海運快，比空運便宜」，以中國大陸商品出口到德國為例。

1. 海運為何需23～25天：船從中國大陸浙江省洋山港出港，為了把船裝滿，必須沿主要轉口港（香港、新加坡、阿聯杜拜港、荷蘭阿姆斯特丹）都要停泊，以卸下部分商品，再由中型船轉運到鄰近各國。船運量很大，探索頻道曾以一小時報導（全球最大散裝輪可運44萬噸鐵礦砂）從巴西到比利時布魯塞爾港。

2. 陸運中的鐵路運輸，13～15天：以中國大陸的中歐（Sino-Euro Cargo Railway）固定班次列火車來說，中國大陸分6區（東、西北、西南、東北和北、中南），例如：由上海市到德國漢堡市的鐵路拼箱運輸，以上海市三希國際貨運代理公司的報價，一立方公尺的報價是人民幣125元，另有公斤報價；途經武漢市、阿拉山口和波蘭華沙市到德國漢堡市。鐵路運費略比海運高，這是因為政府有補助。此外，西北（重慶市、四川省成都市）離海遠，走中歐班列很划算。

　　鐵路貨運比海運少10天原因有二，中途裝卸貨，其是卸貨換火車，因各國鐵路鐵軌軌距不一（1937年訂1.435公尺標準軌距），全球大都採取標準軌距，前蘇聯國家大都採寬軌（1.524公尺），基於軍事考量，以免外國軍隊長驅直入。

3. 空運快但貴：從客運、寄郵件就知道搭飛機「快但貴」。

二、只有適不適合，沒有什麼優缺點

　　任何備選方案，各有其適用時機，由右圖可見。

1. 空運：荷蘭的切花每天空運到美國紐約州紐約市，花的單價高且易腐敗，符合這標準的，還有日本和牛牛肉等。
2. 能源中的油氣：中東等產油國大部分走海運，俄國走油管到歐洲、亞洲（中國大陸等）。
3. 礦：礦產與能源（煤）大都走海運。
4. 貨運運量：由右表可看出，以全球一年國際貿易貨運量150億噸為例，海陸空比率為92%、7%、1%。

三種貨運方式的時間／運費

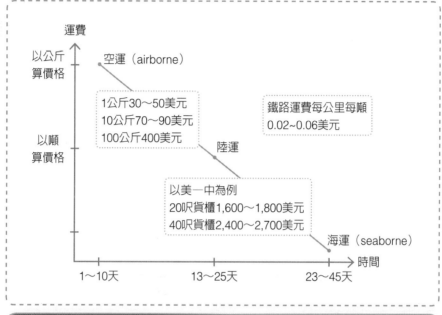

運費

以公斤
算價格

空運（airborne）

1公斤30～50美元
10公斤70～90美元
100公斤400美元

鐵路運費每公里每噸
0.02~0.06美元

以噸
算價格

陸運

以美—中為例
20呎貨櫃1,600～1,800美元
40呎貨櫃2,400～2,700美元

海運（seaborne）

時間

1～10天　　　　13～25天　　　　23～45天

全球商品出口的運輸方式

大分類	空運 1%	陸運 （ground transportation） 占7%	水運（waterway transport），占92% 1.海洋（ocean或seaborne） 2.河（river）
分類運輸方式 （mode of transportation）	（一） （全） 貨機 （二） 貨客 兩用機	1. 卡車（truck transport） 2. 鐵路（rail transport） 3. 管道：油管（pipeline transport） 註：2017年全球貨櫃（標準櫃）的港口吞吐量7.3776億個	1. 散裝貨運（bulk freight） 　散裝貨輪（bulk carrier或ship） 2. 貨櫃貨運 　貨櫃船（cellular vessel或container ship），約占海運60% 3. 特殊船 　(1)油輪（tankers） 　(2)天然氣（LNG）運輸或稱液化天然氣載運船（carrier） 　(3)其他

運輸費用的多個英文中文

英文字依序用	英文字依序用	
1. transportation 2. shipping 3. freight 指貨運	cost charge expense fee	運輸費用

117

第 7 章

國際商品貿易的地理分析

章節體系架構 ▼

Unit 7-1
全球200個國家／區域的分類

　　分類的目的是「化繁爲簡」，如此才能快速進入狀況。人們看部電影，如何判斷誰是男主角、男配角、女主角、女配角？大部分人的答案是：「露臉（戲份量）比較長的是主角。」此外，我們還會去區分誰是好人、壞人。同樣的，全球200國，在分析國際貿易時，可以從地理（四大洲、區域）、人均總產值（分四水準）、經濟成長階段（分五階段），把國家分門別類，同類中「大同小異」。這三個分類方式碰到任何情況（例如農產品出口）都要分析三次，如此可能沒完沒了，在本單元中，在不吹毛求疵情況下，會發現這三個分類標準大抵相似。

一、地理層級分析

1. 洲：四大洲歐美亞非。由於大洋洲（主要是紐澳）人少、總產值（和國際貿易）占全球3%以下，於是跟亞洲（不含中東）合稱亞太（Asia Pacific），這跟慣稱的亞太定義不同。
2. 區域：歐洲分兩中類：歐盟27國（英國2019年脫歐）、獨立國家協會（Commonwealth of Independents）12國，後者主要是東歐、中亞小國，前蘇聯兩大國烏克蘭、白俄羅斯2009年5月加入歐盟。美洲分北美洲和中南美洲（含加勒比海），依人均總產值來說，墨西哥9,000美元，是「新興美洲國家」。

二、依所得水準區分四類國家

1. 依人均總所得分三類國家：依二個數字15,000、4,200美元分成三類國家。
   - 工業國（advanced countries）：人均總產值15,000美元以上。
   - 新興國家（emerging countries）：人均總產值1,200～15,000美元間。
   - 低度開發國家（least developed countries）：這是指人均總產值1,200美元以下國家。
2. 轉型國家（transition countries）：這是指由共產主義「轉型」爲市場經濟國家，1991年時約30國，主要是東歐、東亞（中、北韓）與東南亞（越東寮），後來隨著2004年、2009年東歐10國加入歐盟，轉型國家數目大減，當講轉型國家時是指「東歐集團」（eastern bloc）。
3. 一般只談工業、新興國家：由於轉型、低度開發國家占全球總產值5%以下，一般在討論時只討論工業和新興國家。

三、193個國家的分類

　　右圖中第四欄是依經濟成長階段來分，差不多跟人均總產值對應，把工業國家分成兩中類。

1. 人均總產值30,000美元以上稱工業國家，屬於大量消費階段。
2. 人均總產值15,000～30,000美元稱爲新興工業國家；屬於邁向成熟階段。

全球200國三種分類方式

人均總產值	洲／區域	依人均總產值	依經濟成長階段
（美元） 30,000 15,000	一、歐洲 　1.歐盟（２７國， 　　2019年英脫歐） 二、美洲 　1.北美洲 三、亞太 　1.大洋洲 　2.中東、東亞	一、工業國家 1.工業國家 2.新興工業國家（NICs） 約50國	大量消費 邁向成熟
4,000 1,200	一、歐洲 　獨立國家協會 二、美洲 　2.中南美洲 三、亞太 　‧東南亞 　‧南亞	＊轉型國家 （transition economies） 20國 二、新興國家 （emerging countries） 1.美洲 2.亞太 3.非洲	起飛 起飛前準備
	非洲	三、低度開發國家（least developed countries） 40國	農業社會

低度開發國家（least-developed countries）

事：約40國，大抵是指人均總產值1,200美元以下。

洲	區域	國家
美洲	加勒比海	海地
亞洲	東南亞 南亞 西亞 中東	孟加拉、尼泊爾、不丹 阿富汗 葉門
非洲 大洋洲		大部分國家 吐瓦魯

Unit **7-2**
各洲洲間與洲內貿易

國際貿易的地理分布，至少有三個分析層級：

- ·各洲所占比率，已在Unit 7-4說明。
- ·各洲洲間與洲內貿易所占比率，本單元說明。
- ·商品貿易在11個經濟大國的市占率，詳見Unit 7-6。

一、分兩類

依洲外貿易50%為分水嶺，把五大洲分成兩大類。

1. 洲外為主：美、非、大洋洲

- ·美洲：美洲在五大洲間是比較孤立的洲，隔大西洋跟歐、非洲；隔太平洋跟亞、大洋洲相隔；美國是主要進出口國；進口主要來自亞、歐洲。
- ·非洲：人民人均總產值低，主要出口農工礦（石油、礦）為主，出口到歐、亞、美洲。
- ·大洋洲：紐、澳人口少，主要以出口農、礦（煤）產品到亞洲（尤其是中國大陸）。

2. 洲內貿易為主：亞、歐洲。

二、洲內貿易是特例 I：歐洲部分

由表三可見，影響各國國際貿易的因素可套用公司損益表的架構，分為營收、營業成本、營業費用。

　1. 營收

- ·所得：歐洲（除了東歐外）國家大抵是高所得國家，主要國家都是人口中型國家（5,000萬人～1億人），產業（行業）各有分工（例如：德國汽車、機械；法國精品；英國酒和藥），互通有無。
- ·消費者偏好：消費者偏好大都是歷史因素造成，日積月累，對於汽車等有共同喜好。
- ·關稅：1968年10月起，從歐洲共同市場6國出發，計歐盟27國（註：2019年英國脫離），全區關稅稅率降至零，有利洲內貿易。

　2. 營業費用：歐洲面積小，而且以歐洲大陸為主（英、冰島是海島國），河運（萊茵河）、鐵路、公路運輸方便。

三、洲內貿易是特例 II：亞洲部分

東亞（韓日中臺港）、東南亞與印度占亞洲貿易90%，以洲內貿易為主。

　1. 營收

- ·消費品市場：中、日是全球第二、三大消費市場，
- ·關稅：2004年起，東南亞國協（ASEAN，中國大陸稱東盟）加3（韓日中）自由貿易協定逐漸實施，關稅稅率慢慢降低。

　2. 營業成本：主要是亞洲供應鏈（Asian Supply Chain）大抵自給自足，詳見表二中的圖。

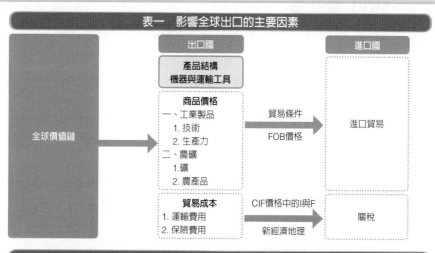

表一　影響全球出口的主要因素

表二	2018年五大洲國際貿易的洲間分布	單位：%
五大洲	洲內	洲外
一、亞洲	60 日韓、臺 東南亞　→　中國大陸 中東（油）	40 中國大陸出口到美國 日本
二、美洲 （一）北美 （二）拉丁美洲	31 美墨加自由貿易協定（USMCA） 18 南方共同市場（MERCOSUR）	69 82 巴西等出口農礦到歐、亞
三、歐洲	68	32，德國出口到美國
四、非洲	18 東非與南非共同市場（COMESA） 南非發展共同體（SADC） 西非經濟與貨幣同盟（WAEMU） 西非經濟共同體（ECOWA） 中非經濟與貨幣同盟（CEMAC）	82 主要出口去歐美
五、大洋洲（紐澳）	8	92

表三　洲內貿易為主的亞、歐洲

影響層面	歐洲	亞洲
營收		
・所得	V	V，中國大陸、日本是全球第二、三大消費市場
・消費偏好	V	
・關稅（影響商品價格）	V，1968.10歐洲共同市場成立，六國關稅稅率逐漸降為零	V，2014年起「東南亞國協（10國）+3（東亞中韓日）自由貿易協定逐漸生效
營業成本		V，亞洲供應鏈
・原料 ・直接人工 ・製造費用		初級農產品→工業製品 農業：東南亞、紐澳——→日中 油（中東、印尼、馬）—→
營業費用 ・行銷費用 （運輸費用）	初級產品→工業製品 零組件→工業組裝 農業：東亞→韓日臺→中國大陸 油（中東、印尼、馬）→中國大陸、日	零組件——→工業組裝 東亞：韓日臺→中國大陸

Unit 7-3
商品貿易的四大洲市占率與四大國排名變化

2001年12月，中國大陸加入世界貿易組織，等於獲得商品免關稅的通行各國的護身符，如虎添翼，出口大增，帶動政府公共工程、公司投資，總產值成長率10%。2005～2010年，一連超越法英德日，2010年成為全球第二大經濟國：第一大商品出口國、第二大商品進口國。在此前提下，來看全球商品（或服務）出口、進口的各洲市占率分布與四大出口、進口國排名的變化就一目了然了。

一、四大洲出口市占率

1. 出口最大洲是歐洲：由表一可見，全球出口最大洲是歐洲，原因有二，
   ・出口實力強勁：西歐（德國）各國化學品、汽車業實力強，靠出口撐起國內經濟。
   ・洲內貿易發達：這是1970年起，歐洲共同市場之故。
2. 2010年亞洲與大洋洲成為全球第一大出口洲：2009年全球經濟衰退，歐洲出口大跌22.57%，2010年，恢復得慢，亞（與大洋）洲在這年成為全球第一大出口洲，跟中國大陸成為全球第二大經濟國同年。

二、四大洲進口市占率

由表二可見，以進口來說，各洲漲跌如下：
1. 2015年起，亞洲市占率最高：歐洲大跌，非洲小跌，非洲主要出口為礦（原油、礦物），2009年起全球大宗商品價格走跌，非洲出口市占率減少。
2. 美洲市占率原地踏步。

三、商品出口四大國排名

由表三上半部可見，商品出口四大國排名變化如下：
1. 2009年以前，全球商品第一大出口國：德國人口8,300萬人，約占全球1.1%，由於在前二大商品行業（化學品、設備與運輸）皆強而有力，所以大部分情況下皆是全球商品出口市占率第一（2007年9.43%）。
2. 2010年起，中國大陸成為全球商品第一大出口國：2001年12月中國大陸加入世貿組織，如虎添翼，花了8年，在2010年便超越德國，成為全球商品市占率第一（2018年約12.8%）。

四、商品進口四大國排名

由表三下半部可見，全球商品進口四大國的名次跟出口一樣變動。
1. 美國一直是商品進口第一大國：美國總產值占全球總產值23%，商品進口占全球商品進口13.8%，這是合理的。
2. 2008年中國大陸第二大商品進口國：2020中國大陸總產值占全球總產值16%，商品進口占全球商品進口10%。

表一　世界貿易組織的各區域經濟協定

貿易項目	時間	世貿組織年報
一、商品 （一）貿易 （二）出口 （三）進口	2005～2017年	表A56
二、服務	―	表A57

表二　全球商品出口、進口比率　　單位：%

出口	2005年	2010年	2015年
全球（兆美元）	10.51	15.30	16.48
歐	41.91	36.925	36.15
美	17.58	16.705	17.19
亞、大洋洲	34.28	39.1	41.27
非	2.96	3.407	2.355
其他	3.27	3.863	3.035

進口	2005年	2010年	2015年
全球（兆美元）	10.87	15.51	16.725
歐	42.13	38.07	35.27
美	27.856	21.07	22.56
亞、大洋洲	29.67	35.09	36.77
非	2.36	3.09	3.34
其他	1.984	2.68	2.06

表三　歷年商品出口、進口四大國金額　　單位：兆美元

出口	06	07	08	09	10	11	12	13	14	15	16	17	18
全球	12.13	14	16.16	12.55	15.3	18.34	18.5	18.95	19	16.48	17.78	18.79	19.55
1.美	1.26	1.15	1.287	1.06	12.78	1.48	1.54	1.58	1.62	1.5	1.456	1.54	1.644
2.中	0.97	1.22	1.43	1.2	1.58	1.9	2.05	2.21	2.34	2.27	1.99	2.263	2.487
3.德	1.11	1.32	1.45	1.12	1.26	1.47	1.4	1.44	1.49	1.23	1.322	1.45	1.561
4.日	0.65	0.71	0.78	0.58	0.77	0.82	0.8	0.71	0.69	0.62	0.634	0.698	0.738
進口													
全球	12.46	14.33	16.57	12.78	15.51	18.5	18.7	19.01	19.1	16.72	16.08	18.07	19.9
1.美	1.92	2.02	2.17	1.6	1.97	2.27	2.34	2.33	2.41	2.31	2.41	2.408	2.614
2.中	0.79	0.96	1.13	1	1.4	1.74	1.82	1.95	1.96	1.68	1.96	1.844	2.136
3.德	0.91	1.05	1.18	0.93	1.05	1.25	1.15	1.18	1.21	1.05	1.217	1.174	1.286
4.日	0.58	0.62	0.76	0.55	0.69	0.86	0.88	0.83	0.81	0.65	0.822	0.672	0.749

Unit **7-4**
出口進口五大洲結構

　　各洲人口、人均總產值有大有小（亞、美、歐、非和大洋洲，詳見表三第二、三欄），商品與服務出口、進口的五洲市占率大抵是如此。但先從歷史來看，1970年迄今才50年，全球經濟有「變臉」式改變。

一、人口與總產值比率不成比例

　　由表一可見，以2018年來說，全球五大洲可把總產值除以人口數得到各洲人均總產值。

1. 人均總產值高的洲：歐美（尤其北美）、大洋洲。美洲人均總產值2.675萬美元、大洋洲3.95萬美元，歐洲2.94萬美元。
2. 人均總產值低的洲：亞、非洲。亞洲6,650美元、南美洲8,430美元、非洲1,800美元。

二、各洲人均總產值是各洲出口、進口市占率重要影響因素

　　以各洲出口（或進口）金額爲分子，以總產值爲分母，以除數大於1、小於1分成兩情況。

1. 出口（或進口）導向洲：亞、歐、大洋洲。這三洲出口（或進口）除以總產值大於1，可說是出口依存度大於1，可說是靠出口賺錢。
2. 出口、進口較少洲：美、非洲。這兩洲，出口（或進口）依存度低於1。

三、商品與服務出口趨勢分析

　　由表二可見，以商品與服務出口的各洲占全球出口比率來看。

1. 上升組：亞洲。1970年起，三波出口掛帥，1970年代東亞的亞洲四小龍（韓臺港與東南亞的新加坡）、1980年代亞洲四小龍（東南亞泰馬印菲）、1990年代起中印。50年內，出口市占率增加25個百分點。
2. 下跌組：歐、美、非和大洋洲。亞洲成長速度、幅度太快，把其他四洲都比下去。

四、商品與服務進口趨勢分析

　　跟商品與服務出口一樣，商品與服務進口趨勢同向發展，詳見表三。

表一　2019年全球各國人口與總產值

五大洲	人口（億人）	占全球人口比重%	2018年占全球總產值%
一、亞洲	45.848	59.43	30.62
中	14.1	18.278	15
日	1.27	1.646	5.43
印度	13.7	17.76	3.04
二、美洲	10.242	13.277	32.01
1.北中美	3.662	4.747	27.758
加	0.372	0.482	22.93
美	3.29	4.266	1.914
2.中南美洲	6.58	8.53	4.255
三、歐洲	7.431	9.63	25.72
四、非洲	13.20	17.11	2.746
五、其他	—	—	—
大洋洲	0.41826	0.542	1.92
小計	77.14	100	98.01

資料來源：英文維基百科 " List of continents by GDP "。

表二　全球商品與服務出口依洲統計

洲	1970年	1980年	1990年	2000年	2010年	2016年
歐	49.6	46	50.9	42.3	40.4	39.7
亞	15.2	24.2	23.6	29.8	36.1	38
美	27	21.6	20.9	24	18.4	18.5
非	6.1	6.5	3.1	2.4	3.3	2.2
大洋	2	1.6	1.6	1.5	1.8	1.6

表三　全球商品與服務進口依洲統計

洲	1970年	1980年	1990年	2000年	2010年	2016年
歐	50.8	48.8	51.1	41	39.7	37.3
亞	14.6	21.7	22.5	26.8	33.5	35.9
美	26.2	22	21.9	28.6	21.7	22.2
非	6.1	5.8	3	2.1	3.3	2.9
大洋	2.3	1.7	1.6	1.5	1.7	1.6

Unit 7-5
各國依人均總產值的出口商品結構

依經濟屬性把國家分類，來分析其出口商品結構，順便討論出口商品國家集中程度。

一、哪類國家在賣什麼商品？

由表二可見，三類國家各有分工。
- 工業國家偏工業製品。
- 新興國家偏農礦產品。
- 轉型國家（以俄為主），出口農礦產品中的礦商品。

二、過路財神、紙上富貴的不算

你會看到針對商品、服務「貿易」（出口、進口的前10國作表）：

1. 商品貿易中的轉口貿易可說是「過路財神」：由表一第二欄可見，商品出口（或進口）在歐亞這麼長的海運路線上，針對貿易金額較高的區域，在交通樞紐（hub）會有卸貨再轉中型貨櫃船運到鄰近各國情況。

2. 服務貿易中的租稅庇護區是「紙上富貴」：服務貿易中的出口（例如：金融服務）常涉及到地主國設公司，如此才能在地服務，由於母國、地主國可能會對全球公司重複課稅；所以許多公司歐美亞三洲的租稅庇護區（tax haven）設立「紙上公司」（paper company），把營收、淨利掛在這些地方，但營運不在此；所以這些國家／地區的公司營收、淨利大都是「紙上富貴」。

三、出口商品國家集中程度

1. 沿用市場結構中的寡占係數：在個體經濟、產業分析中，常以行業營收前四大公司的營收除以行業產值，當大於0.4時，大抵可說此行業屬寡占；當第一大公司營收占行業營收50%以上，稱為壟斷（或獨占）。

2. 商品出口國家集中度：出口商品國家集中度（market concentration index of export），當一國占全球出口100%，其值1，以工業製品1995年0.19，2015年0.205，愈來愈集中，詳見表二最後一欄。

行業集中度（concentration ratio）

例如：行業前4（或5或8）家公司市占率

0.4	0.7
低度集中	中度集中	高度集中

表一 兩大類出口貿易的「紙上富貴」

洲／區域	商品：過路財神	服務：紙上富貴
一、性質	轉口貿易以各洲各區域交通樞紐（hub）點為主	租稅庇護區為主
二、各洲 （一）歐洲 （二）美洲 （三）亞洲	荷蘭、比利時 巴拿馬 東亞：中國大陸香港 東南亞：新加坡 中東：阿聯杜拜市	荷蘭、盧森堡、愛爾蘭 加勒比海2個區：開曼群島、英屬維京群島 同左，公司所得稅率16%，境外所得免稅 同左，公司所得稅率17%，境外所得免稅

表二 三類國家出口商品結構

單位：%

商品種類		轉型國家	新興國家	工業國家	國家集中度
一、農礦商品					
（一）農產品	1.農業原料 2.食物	2 5	1 10	2 10	0.1 0.5
（二）工業原料	1.工礦原料 2.油	10 48	9 8	4 4	0.13 0.13
二、工業製品 代表區域、國家		35 中亞五國中的哈薩克、土庫曼和烏茲列克	72 1. 東亞： 中國大陸 2. 東南亞	80 東亞： 日韓 臺、港	0.2
小計		100	100	100	－

全球運輸中心（global transport hub, GTH）

· 在區域經濟學中常簡稱hub
· hub可在一市、一洲、一洲的一區域內

Unit **7-6**
全球出口商品結構與十一大出口國

2016年全球商品出口結構　　單位：%

產品	全球	低	中低	中國大陸	中高	高	美國
金額（兆美元）	16.07	0.61	1.02	2.098	4.164	10.83	1.4
一、初級製品							
（一）農產原料	1.5	—	2.4	0.4	1.2	1.5	2.5
（二）食品	9.5	—	18	3.1	9.7	9	10.5
二、工業製品							
（一）礦	4.3	—	5.5	1.2	4.4	4.3	2.6
（二）油	8.3	—	17.7	1.3	12.3	6.6	7.8
（三）工業製品	72.3	—	56	93.7	69.8	73.8	63.5
小計	95.9	—	99.6	99.7	97.4	95.2	86.1

2018年臺灣與南韓商品出口比較

項目	臺灣	南韓
一、金額	3,360.5億美元	6,050億美元
二、產品結構		
1. 電子零組件（晶片）	33%	18%
2. 資通與視聽產品	10.51%	車輛13%
3. 基本金屬	9.42%	4%
4. 機械	8.15%	8%
5. 塑膠橡膠製品	7.52%	4%
三、出口區域		
1. 中國大陸與香港	41%	32%
2. 東南亞	18.5%	10%以上
3. 美國	11.6%	13%

排名	一、初級產品 30%		二、工業製品 70%，下列其他32%					
	(1)農產品占10%	(2)工礦占15%(3)其他5%	(1)銅鐵占2%	(2)化學製品占12%	(3)衣：紡織品占5%	(4)衣：成衣占5%	(5)行：汽車占9%	(6)行：辦公設備、手機占11%
1	歐盟 6,470	4,800	歐盟 1,560	歐盟 9,720	中 1,060	中 1,610	歐盟 7,380	中 5,920
2	美 1,700	俄 1,960	中 560	美 2,060	歐盟 650	歐盟 1,172	日 1,500	歐盟 3,590
3	巴西 880	美 1,790	日 290	中 1,420	印度 160	孟加拉 280	美 1,350	香港 2,810
4	中 790	沙烏地 1,700	南韓 260	瑞士 1,000	美 130	越南 250	墨 1,090	美 1,450
5	加拿大 670	澳 1,450	蘇俄 200	日本 710	土耳其 110	印度 180	加拿大 630	星 1,210
6	印尼 490	加拿大 1,130	英 200	南韓 700	南韓 100	香港 160	南韓 640	南韓 1,360
7	泰 430	挪威 650	臺 100	星 500	巴基斯坦90	土耳其 150	中 540	臺 1,190
8	澳 400	阿聯 670	印度 140	印度 410	臺 90	印尼 70	泰 290	墨 670
9	印度 390	智利 630	巴西 110	加拿大 330	香港 80	柬埔寨 60	土耳其 240	越南 660
10	阿根廷 360	卡達 620	土耳其 100	臺 340	越南 70	美 60	印度 150	馬 660

2017年出口商品結構與全球十大出口國　單位：億美元

註：二⑶⑷2017年沒資料，用2016年資料，二者全占4%

資料來源：世界組織，世界統計 neview

全球新出口訂單

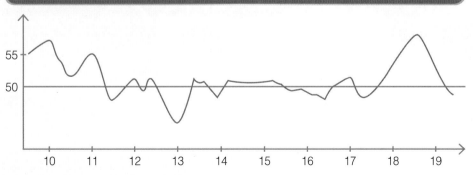

資料來源：IHS Markit

Unit **7-7**
十一大國商品出口／進口

　　每年4月12日世貿組織的新聞稿公布去年全球出口金額、數量，出口、進口前30大國家／地區，臺灣財政部照例會公布在全球出口排第18名、市占率1.8%。有些人會把去、前年出口前10名的金額、市占率、變動率作表比較。本文不打算如此，原因如下：

　　前10大出口國家／地區中一定有轉口貿易的國家荷蘭、地區中國大陸香港；轉口貿易是「過路財神」，不足以衡量一國的國際貿易實力。

　　本文打算以全球十一大經濟國（納入第十一名南韓，原因是因其出口排第六、進口排第九）角度來分析出口、進口。

一、全球十一大經濟國占全球總產值70%

　　全球193國，其中十一國（占全球國家數目5.6%）總產值占全球總產值69.293%，簡單的記為70%；另外95%國家、總產值市占率30%。這跟全球（甚至一國）的財富分配數字相近，所以容易記憶。

二、十一大經濟國商品出口市占率44.5%

　　十一大經濟國在全球商品出口市占率44.5%，比總產值市占率69.3%，少24.8個百分點，兩大原因。
  1. 出口弱國：美國。由表可見美國總產值占全球總產值市占率23.5%，全球商品出口市占率8.7%，二者相差14.78個百分點。
  2. 轉口貿易國家／地區占全球商品出口11%：
     ・地區：中國大陸香港3.7%。
     ・國家：荷蘭3.7%、比利時2.42%、新加坡2.1%、阿聯2%。

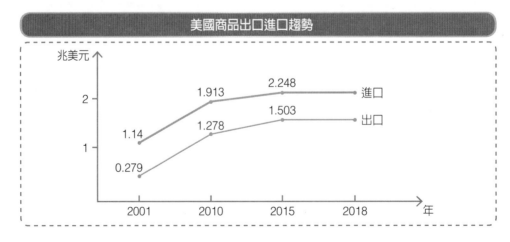

美國商品出口進口趨勢

兆美元

2.248 進口
1.913
1.503 出口
1.278
1.14
0.279

2001　　2010　　2015　　2018　　年

| | | 商品出口進口金額 | | | | 單位：兆美元 | |

排名	國家地區	2010年		2017年		2018年	
		(1)出口	(2)進口	(1)出口	(2)進口	(1)出口	(2)進口
1	中	1.578	1.396	2.263	1.842	2.487	2.136
2	美	1.278	1.969	1.547	2.409	1.664	2.614
3	德	1.259	1.055	1.448	1.467	1.561	1.286
4	日本	1.77	0.694	0.698	0.672	0.738	0.749
5	荷蘭	0.574	0.516	0.652	0.574	0.723	0.646
6	南韓	0.466	0.425	0.574	0.478	0.605	0.535
7	香港	0.401	0.441	0.55	0.59	0.569	0.628
8	法	0.524	0.611	0.523	0.625	0.528	0.673
9	義大利	0.447	0.487	0.506	0.453	0.547	0.501
10	英	0.416	0.591	0.445	0.644	0.486	0.674
11	比利時	0.408	0.391	0.43	0.407	0.467	0.45
12	加拿大	0.387	0.403	0.421	0.442	0.45	0.469
14	新加坡	0.352	0.311	0.373	0.328	0.3	0.371
15	阿聯	0.214	0.165	0.36	0.268	—	—
18	臺灣	0.278	0.256	0.317	0.259	0.3359	0.2863
19	印度	0.226	0.35	0.298	0.447	—	—
全球		15.301	15.511	17.73	18.24	19.5	19.9

資料來源：世界貿易組織資訊網，2019.4.4。

Unit 7-8
國際貿易趨勢分析：六大國市占率比較

　　全球總實質產值每年上漲3%以上，連帶的全球出口（商品與服務）值大抵同向同幅。由各國出口值占全球出口值市場占有率的變化，才能「最終」看出那些國家「勝利」，那些國家「失敗」。

一、結果

　　把每個國家當成一家公司，把市場占有率（market share）的觀念便可援用。由圖可見，以全球六大出口國來說，可以二分法分成兩組。

　　1. 出口市占率下降組：美日德。
　　2. 出口市占率上升組：中、印、泰，另兩個轉口貿易的新加坡、香港也水漲船高。

二、單挑美中比較

　　小檔案可見，1984年到2010年，美國兩項出口市占率情況如下：

　　1. 商品出口市占率12%下降至8.5%；
　　2. 服務出口市占率25%下降至10%。

三、原因分析

　　1. 占80%的主因：美日德占全球總產值比率下跌，出口市占率跟著下跌；中印正好相反。
　　2. 占20%的次因：屋漏偏逢連夜雨，三項美國出口主力－初級產品（食品與活畜、工礦原料）與工業製品（機械及運輸設備）在全球市占率大幅（0.6個百分點以上）降低。

四、對臺灣的啟示

　　臺灣的政府經常會說「在全球商品出口排名由1999年第14名掉到第18，比上不足，比下有餘，套用許多名人（例如：臺灣新店行道會張茂松牧師、華碩副總葉嗣平）的比喻：「老鷹向雞看齊，那老鷹也會變成雞（例如：在地啄食）；雞向老鷹看齊，甚至可以展翅上騰。」（註：部分修改自張茂松，2015年8月15日）

　　1. 老鷹變猛鷹的南韓：南韓由1999年12名升至2018年第6名。
　　2. 由雞變老鷹的泰、印度：泰國由23名進到21名，印度由32名進步到20名。

美國出口市占率每況愈下的論文

時：2012年
地：美國紐約州紐約市
人：Benjamin R. Mandel，美國聯邦準備銀行紐約分行國際研究功能處的經濟研究員。
事：在 " Current Issues in Economic and Finance " 雜誌（註：美國聯邦準備銀行紐約分行）的
　　一篇文章 " Why is the U.S. Share of World Merchandise Export Shrinking? "
研究期間：1980~2010年
資料來源：商品、服務貿易統計皆來自美國。

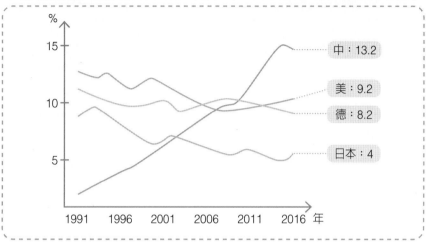

四大國在全球出口市占率

中：13.2
美：9.2
德：8.2
日本：4

資料來源：世貿組織資料庫。

全球國家出口市占率和排名上升、下跌國家

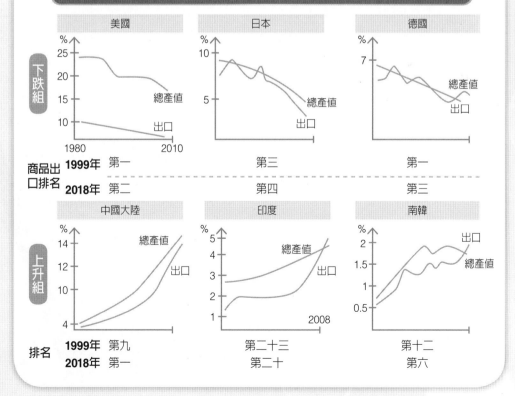

下跌組	美國	日本	德國
商品出口排名 1999年	第一	第三	第一
2018年	第二	第四	第三

上升組	中國大陸	印度	南韓
排名 1999年	第九	第二十三	第十二
2018年	第一	第二十	第六

第 **8** 章

各經濟成長階段的出口貿易

● ● ● ● ● ● ● ● ● ● ● ● ● ● ● ● ● ● ● 章節體系架構 ▼

Unit 8-1
經濟起飛成長階段：靠勞力密集的輕工業

小農階段的國家人均產值500美元，要想走出低所得陷阱（low income trap），九成以上國家政府發揮人工低廉的優勢，發展勞力密集行業，甚至大部分扮演來料加工（processing on order），對國家來說，把（進口）來的原料加工後再出口稱爲「來料加工」貿易（processing trade）。

一、勞力密集產業的定義

勞力密集產業（labor-intensive industry，中國大陸稱勞動）一般是指在公司損益表中的營業成本中，直接人工成本（占營收比率）大於製造費用（主要是機器設備的折舊費用），也就是用人工比機器便宜的行業，由表一可見，三級產業中原料密集、勞力密集、資本密集的行業。

二、勞力密集行業的地理變遷

由表一可見，1950年代起，美國的成衣訂單流向亞洲，以降低製造成本，1950年代日本是第一波；1960年代起，每20年，如同中亞的游牧民族般，一個牧場的草吃完，只好再前進到下一個牧場，輕工業依序有三個牧場：
1. 第二個牧場：東亞四小龍、東南亞四小虎。
2. 第三個牧場：中國大陸。
3. 第四個牧場：東南亞、南亞。

三、中國大陸是世界工廠

2002年起，中國大陸已成全球輕工業產品的世界工廠，2005年三項成本上漲（2008年最低工資上漲、2008年起廣東省實施騰籠換鳥政策、2016年11月15日國務院通過《十三五生態環境保護規劃》；一項營收減少（2005年7月21日起，美元兌人民幣貶值），中國大陸在全球輕工業生產的市占率由55%降至38%。

中國大陸的世界地位屹立不搖，原因有二：
1. 原料成本因素：中國大陸供應鏈主要指原料、零組件、水電供給充足，站在總成本考量，不會比越南、印尼高多少。
2. 運輸費用低：中國大陸港口（尤其是上海市外港的浙江省洋山港）多，且處理產能充沛（時間快、費用低）。

騰籠換鳥政策（emptying the cage for the new birds）

年：2008年起

地：中國大陸沿海地區，先從廣東省開始。

人：廣東省政治局常委汪洋（任期2007.12～2012.12.18）

事：籠——地區的空間，主要指土地、水與空氣等環保

鳥——指的是產業行業

從勞力密集、傳統產業往技術密集產業等轉移。

表一　三級產業中的勞力、資本密集行業

損益表		農業	工業	服務業	生活領域
營收					
營業成本	·原料	－	(1)油氣、礦業 (2)製造業	(1)餐飲業 (2)零售業	食衣住行育樂
	·直接人工 →勞力密集行業	(1)農，例如採水果 (2)林	紡織品、服裝、鞋、家具、箱包	教育	
	·製造費用 →資本密集行業	漁牧	玩具、塑膠製品 (3)建築業	運輸金融醫療	

表二　全球工業中勞力密集行業生產區域的演進

行業	1966～1994年	1995～2007年	2008年起
成衣	1.1970~1979年亞洲四小龍 2.1980~1994年東南亞亞洲四小虎	中國大陸 廣東省東莞市：主要是牛仔服飾	2017年 中國大陸：38.31% 歐盟 孟加拉：5.8% 香港：5.1% 越南：4.6% 印度：4.0%
製鞋	同上 1.臺灣：1970年代，年產值1,411億元，有製鞋王國之稱。1987年起臺廠大幅邁進中國大陸	中國大陸，2006年出口76.5億雙，占全球53%，出口值218億美元 1. 女鞋：主要在福建省晉江市 2. 運動鞋：主要在廣東省東莞市	2015年中國大陸成為全球服飾、鞋的消費國 第二大：印度 第三大：巴西 第四大：越南
其他： (1)玩具	日本→南韓→臺灣→香港	中國大陸，主要集中在東南沿海五省一市： 1. 廣東省東莞市：俗稱世界玩具生產基地，廣東省占65% 2. 福建省 3. 長江三角洲二省一市：浙江省、江蘇省和上海市 4. 渤海灣經濟區：山東省	以2016年來說，全球銷售820億美元，2019約900億美元 2016年中國大陸玩具出口189億美元，約占全球50%以上

139

Unit **8-2**
經濟起飛階段：以中國大陸為例

　　全球193國，能從起飛前準備階段晉級到起飛階段，占54%，可見只要循序漸進，只要照表操課，剩下只是時間快慢問題。

一、經濟起飛，永遠只有一條路

　　有些經濟學者喜歡用「經濟奇蹟」、「某某模式」、「某某經驗」來形容一國的經濟成長過程。由右頁小檔案可見，當你把視野放廣到全球、時間放長到200年（甚至1950年以來即可），你會得到「經濟起飛，永遠只有一條路」。

二、提升勞工能力

　　提高勞工的能力，以中國大陸為例，2001年，農業農村部協調五個部，透過職業訓練教育，以落實「勞務輸出（到城市）政策」。

1. 教育：由教育部負責，以農村為例，居民人均受教育年限7.4年（只能到國二或8年級上學），比城鎮少了3年；高中占15%。
2. 職業訓練：2001年，農民工16.8%接受過職業訓練；2002年六縣市試點，2004年全面實施；由人力資源和社會保障部在各省市推動職業訓練，簡單的說，把「體力工人」（中國大陸稱普通工人）提升技術能力到「初級」技術工人階段，2004年已有28.2%農民工受訓。2006～2010年第二階段：由圖一可見，此階段中國大陸大專學生數目每年突破300萬人。第三階段：大力道吸引海外歸國人士，以2018年來說，中國大陸大專畢業生820萬人，是美國的2倍。

三、加強投資，厚植資本形成

　　以投資率（四項需求中投資占總產值比率）來說，由圖二可見，1990年代起，中國大陸幾乎都是美的2倍，1980～2020年40年內，1年當2年用，用80倍（每年2倍×40年）的投資去趕美。2016年3月，英國經濟顧問公司IHS的「環球透視」報告指出，2010年在全球工業中製造業，中國大陸占19.8%（1995年5.1%、2009年15.6%），超越美國的19.4%，成為全球第一大製造業國家。中國大陸製造業勞工1億人、美0.115億人。

IHS Markit 公司

年：1959年成立，在美國那斯達克股市股票上市

地：英國倫敦市

事：2016年2家公司合併，2家公司的原本涵義如下。

　　IHS：information handling service

　　markit：make-it-partners

　　這家公司是全球著名的國家、行業統計、預測。有名的「環球透視」（Global Insight）歐元區、美國的製造業採購經理指數。

經濟起飛，永遠只有一條路

時：2007年
地：美國加州
人：英國人克拉克（Gregory Clarks, 1957～）美國加州大學戴維斯分校經濟系主任
事：在經濟史書《告別施捨：世界經濟簡史》（A Farewell to Alms: A Brief Economic History of the World），普林斯頓大學印行。

生產因素市場	產業結構	商品市場
投資 → 教育　勞工訓練　資本	工業化　提升效率	階段I：第一次進口替代（輕工業） 階段II：出口 階段III：第二次進口替代 （重工業、精密工業）

圖一　美中大專學生每年畢業人數

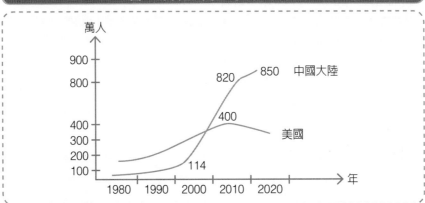

圖二　美中投資率

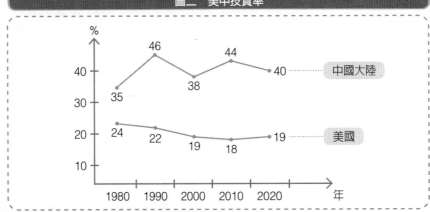

Unit **8-3**
起飛前準備、起飛階段的出口：以中國大陸為例

在經濟成長階段，各階段的出口商品的種類不同。

一、起飛前準備階段：**1980～2002年（22年）**

這階段以農業、工業中輕工業為主，歷時22年，真正要從1992年開放民營公司成立來計算尤佳。

1. 產品結構：初級產品為主。出口產品結構中，初級產品1980年占50.3%、1990年25.6%；大類名稱是「貴金屬」，主要是黃金，2006年起中國大陸成為全球第一大黃金產國，以2018年401萬噸來說，需求量1151萬噸，占全球需求30%以上。其他還有煤等（年產量40億噸，內需10億噸）。很多國家在這階段都是賣「祖產」，靠天然氣本錢吃飯，一是工礦產品；一是農產品。
2. 工業製品中：在工業製品中，以「按原料分類」（例如：成品油）占比較高。

二、起飛階段：**2003～2030年（27年）**

這階段以工業製品為主，輕工業為主、重工業和精密產品為輔。

1. 產品結構：初級產品只占5.2%。
2. 資本密集產品：由表一可見，2010年59.2%。
3. 高科技產品：由表一可見，2010年31.2%。

三、近景：起飛階段的貿易方式

由表二可見，以出口方式來區分，可分成三種：一般、加工和其他。

1. 一般貿易（general trade）獲利率較高：2010年占出口36%，2018年57.83%，一般貿易有兩個涵義，一是自主程度較高，當然，利潤率會較高。
2. 加工貿易（processing trade）：加工貿易有兩中類，詳見下圖。
3. 其他貿易：跨境電子商務、市場採購貿易。

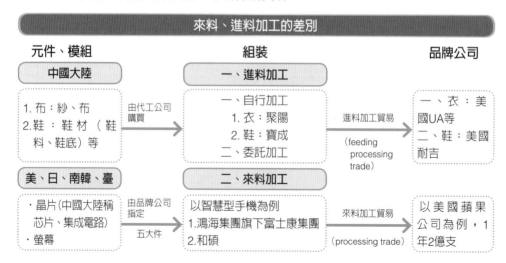

來料、進料加工的差別

表一　1980～2010年中國大陸的出口商品結構

項目		1980年	1990年	2000年	2010年
*人均總產值（美元）		195	311	959 2003年1288	4560
經濟成長階段		農業社會	同左	起飛前準備階段	起飛階段
金額（億美元）		181.2	620.9	2,492.1	15,777.5
一、商品		50.3	25.6	10.2	5.2
（一）初級		49.7	74.4	89.8	94.8
（二）工業製成品		49.7	74.4	89.8	94.8
1 全部	⑴化學品及有關	6.2	6	4.9	5.6
	⑵按原料分類	22.1	20.3	17.1	15.8
	⑶機械及運輸設備	4.7	9	33.1	49.5
	⑷雜項製品	15.7	20.4	34.6	21.9
	⑸未分類	2.1	18.7	0.1	0.1
2 特定 分類	⑴資本密集產品：機電產品	7.7	17.7	42.3	59.2
	⑵科技產品	─	─	14.9	31.2

表二　中國大陸商品出口方式、商品性質

年	2010	2015	2016	2018
金額（兆美元）	1.5779	2.27	2.1	2.4874
一、出口方式				
（一）一般貿易	36	53.4	55.1	57.8
（二）加工貿易 1.進料 2.來料	26.1	35.1	34.1	34
（三）其他貿易	37.7	11.5	14.8	12.2
二、出口商品				
（一）資本密集	59.16	57.6	57.7	59.8
（二）勞力密集	19.22	20.8	20.8	19
（三）其他	21.62	21.6	21.5	22.2 農產品占3.3
*特殊分類				
1.機電	─	─	─	─
2.高科技	─	─	─	29.4
人均總產值（美元）	4,560 進入起飛階段	5,069		2030年 達15,000美元 成熟階段

資料來源：中國商務部綜合可照國際貿易經濟合作研究院「中國對外貿易形勢報告」，每年4月；
　　　　　另每年1月14日海關總署。

Unit　8-4
經濟成長理論

在古書〈列子〉中有：「貧者越貧，富者越富」這話，這句話是眞的嗎？反證之一是「富不過三代」。同樣的，在經濟成長（economic growth）課程與全球人士都擔心全球是否會發生「貧國越貧，富國越富」呢？我們開門見山地說：「想太多了。」

一、時代看法

每個人處的時空不同，對現象解讀、預測不同，沒有對錯，只有適用時機不同罷了。

1. 1956年，外生成長理論：梭羅（Robert Solow）認爲「科技」在生產函數中是外生的，所以新興國家可以透過買進技術（技術移轉）、買進先進機器設備，來提升技術水準；跟工業國家平起平坐。如此一來，新興國家的人均總產值成長速度會大於工業國家，工業國家跟新興國家間的人均總產值差距會逐漸縮小。

2. 1986～1990年：1986年，美國史丹佛大學教授羅默（Paul Romer）認爲美國公司透過研發，開發出電腦產品，這種技術是在美國公司生產函數中「內生」的，甚至無法外移。美國等工業國家就靠著五種生產因素中的「科技」一直研發新產品；賺大錢；新興國家跟不上。兩類國家間人均總產值的差距就愈來愈大。

二、反客為主

有些大一經濟學書有一節介紹經濟成長理論、大二總體經濟至少一章、大四經濟成長理論是選修課。許多老師花時間去說明各經濟成長理論的數學求解過程。經濟數學（其顯現方式之一是經濟模型）是工具，幫助我們了解複雜的經濟狀況。然而有些老師把「手段當成目的」，花太多時間講解複雜甚至高深的數學求解；令許多人「望（經濟學）而生畏」。

三、兔子追上烏龜，只是遲早問題

只要觀察各國（主要是中國大陸），便可見工業國家龍美國在全球第一經濟國的地位，大約在2032年會拱手讓給中國大陸，原因有二。

1. 在生產因素中技術只是其一、商品市場中高科技產品只是其二。在生產因素市場中技術只是五種生產因素之一，在商品市場中，高科技產品（例如：3C、生技製藥）只占商品一小部分，在這兩方面皆贏，不代表全面皆贏。

2. 技術可追、科技商品可仿冒：縱使科技有決勝負的地位
　　・在生產因素市場中：科技可透過逆向工程、挖角、商業間諜等方式破解，或者透過買機檯、技術引進方式取得；或自行研發，終究可能「青出於藍而勝於藍」，中國大陸在高速鐵路等如此。
　　・在商品市場中萬物皆可能被「抄」：商品可透過仿冒、剽竊等，予以低價生產，全球很少有「密不透風」的商品，美國匿蹤戰機、航空母艦的飛機蒸氣彈射技術，中國大陸皆破解。工業國家很難「一招半式」稱霸一世。

項目	外生成長理論（exogenous economic growth theory）	內生成長理論（endogenous economic growth theory）
		兩大經濟成長理論
年	1956年	1990年
地	美國麻州劍橋市	美國加州
人	梭羅（Robert Solow, 1924～）1987年諾貝爾經濟學獎得主	羅默（Paul Romer, 1955～），美國史丹佛大學教授，2018年二位得主之一 盧卡斯（Robert E. Lucas, 1937～），1995年得主
事／論文	在《經濟季刊》上的「經濟成長理論導論」	在《政治經濟期刊》上的論文「內生的科技變革」
生產函數	$Y = P（\alpha L, \beta K）$	$Y = P（\alpha L, \beta K, \gamma T）$
推論	世界各國的所得水準是收斂的	世界高所得國、低所得國的所得差距會愈來愈大

青出於藍而勝於藍

時：2018年5月24日

地：中國大陸北京市

人：林毅夫，北京大學新結構經濟學研究院長

事：在「中國發展高層論壇」中，林毅夫表示，中國大陸經濟能快速發展，主要依靠「後發優勢」，1978~2018年來的平均經濟成長率達到9.5%，人均總產值更從156美元增加到9,480美元。1760年左右第一次工業革命以後，技術和產業，歐美都是世界領先的，他們要技術創新只能自己發明；新興國家只要把其他國家用過的成熟技術和產業引進，就是創新產業升級，不見得要新發明，成本和風險也都低得多；甚至充分對國外現有的技術產業，吸收消化變成自己技術創新產業升級的來源，中國大陸逐漸從技術落後成為技術領先的國家。（部分摘自工商時報，2018年5月26日，A8版，陳君碩）

Unit 8-5
經濟成熟階段的國家：生產因素中的資本、技術，以美中為例

圖解國際貿易理論與政策：國際經濟與區域經濟

經濟起飛階段主要靠工業中的輕工業、家電業為經濟成長主要動力來源，創造大量就業，主要是靠勞力（普通工人、初級技術工人）賺錢，附加價值率20%以下，賺的是血汗錢（辛苦錢）。全國在這階段，也累積資金，為進入經濟成熟階段儲備能量。

一、從輕工業到重工業為主

從輕工業進級到重工業（主要是鋼鐵、水泥、有色金屬和石油化學，甚至汽車業），往往來自國內需求。這是一個國家的第二次進口替代。

1. 中低所得家庭帶動房屋、汽車需求：當人均總產值躍升到4,200美元以上，人民對於房屋、汽車需求大增；需要自行生產工業原料。
2. 都市化帶動政府基礎建設的需求：基礎建設（主要指水電、交通中的鐵公機，機指機場、港口）需要水泥、鋼鐵、有色金屬（例如：鋁）等。
3. 砸大錢的整廠輸入：這些工廠大部分是整廠輸入（whole factory import），國外賣方提供一站式解決（turnkey solution）。

二、精密工業為輔

常見的精密工業是高科技業的3C行業，以中國大陸來說，主要來自1990年代，臺資公司由臺灣的工廠外移。

三、由「中國製造」到「中國創造」

以中國大陸來說，由「中國製造」（made in China）進階到「中國創造」（created in China）。

1. 經濟邁向成熟階段，效率驅動（efficiency-driven）：這階段主要是砸大錢、換產能，並且力求降低成本（cost reduction），主要是生產標準品、大宗產品，靠低價在全球搶代工（設計代工ODM、製造代工OEM）或出口市場。
2. 大量消費階段，創新驅動（innovation-driven）：在全球以自有品牌闖天下，需要砸大錢在研發，以用於產品、製程創新。
3. 2017年狀況：2017年全球研發費用約1.7兆美元，研發密度（R&D intensity，有譯為研發強度，研發費用除以總產值）約2.4%（註：1996年1.974%）。20國集團占全球研發支出92%、在美國專利商標94%。

四、趨勢分析

· 由右表來看，中國大陸占全球研發支出比率快速提高。
· 由圖可見，以2017年為基礎，美中的總產值成長、研發密度來看2030年中國大陸總產值28.61兆美元，乘上研發密度2.5%，研發費用7,152億美元，超越美國。

美中研發費用支出

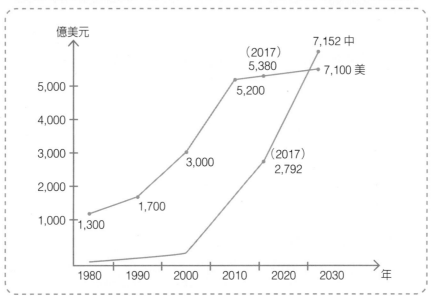

資料來源：美國National Center for Science and Engineering Statistics（NCSES），這是美國商務部人口普查局和國家科學基金會合資。

美中日占全球研發支出比重

單位：%

國家	2010年	2011年	2012年	2016年
美國	32.8	32	31.1	30
中國大陸	12	13.1	14.2	13.44
日本	11.8	11.4	11.2	—

資料來源：Rattle R&D Manazineron。

147

Unit 8-6
工業與新興國家貿易型態：以美中為例

　　套用貿易相關理論來解釋國際貿易，比較大分類方式，把全球200國分成兩類：工業國家50國與新興國家150國，差別在於生產因素中的兩項：資本（存量）、技術水準。

二、兩組國家群中挑龍頭美中舉例

　　想了解工業、新興國家國際分工、貿易型態，最代表性的是挑美中來比，詳見表二。

1. 美國出口資本密集產品：跟中國大陸比，美國人口、勞工數目約只有中國大陸的23.5%，中國大陸勞工薪資約是美國16%。美國較不適合從事勞力密集產品，「被迫」生產資本密集產品，例如：汽車、飛機、石化產品等。
2. 中國大陸出口勞力密集產品：中國大陸在兩大輕工業（紡織、鞋）的全球代工市占率50%以上，成為全球工廠（world factory）。

表一　2020年勞工人數與製造業人數估計

單位：億人

項目	臺灣	中國大陸	美國
⑴ 人口數*	0.2365	14.15	3.35
⑵ 勞動年齡人口數	0.7290	0.64	0.77
⑶=⑴×⑵ 勞動人口比率	0.1700	9.056	2.5795
⑷ 勞動參與率	0.588	0.85	0.628
⑸=⑶×⑷ 勞工數	0.11	7.75	1.62
⑹ 工業占總產值比率	35%	36.5%	19%
⑺=⑸×⑹ 工業勞工數	0.0385	2.83	0.308
⑻ 製造業勞工	0.0175	1.29	0.164

*這可從各國「人口時鐘」項下查得到

註：國際勞工盟2017年工業占總勞工人數21.542%、2017年
　　中國大陸29%。

表二　工業國家與新興國家第一大國比較

項目		南方國家最大國：中國大陸	北方國家最大國：美國
一、生產國家			
（一）數量	1.人口數	14.15億人	3.35億人
	2.勞工數	7.75億人	1.62億人
（二）價格	薪資	月薪380美元	月薪1,900美元 製造業平均時薪22美元
二、貿易型態			
（一）兩種農業品時		—	出口去中國大陸
（二）農工品時 1.農產品 2.工業產品		— 出口去美	資本密集農產品：機械耕種、收割的黃豆、小麥、玉米（簡稱黃小玉）
（三）兩種工業品時 1.勞力密集商品 2.資本密集商品		服裝出口去美 —	— 飛機出口去中國大陸

中國大陸國家主席習近平對經濟前景的看法

時：2018年3月7日
地：中國大陸北京市
人：習近平
事：在兩會期間，習近平參加廣東團會議，他說「發展是第一要務，人才是第一資源，創新是第一動力。」
　　教育、科技研發投資大，大學畢業生一年約800萬，許多是理工系，規模是美國的五倍、印度的十倍；還有許多海外人才歸國，2010年來中國大陸在許多科技及產業領域突發異采。

Unit 8-7
世界工廠

圖解國際貿易理論與政策：國際經濟與區域經濟

150

從2003年起，媒體習慣稱中國為「世界工廠」（world factory或factory of the world）。2016年，全球媒體焦點在於誰會取代中國大陸成為下一個世界工廠，點名的有東南亞（印尼）、南亞（印度）、中美洲的墨西哥，這些可能在七項勞力密集產品中一項出線，總體而言，中國大陸長期獨占鰲頭。

一、工業革命造就英美成全球經濟第一大國

由表一可見，以各國工業中製造業產值占全球製造業產值的比率來看，第一名稱為世界工廠，以1700年來分階段。

1. 手工業時代：在第一次工業革命以前，中國靠手工業生產絲瓷器、農產品茶出口，在1783年（註：清乾隆47年）時，製造業產值占全球製造業產值30%。
2. 二次工業革命：1760年起第一次工業革命在英法展開，英國憑藉機器、技術，再加上殖民地（埃及、印度棉花），在1890年前，製造業產值占全球製造業產值32%，成為世界工廠，英國出口的布稱霸全球。1870年起，美國可說是第二次工業革命的最大受惠國，再加上地大物博（煤鐵），1890年製造業產值占全球製造業產值29%，成為全球第一大經濟國；1950年，號稱占40%。

二、1980年代，日本一度成為世界工廠

1980年代，日本的家電、汽車、電子產品在全球大賣，日本製造業產值占全球比重10%，一度成為三大商品的世界工廠。

三、2000年起，中國大陸逐漸成為世界工廠

2010年起，中國大陸成為全球工廠。中國大陸為全球製造中心，對美出口產品多來自於當地投資生產的外資合資企業。以2016年中國大陸出口至美國高新技術品出口企業百強排行為例，其中七成為外資企業，而臺資公司又占四成左右，包括鴻海、廣達、仁寶等。中國大陸對美出口商品中，來自國內附加價比重僅約25%。

四、資料來源

這三階段的主要國家占全球製造業產值比率各不相同，詳見表二。

表一　2015年中國大陸、美國及日本製造業產值		
國家	製造業產值（兆美元）	占該國總產值比率（%）
中	2.01	27
美	1.867	12
日	1.063	19

資料來源：Brookings, Global Manufacturing Scorecard Report, 2018.7.10。

表二 世界工廠歷史沿革

工業革命	I	II	III
期間	1760～1840年代	1870～1914年	1950～1980年
動力	蒸氣取代獸力、人力	電氣	資訊革命
國家	英	美	日
期間	1820～1880年	1890年～	1980年代
總產值			

製造業產值占全球製造業產值比率（%）

	1870年	1881～1885年	1980年代	2010年	2015年
美	23	29	23	19.4	18
中	—	6	1.3	19.8	20
英	32	27	—	—	2
德	13	14	—	6	7
日	—	—	10	10	10
法	10	9	—	2	3

表三 有關世界工廠的三大資料來源

時	1870～1913年	2011年3月	每年7月14日
人	羅斯托	IHS環球透視公司，英國經濟顧問公司	聯合國工業發展組織（UNIDO）
事	〈世界經濟：歷史與展望〉美國德州大學1978年印行	環球透視報告製造業勞工中1.29億人美0.163億人	每季發布全球製造業報告每年7月14日公布當年製造業國家排行榜Top 10 industrial nations

美中占全球工業中製造業比重

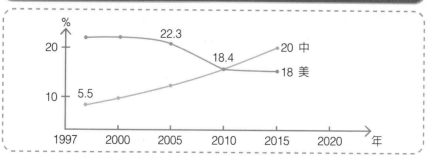

資料來源：世界銀行「世界發展指數」（World Development Indicators）以1995年29.67兆美元，工業占30%，其中製造業占26%。2015年全球製造業10.05兆美元。

Unit 8-8
全球供應鏈現況：亞洲成為全球工廠

圖解國際貿易理論與政策：國際經濟與區域經濟

152

　　本單元的標題已開宗明義的說明，在全球經濟中東南亞、南亞各國主要做的是中低、低價商品的「代工組裝」，工時長（所以稱為辛苦錢）、賺錢少（所以稱賺血汗錢）。本單元詳細說明。

一、價值鏈：附加價值比例

　　由右圖X軸可見，以「價值鏈」（value chain）來說，整個商品的附加價值的分配大抵如下，並以蘋果公司iPhone手機為例。

1. 品牌公司賺大錢，占50%：蘋果公司產品外包比率98%以上，是典型「研發、行銷公司」，以2018年9月上市的iPhone XS Max（256GB）手機來說，毛利率約65%，蘋果公司淨利65%來自手機銷售。
2. 製造公司賺小錢，占50%：蘋果公司購買元件、模組，請中國大陸的臺資公司富士康集團（鴻海旗下）、和碩組裝，這「上」（元件）、「中」（模組）、「下」（組裝成品）游，合稱供應鏈（supply chain）。

二、價值鏈中的供應鏈

　　在整個供應鏈（中國大陸稱「垂直一體化」）中，大抵呈現下列現象。

1. 「上游肥、中游胖、下游瘦」：以智慧型手機（簡稱手機）電池來說，電池芯由日本三洋、松下供應，日本公司掌握許多元件的關鍵技術，臺灣政府每次喊「第N次進口替代」，皆因技術能力不足而力有未逮，而臺灣的新普（6121）買了電池芯後，去做筆電、手機電池模組等。
2. 組裝（代工）賺小錢：手機代工公司聘用近100萬人，一年15億支的量，74%在中國大陸組裝，少數因避高關稅（例如：印度、巴西）在當地組裝。代工費約占手機售價的3%以內。

三、東南亞、南亞賺辛苦的代工錢

　　右圖Y軸可見，依商品的售價分成四個級距：

1. 美歐做高價商品：一架波音787-10型飛機售價3.2億美元，賣一架飛機可以抵富士康替蘋果公司代工2,667萬支手機。
2. 日本、中國大陸接中高價商品：日德公司做汽車、美日德公司做重中型機車，賺中價位商品錢。
3. 東南亞、南亞做中低、低價商品代工：手機等中低價位商品，鞋和衣等低價商品，大都是勞力密集，東南亞（越南、印尼）、南亞（孟加拉）接代工訂單，賺微薄收入。

全球在四種價值產品的價值鏈

單價 ↑

	元件	模組	組裝	品牌
飛機	引擎：英國勞斯萊斯、美國惠普	法國、中國大陸天津市		歐洲：空中巴士 美：波音
大型電腦	CPU：英特爾等		以伺服器為例：臺灣廣達等	美：IBM、惠普 日：富士通等

50萬美元

	元件	模組	組裝	品牌
醫療設備 汽車	晶片代工：臺灣 塑料件：泰國 鋼鐵：印度塔塔	美：同右 引擎：日、德、美 輪胎：美、德、法	美：通用電器 日：同右 德：同右 美：同右	美：嬌生 日：豐田、日產 德：福斯、雙B 美：通用、福特

30,000美元

	元件	模組	組裝	品牌
手機	晶片 美：高通 臺：聯發科 中國大陸：展訊通訊	面板模組 ·南韓：三星、樂金顯示器 ·日本：夏普 ·臺灣：群創、友達	中國大陸：富士康、和碩 越南：三星	南韓：三星、樂金 美國：蘋果 中國大陸：華為、小米
機車			越南：臺灣光陽、三陽	日本：山葉、本田

1,000美元

	元件	模組	組裝	品牌
製鞋	中國大陸：鞋材	中國大陸：鞋底	以寶成為例 越南、印尼和占50%、中國大陸占8%	美國耐吉 德國愛迪達
紡織	紗：臺灣	布：臺灣是全球第4大機能布產地	越南：臺灣儒鴻、孟加拉	瑞典H&M 西班牙印地紡 日本迅銷

→ **價值鏈**

元件　　模組　　組裝　　品牌

全球主要投入產出表的編製機構

涵蓋國家	10	43	63	140
產業數	76	56	34	57
機構	日本IDE Jetro AIIoTS	歐盟 WIOD	經濟合作暨發展組織ICIO	美國普渡大學
資訊年	每五年一次 1985～2005年	2000～2014年	1995～2011年	2004、2007、2011年

Unit **8-9**
全球價值鏈分析

　　全球貿易的成長，有一部分原因是整個「上游（原料）→中游（零組件）→下游（組裝）」各在一個（以上）國家生產，以利用各國的成本（或其他）優勢，這稱爲供應鏈（supply chain）。

　　跨國供應鏈的存在使國際貿易分析變得很複雜。
・例如：原產地證明書（certificate of origin）的開列、認定；
・各國對貿易商品的附加價值。

一、學者觀念

1. 產業供應鏈、公司內部部門價值鏈：1985年，美國策略大師麥可・波特（Michael E. Porter，中國大陸譯爲邁克爾・波特），在《競爭優勢》書中提出：
・產業供應鏈：品牌公司對上中下游的管理稱爲供應鏈管理（supply chain management）。
・公司內部的價值鏈（value chain）。

2. 全球供應鏈：由右頁小檔案可見，1994年，美國兩位教授推出「全球價值鏈」（global value chain）這名詞。

3. 必也正名乎，價值鏈等於「原料—生產—銷售」。

　　在產業中，供應鏈加品牌公司、零售公司、顧客，稱爲價值鏈（value chain），背後有「商品要賣出去才有價值」（value這字常指公司營收，淨利）。

二、趨勢是從長供應鏈到短供應鏈

1. 較長的供應鏈（long supply chain）：許多電視節目、媒體喜歡報導一條牛仔褲（服裝的代表）的跨國生產過程「漫長」，由右表可見，這有點誇大，這種勞力密集商品八成在亞洲東亞（中國大陸、香港）、東南亞（印尼、越南）、南亞（印、孟加拉）製造。

2. 短的供應鏈（short supply chain）：2017年1月20日，美國川普總統上台，推動「美國製造」（American Made或Made in USA），透過威脅利誘，造成一些公司到美國設廠，主要是汽車公司，其次是鴻海集團在威斯康州投資100億美元設立中小尺吋面板廠；在地供料、生產；整個供應鏈變短，俗稱「短供應鏈革命」（short-chain revolution）。根據世界銀行資料顯示，2008年全球金融風暴後，全球中間品（Intermediate Products Trade）活動開始縮減，跨境至少二次以上之複雜型，全球價值鏈生產（global value chain, GVC）已有減緩趨勢，以「生產爲目的」之跨境次數亦下降。中國大陸最大優勢是有14.2億人口及已然形成的全球最大規模的中所得階層（註：沒有標準定義，人數2.1～4億人）。

全球服飾（貿易金額）供應鏈			2017年
上游原料 棉紗 （合稱紡織品）	中游 染整布	下游 成衣代工公司 （2016年）	服飾（apparel） 品牌公司
一、棉 全球約2,600萬噸 1. 中26.3% 2. 印20.46% 3. 美13.85% 　全球出口最多 4. 巴基斯坦8.52% 5. 巴西6.7% 前五大國占75%	一、中37.32% 二、印度5.7% 三、美4.54% 四、土耳其3.84%	一、中36.34% 二、孟加拉6.32% 三、港3.54% 四、越南5.53%	一、精品服飾 （boutique clothing） 1.法國路易威登 2.法國愛瑪仕 3.義大利亞曼尼 4.法國卡地亞 二、流行時裝 （fashion apparel） 1.瑞典H&M 2.西班牙印地紡、旗下佐拉（Zara）等
二、化學纖維 全球約6,000萬噸 1. 中68% 2. 印7.27% 3. 東南亞5.76% *臺灣7.58%	五、南韓3.52% 六、臺灣3.17% 七、其他41.91%	五、印度4.06% 六、其他42.53%	3.日本迅銷、旗下優衣庫（Uniqlo）、極優（GU） 4.美國蓋璞（Gap） 三、運動服裝 （sport wear）
小計	2,905億美元	4,539億美元	1.美國耐吉（Nike） 2.德國愛迪達（Adidas）

資料來源：世界貿易組織，2018.4；另2017年臺灣紡織工業概論。

全球價值鏈分析（Global Value Chain Analysis）

時：1994年

地：美國北卡羅來納州

人：美國杜克大學全球價值鏈中心（GVCC）兩位教授Gary Gereffi與Karina Fernandez-Stark，另一中心是「全球化、治理和競爭力」（Center on Globalization, Governance & Competitiveness, GGC）。

事：兩人合編一本書 Commodity Chains and Global Capitalism 中，有章 " The Organization of Buyer-Driven Global Commodity Chains: How US Retailers Shape Overseas Production Networks "。全球價值鏈又稱「全球供應鏈」（global supply chain）。2011年5月出第一版、2016年6月出第二版。世貿組織的五大貿易統計，另四項商品、服務貿易、關稅、關稅以外措施、全球價值鏈。

第 9 章

國際貿易相關理論

章節體系架構 ▽

Unit 9-1
時代劃分：從歷史、音樂到經濟

　　人類歷史是演化進步的、知識是從實際生活中逐漸累積的，有些經濟學者化繁為簡，把某一時空的現象予以詮釋，自成「一說」，小至「主張」（argument）、「假說」（hypothesis）、經過實際資料驗證（valid）的稱為「理論」（theory或theorem）。許多經濟學的書（尤其是總體經濟、貨幣銀行學、國際貿易理論）大談經濟學派，常見的古典、新古典、凱恩斯、新興古典學說等。如果用地質的（代、紀）、歷史的「代」等來分類，就可以看清前後關聯。

一、80：20原則，捉大放小

　　經濟學的學派至少29個，中國大陸的學者把當地的放進來，學派數目超過30個。專攻經濟思想史的老師比較容易記得住，一般人只要抓大放小記重點即可。

1. 大分類分成三個時代：在表中第一列我們把時期分為「近代」、「現代」、和「當代」，歷史、音樂和經濟學派的涵蓋期間大同小異。
2. 每個時代，中分類二個時期：一般來說，套用地質的「代」、代中分「紀」，常見的分「古」、「中」、「新」生代；以中生代來說，分成三「紀」：三疊、侏羅、白堊紀，電影「侏羅紀公園」中恐龍便是在這時期。

　　以經濟學派近代、現代的分水嶺，是以英國人凱恩斯（John Keynes, 1883~1946，有譯為凱因斯）1936年出版《一般理論》一書，把之前160年的經濟學通稱為「古典」，有著「老」、「舊」的意味。經濟學中的「古典」、「新古典」，可能來自音樂的劃分時期，所以表中近代中我們標示出古典音樂所處期間。

二、學派（School）

　　學派這個字英文用School，這有兩個涵義。

1. 相似觀念的人：這比較像中國春秋戰國時的諸子百家中的儒家、道家、法家等，這是後人的稱呼，當時同一學派的人，可能不認識。
2. 大學：劍橋大學、芝加哥大學經濟系等由於教授們地點近，加上系方有意形成系特色，所以可以獨樹一格，劍橋學派（Cambridge School），直譯為劍橋大學學派，芝加哥學派同理適用。

三、東西軍對抗

　　在右表中，我們刻意把兩個想法對立的學派列在上下。

1. 上半部，凱恩斯學派主張政府干預經濟；下半部，古典學派強調尊重市場機制。
2. 長江後浪推前浪：現代中的凱恩斯學派是衝著近代古典經濟學派中的新古典經濟學派來的。新古典學派中的重貨幣學派又是衝著凱恩斯學派來的。
3. 「新興」凱恩斯、古典學派大約是生處逢時。

歷史、音樂到經濟學的分代時期

時期	近代（recent）	現代（modern）	當代（contempory）
歷史	476～1459年 中世紀史	1500～1949年 現代史	1950年～，由今天往前80年 當代史
音樂	1000～1750年 古典音樂，分3期 1.中世紀音樂（500～1400年） 2.文藝復興音樂（1400～1600年） 3.巴洛克音樂（1600～1750年）	1890～1975年 現代音樂，分二期 1.現代音樂（1890～1930年） 2.極端現代音樂（1930～1975年）	1976年以來 當代音樂
經濟學	（一）中古世紀後期 1490～1775年 ・重商主義 ・重農主義 （二）古典經濟學派 1776～1935年，分2小期 1.古典經濟學派（classic） 2.1890～1935年，新古典經濟學派（neo classic economics） neo：前置詞 new、recent之意	（一）1936～1972年 1.凱恩斯學派（Keyesian School） ・後凱恩學派（Post Keynesian economics），英國 ・新凱恩斯學派（neo-Keynesian economics, 1930～1970年），美國 （二）1956～1978年 新古典經濟學派下的重貨幣學派（Monetarism）	1970年～ （一）新興凱恩斯學派（new Keynesian School）強調「價格」的原因 （二）新興古典學派（new classic economics）其中理性預期學派

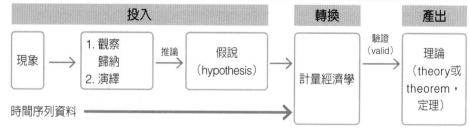

投入		轉換	產出

現象 → 1. 觀察歸納 2. 演繹 —推論→ 假說（hypothesis） → 計量經濟學 —驗證（valid)→ 理論（theory或theorem，定理）

時間序列資料 ——————————→

Unit 9-2
全球經濟分析的一般均衡架構

　　國際貿易的書大都以華爾拉士（中國大陸譯瓦爾拉斯）的一般均衡（general equilibrium）架構（詳見表一），來分析二種生產因素（勞工、資本）、二國（本國、外國）與二種商品。

一、一般書，泛用型

　　一般的書為了賣到全球，所以表二中的二國分為本國、外國；商品分為X商品、Y商品。在數學方程式、圖形時，皆在下標處來呈現，例如：Px是指X商品價格、Pxd是本國X商品價格。

二、本書處理方式

　　真人真事的電影往往貼近人心，票房較佳。本書針對兩國、兩商品皆有明確所指，詳見表二。
1. 兩國：美中。全球第一大經濟國美國、第二大國中國大陸，也是商品貿易第二、第一大國，生產因素稟賦不同。
2. 兩種商品：商品以具體且常見的大量貿易產品為例，例如：衣服（勞力密集商品）、汽車（資本密集商品）。

三、商品細分

　　產業包括三級農、工和服務業，三個產業中各挑兩個產業來交易，有六種組合方式。本書只列常討論的，詳見表三。

160

瓦爾拉斯（Leon Walras）小檔案

生平：1834～1910年，法國諾曼第。
任職：瑞士洛桑大學
著作：《純粹政治經濟學要義》（1874）
學歷：國立巴黎高等礦業學校
貢獻：其學生柏瑞圖（Vilfredo Pareto）創立洛桑（大學）學派（Lausanne School），瓦爾拉斯的「一般均衡」中的一般，是指生產因素和商品市場。

表一　經濟學中均衡範圍

項目	局部均衡（partial equilibrium）	一般均衡（general equilibrum）
時	1920年	1874年
地	英國劍橋市	瑞士洛桑市
人	馬歇爾 （Alfred Marshall, 1842~1924） 英國人	瓦爾拉斯 （Leon Walras, 1834~1910） 法國人
事	提出局部均衡觀念	提出一般均衡觀念

表二　一般與本書對2生產因素、2國、2商品（2×2×2）的處理方式

項目	投入：生產因素市場	轉換：國家	產出：商品市場
一般書 處理方式	勞工（Labor, L） 其報酬為薪資（wage） 資本（Capital, k） 其報酬為利率（i）	本國（domestic, d） 外國（foreign, f）	X商品（勞力密集商品） Y商品（資本密集商品）
本書 處理方式	勞工 機器（Capital, K）	中國大陸 美國	衣服 汽車，或手機，或飛機

表三　一般與本書對2商品的處理方式

產業範圍	勞力密集商品	資本密集商品
一、服務業		
（一）服務	1. 陸運	1. 航空客運
1. 觀光業	2. 餐廳	2. 旅館
二、工業		
（一）商品	1.輕工業：衣服、鞋	1.重工業：水泥、鋼鐵、金屬、石化 2.技術密集：半導體、液晶面板
（二）國家	衣服：中、孟加拉、越南、印尼 鞋：中、越南、印尼	汽車：日、德 飛機：美、法
三、農工業	此時生產因素可換作自然資源中的土地	此時生產因素可換作勞工
（一）商品	1.穀物：黃豆、小麥、玉米（簡稱黃小玉）	上述工業製品
（二）國家	美洲：加、美、巴西、阿根廷 亞洲：印度、印尼、泰、馬	歐洲：荷蘭、丹麥

Unit **9-3**
近代經濟學派

每年甚至每月，各國都有大事發生，學者專家都會在報刊電視上提出一些對策，常常「公說公有理、婆說婆有理」。絕大部分經濟學上的假說、假設、理論，都是學者專家為了解決經濟問題以達成經濟目標，所提出解釋當下經濟現象甚至預測經濟展望。所以我們在了解經濟學者所提的經濟理論時，必須先了解其時間空間背景。在經濟學的課程來說，「經濟史說明時空背景，經濟思想史說明當時學者對經濟現象的詮釋（亂中有序）、預測」。

一、近代經濟學第一期：1400～1775年，地理大發現時代

以歐洲人角度來看，15世紀起迄17世紀，尤其是1492年哥倫布的歐洲人發現美洲「新大陸」，此時期有二個名稱。

- 地理大發現（age of discovery）；
- 大航海時代（great navigation age）。

此時期國際貿易隨船運而蓬勃發展，國際貿易課題成為主流經濟思潮，主要有二：

1. 重商主義：這種限制進口、鼓勵出口（當時主要是英國羊毛）「賺外匯」、「賺外國人錢」的想法到今天，仍有許多出口導向國家奉為最高指導原則。
2. 重農主義：此派強調自由貿易，強調農業是立國之本，法國土地夠大，好好發展農業、利國利民。

二、近代經濟學第二期：1776～1935年，第一、二次工業革命

1. 時空背景：這階段從農業、手工業，逐漸因第一次工業革命，再加上英對外拓展殖民地等，許多經濟現象巨大改變。
2. 古典經濟學派1776～1935年：這分為兩個時期。
   - 古典經濟學派時期1776～1889年：以現代經濟學之父英國人亞當·史密斯（Adam Smith, 1723～1790）出版《國家財富的性質和原因的研究》（*An Inquiry into the Nature and Causes of the Wealth of Nations*, 簡稱*The Wealth of Nations*, 國富論）。
   - 1890～1935年新古典經濟學派：以英國人馬歇爾（Alfred Marshall, 1842～1924）1890年出版《經濟學原理》一書為分水嶺。

（現代）資本主義（capitalism）

時：13世紀起
地：義大利城邦，例如：威尼斯、佛羅倫斯等。
人：城市居民
事：從事工業（手工業）、商業及出現股份有限公司、銀行。

近代分二期

第一期：15～17世紀	第二期：1700～1934年

一、政經環境

（一）政治
君權集中，但地方藩王等貴族沒落，國王鼓勵工商業發展以收稅等

1588年，英國擊敗西班牙無敵艦隊，開始大幅海外殖民，成就大英帝國

（二）經濟
1. 15世紀初，文藝復興初期
2. 大航海時代，世界市場漸成形

約1760年左右，第一次工業革命發生英法等國

二、學派

（一）重商主義（mercantilism）
1. 15～16世紀：少買外國貨，貨幣不外流，金本位等才可維持
2. 17世紀上半期：強調提高關稅以發展工業，進而擴大貿易順差
（二）重農主義（physciocracy）
1750～1775年
法國魁奈等認為主要的生產因素是土地、主要商品是農產品。在國際貿易主張自由貿易以便貨暢其流

古典經濟學派
（一）古典經濟學派（1776～1889年）反對國王、貴族為主的國家干預經濟，主張尊重自由經濟的市場機制，尤其強調工業、服務業
（二）新古典經濟學派（1890～1935年）這是個體經濟主要部分

商品出口值占全球總產值比率

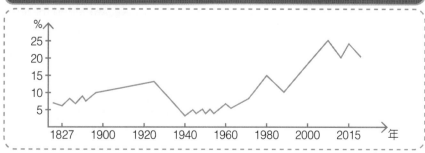

資料來源：整理自 Michel Fouquin and Jules Hugot（CEPII, 2016）。

Unit　9-4
現代與當代經濟學派

1936年經濟學派進入現代、1972年進入當代，本單元說明。

一、現代（modern）經濟學派：1936~1971年

現代經濟學派涵蓋期間約35年，是三個時代中最短的，分成南轅北轍的兩個學派。

1. 凱恩斯學派：有人稱凱恩斯為「總體經濟學之父」，強調政府透過經濟政策以「救」經濟，像1929年10月～1933年的全球經濟大蕭條，1933年，美國小羅斯福總統藉由擴大公共建設來救經濟。

2. 新古典學派的延長版－重貨幣學派：1956年，美國經濟學者傅利曼（Milton Friedman）在芝加哥大學經濟系教書，一些教授強調「貨幣」的重要性，稱為芝加哥（大學）學派或重貨幣論（Monetarism）。可說是新古典學派對凱恩斯學派的反擊。

二、當代（contemporary）經濟學派：1972年起

1972年起，時空背景大變化，凱恩斯、古典學派的學說推陳出新，名稱皆為「新興」（new），可說是第二版對抗賽。

1. 停滯性物價上漲（stagflation）：1973、1978年兩次石油危機造成全球經濟成長低迷（2%以下）且物價上漲10%以上，政府束手無措。於是有新興凱恩斯學派興起，以彌補凱恩斯學派的不足。

2. 電腦的發明與普及（第三次工業革命）：人們可快速蒐集、處理資料，人變得愈來愈符合新古典經濟學中的「經濟人」，即理性預期，稱為「新興古典學派」（New Classical School），號稱跟新興凱恩斯學派打對臺。

三、從英國到美國

經濟學派的時代變革脈動，如下說明：

1. 1936年以前，英國；1937年以後，美國。1780～1889年，英國是全球第一大經濟國，所以其經濟學者研究英國，其理論成為主流。1890年起，美國成為全球第一大經濟國，一直到20世紀麻州劍橋市的哈佛大學可說是較早成立經濟系的著名大學。1941年，麻州理工大學（MIT，俗譯麻省理工學院）經濟系成立，美國本土經濟學者影響力逐漸超越英國。

2. 美國東部凱恩斯學派：一般把美國東部麻州理工大學經濟系視為凱恩斯學派大本營，北部芝加哥市芝加哥大學視為新興古典學派大本營。

現代與當代經濟學派的時空背景

時代	現代第一期 1918～1955年	現代第二期 1956～1971年	當代 1972年起
時空背景	1914～1918年第一次世界大戰，歐洲破壞，人員死亡2,000萬人，缺勞工，歐洲經濟慘 1929年10月～1933年美國大蕭條，引發全球經濟衰退	1950～1970年美國經濟大好。1973～1982年二次石油危機出現停滯性物價上漲，美國政府無力解決	1946～1980年第三次工業革命
主要學派	Keynesian School	Chicago School of Economics或Chicago School或Monetarism	New Classical Economics
中國大陸名稱	凱恩斯學派	貨幣學派	第二代新古典主義經濟學
臺灣名稱	同上	重貨幣學派 或芝加哥學派	新興古典經濟學派
主張	政府干預經濟的總體經濟	總經政策短期有效	總體經濟政策短期無效
重要學者 （諾貝爾經濟學獎得主）	1. 麻州理工大學薩繆爾森，1970年得主 2. 英國約翰·希克斯，1972年二位得主之一 3. 莫迪尼亞尼，1985年得主 4. 托賓，1981年得主	芝加哥大學傅利曼，1976年得主	1. 理性預期學派的盧卡斯，1995年得主 2. 沙金特，2011年二位得主之一

Unit **9-5**
19世紀以前的貿易相關理論：兼論古典學派的絕對、比較優勢理論

　　當你把19世紀以前的五個貿易（依時間順序標示於右圖）相關理論，以擴增版一般均衡（生產因素、產業、商品）市場方式呈現時，會發現如同拼圖一樣，每個主義、理論都只是一片拼圖塊，比較像成語故事中「瞎子摸象」，都只摸到象的一部分。

一、投入面：生產因素市場

　　在消費品市場中，消費者選擇商品的決策大抵是考慮：

　・價格，尤其在產品同質（例如：小麥、布）情況下。

　・商品種類，尤其當進口商品是本國不生產情況下。

1. 1776年，絕對優勢法則：英國經濟學者亞當・史密斯提出此主張，當美國的勞工、機器都比中國大陸成本低，此時美國擁有「絕對優勢」，美國贏者通吃，生產全部商品。當美國設備生產成本低、中國大陸勞工生產成本低，則美國生產資本密集商品（例如：汽車）、中國大陸生產勞力密集商品（例如：衣服）。

2. 1817年，比較優勢理論：針對上述美國贏者全拿情況，英國經濟人士李嘉圖認為當中國大陸勞工生產力比機器高，此時仍會照上述「美國生產汽車、中國大陸生產服裝」。

二、轉換：產業結構

1. 提出

　・時：1790年。

　・地：美國紐約市。

　・人：漢密爾頓（A. Hamilton, 1757~1804），美國第一任財政部長，任期1789年9月～1795年1月。

　・事：在提交給國會的《製造業報告》中，認為美國工業化起步比英法慢了40年，必須採取提高關稅的貿易保護措施，以扶植新興行業，進而發展經濟。

2. 系統化整理：漢密爾頓的主張，1841年由德國經濟史學派李斯特出書整理，主張德國在工業化起步較晚，需要透過貿易關稅等，以支持民族工業發展。

三、產出（商品市場），需求結構中的國際貿易

　　商品市場在國民所得帳是指需求端（消費、投資、政府支出、國際貿易），15到18世紀的重商主義（mercantilism），強調擴大商品出口，以賺外國人的錢，有點「以鄰為壑」（beggar the neighbors）的意思。其中，beggar當動詞，名詞是乞丐，全句是「讓鄰國變乞丐」。

19世紀（或古典）前貿易相關理論（一〜五依時間順序）

投入	轉換	產出
生產因素市場	三級產業（農工服）	商品市場

三、絕對優勢法則（law of absolute advantage）
→勞工、資本
時：1776年
地：英國
人：亞當‧史密斯（1723~1790）
事：生產商品成本低的國家「贏者全拿」

四、比較優勢理論 →技術
（law of comparative advantage）

時：1817年
地：英國
人：李嘉圖（David Ricardo, 1772~1823）
事：在《政治經濟學及賦稅原理》書中，主張國家間技術水準差距，造成二國間貿易，彼此分工

→指的是主要生產因素

五、保護幼苗產業理論（infant industry theory）
→資本
時：1841年
地：法國巴黎市
人：德國與美國人李斯特（Friedrich List, 1789~1846）
事：在《政治經濟學的國民體系》書中，主張在一國某產業處於導入階段，必須透過保護貿易方式以扶植，才能發展經濟

C+I+G+X-M
需求結構中出口、進口

一、重商主義（mercantilism）
→勞工、資本
時：1630年
地：英國
人：孟（Thomas Mun, 1571~1641）東印度公司
事：在《英國的財富與國外貿易》書中，強調貿易順差，多賺外國錢，以發展經濟

二、重農主義（physiocratic school）
→土地
時：1756年
地：法國
人：魁奈（F. Quesnay, 1694~1774）
事：農業是人民財富主要來源，主張自由貿易

167

Unit 9-6
20世紀上半世紀的國際貿易相關理論：新古典學派中的生產因素稟賦理論全景

到了20世紀上半世紀，瑞典兩位師徒經濟學者提出生產因素稟賦理論，用以從成本面來說明「絕對」、「比較」優勢法則。

一、投入：生產因素

生產因素稟賦理論的主張套用俗話「靠山吃山，靠水吃水」，便可了解。

二、轉換：生產函數到產業結構

1. 一般情況：美國出口資本密集產品，進口勞力密集產品。
2. 例外情況：李昂鐵夫矛盾論（Leontief Paradox）：由右圖第二欄可見，李昂鐵夫實證結果卻發現美國進口「資本」密集產品，這跟「赫克歇爾─奧林理論」主張是矛盾（paradox）的。有人替「赫─奧」理論辯護，認為易除進品原油（資本密集產品）後，應是進口「勞力」密集產品。但並未解決出口「勞力密集產品」這個怪怪的現象。由下表可見，美國出口進口商品55%以上皆資本、技術密集商品。

三、美國實際狀況：生產因素稟賦理論是對的

2017年美國商品出口進口主要項目				
排名	HS碼	商品 兆美元	出口 **1.5467**	進口 **2.3429**	占貿易逆差 比重（%）
一、商品				比重%	
1	chap13	核反應爐	13	14.6	
2	chap85	電機設備	11.3	15	
3	chap27	礦物燃料	8.9	8.3	
4	chap88	航空器及零組件	8.5	藥品 4.1	
5	chap87	車輛及零組件	8.4	12.4	
6	chap90	光學、照相、醫療等及零組件	5.4	3.6	
二、國家				比重%	
1		加拿大	18.3	12.8	越南4.817
2		墨西哥	15.7	13.4	8.92
3		中國大陸	8.4	21.6	47.13
4		日本	4.4	5.8	8.65
5		英	3.6	2.7	德8.65

資料來源：整理自賽碟貿易訊息，2017年美國貨物貨品及中美雙邊貿易概況。

一般均衡架構下的二個市場——國際貿易理論

投入	轉換	產出
生產因素市場	商品市場	經濟

生產因素稟賦理論（factor endowment's theorem）

時：1919~1933年

地：瑞典斯德哥爾摩大學

人：下列兩位，老師赫克歐爾（Eli F. Hechscher 1879~1952）、學生奧林（Bertil G. Ohlin, 1899~1979），1977年諾貝爾經濟學二位得主之一

事：1933年奧林出版《區域間貿易與國際貿易》書中，主張以美國為例：
1. 出口資本密集商品、進口勞力密集商品

H—O

維基百科：赫克歐爾—奧林

臺灣：黑克夏—歐林

中譯：ohlin 俄特

李昂鐵夫「矛盾論」（Leontief Parodox）

時：1953年

地：美國哈佛大學

人：李昂鐵夫（W. Leontief, 1906~1999），1973年諾貝爾經濟學獎得主

事：以1947年美國200個行業的出進口商品資料實證，
1. 美國「出口」勞力密集商品，跟「黑克赫—歐林理論」相反
2. 啟發第二次世界大戰後的國際貿易相關理論

中國大陸稱為：
1. 李昂鐵夫或里昂惕夫或里昂季耶夫
2. paradox稱為「反論」、「悖論」

斯托爾珀‧薩繆爾森定理（Stolper-Samuelson theorem）

時：1941年

地：美國麻州理工大學

人：薩繆爾森（Paul A. Samuelson, 1915~2009），1970年諾貝爾經濟學獎得主。另一位Wolfgang Stolper（1912~2002）

事：在《經濟研究期刊》上的論文，「保護主義與實質薪資」。主要以數學方式印證生產因素稟賦理論

Samuelson

中譯：薩謬爾森

維基百科：薩繆爾森

臺灣：薩繆爾遜

169

Unit **9-7**
生產因素稟賦理論專論

俗語說：「靠山吃山，靠水吃水」，這本來就是因地制宜之道；同樣的，廣土寡民國家（例如：紐澳），適合農牧業發展、人口超級大國（中國大陸14.15、印度13.9億人），本來就適合勞力密集行業。本單元開宗明義的用現況說明生產因素稟賦理論，接著詳細說明。

一、投入：生產因素

以生產因素中的勞工來說，生產因素豐裕程度（factor abundance）有2個標準，以美國、中國大陸、越南等為例。

1. 數量標準：由表詳細可見，以人口數、勞工數來說，中國大陸是越南的14倍或者說越南人口是中國大陸4個人口大省（山東、河南、廣東、四川）之一。
2. 價格標準：中國大陸人多，以人均總產值來代表平均薪資來說，是越南的五倍，日常說法是用中國大陸薪水在越南可以聘用5位勞工。一般指的「豐裕」程度是指價格標準。

二、轉換：生產函數

「生產函數」（production function）中的勞工、機器的搭配是可變動的，當自動化程度提高、勞工用量可減少。自動化設備常見的是機器手臂，自動生產看似省勞工，但投資金額太大，折舊費用很高，成本不見得低。

三、產出：價格優勢

一般來說，以工業中的製造業來說，商品依損益表中製造成本占比分成兩項，詳見表。

1. 勞力密集產品：這是指製造成本中「原料、直接人工與製造費用」中直接人工薪資占營收比重較大的，一般是指輕工業。
2. 資本密集產品：這是指製造費用中占比較大的，尤其是機器折舊費用較大的，常見的有重工業、電子業，以半導體中晶圓代工的臺灣台積電來說，設備折舊費用占營收比重33%，可說是靠砸大錢買機檯賺錢的行業。

四、中國大陸出口高科技商品

2018年中國大陸海關總署公布的數字，以商品出口2.48兆美元來說，機電（電腦、手機）商品占58.8%、勞力密集商品占19%，看似跟生產因素稟賦理論衝突，因機電商品偏重資本、技術密集；在出口公司的國籍，中國大陸籍占46.5%，主要從事高科技商品的組裝，這仍符合生產因素稟賦理論。

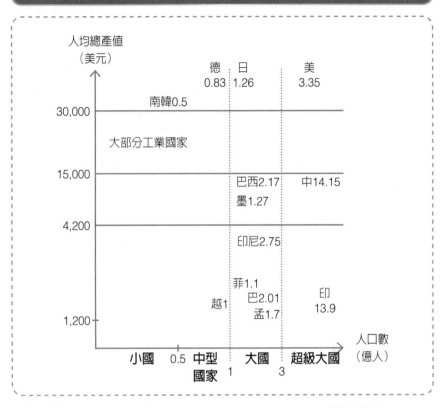

圖　各國人口數與人均總產值　　2020年

人均總產值
（美元）

德 0.83　日 1.26　美 3.35

南韓0.5

30,000

大部分工業國家

15,000

巴西2.17　中14.15
墨1.27

4,200

印尼2.75

菲1.1
越1　巴2.01　印
孟1.7　13.9

1,200

人口數
（億人）

小國　0.5　中型國家　1　大國　3　超級大國

表　從損益表來說明商品的製造成本

171

損益表	服裝	飛機
產品單價	100%	100%
營業成本		
・原料 ・直接人工 ・製造費用	— 20% 10%	— 10% 40%
生產因素密集程度 （factor intensity）	勞力密集產品 （labor-intensive products）	資本密集產品 （capital-intensive products）
一般經濟學教科書用詞	X商品	Y商品

Unit 9-8
當代國際貿易相關理論

1970年起，由於造船技術進步、關貿總協促使各國降低關稅，全球貿易快速成長。此時，說明國貿的相關理論如雨後春筍出現。由右圖可見，各種相關理論接只是「瞎子摸象」今在擴增版一般均衡架構中的一欄中的一項切入。

一、投入：生產因素市場

大抵來說，從生產因素切入的大都屬於生產因素稟賦理論。

1. 自然資源理論（natural resource theory）：農、礦國家是典型靠老天賜予過生活國家，中東產油國中的沙烏地阿拉伯便是明例。
2. 人力資本理論（human capital theory）或「勞工技能理論」（labor skill theory）：比較稱得上勞工素質高、生產高附加價值商品的，例如：北歐國家，如瑞典出口宜家家具（Ikea）、丹麥出口水晶飾品，北歐國家出口的商品以簡約設計為主，沒有砸大錢買機檯，但商品單價高，在全球占有一席之地。瑞士、德國的工匠文化，塑造出鐘錶業、高檔汽車（雙B和奧迪）業。這些都是人力資本（human capital）致勝典型國家，把資本的範圍由設備延伸到人才。

二、轉換：產業

國家內各公司的生產因素是可以透過政府政策予以「加把力」的，以加強核心能力（core competence）；進而塑造商品價格或差異化的競爭勢（competitive advantage）。邁克·波特的國家競爭優勢理論主要是把日本、亞洲四小龍在1950~1980年代的經濟成長階段中，從政府施政角度切入。

三、產出：商品市場

在國際商品市場的角度從需求結構中的「國際貿易」擴展二項。

1. 消費：由圖第三欄可見，（需求）「偏好相似假說」（preference similarity hypothesis），強調經濟發展階段（以人均總產值）愈相同，國貿金額愈大。本書認為，這背後仍是商品價格相近，例如：印度產品大量出口到鄰國。
2. 國際直接投資：國際產品生命週期理論（international product life cycle theory），從「工業國家－新興工業國家－新興國家」，一波一波傳衍，以汽車來說，很常見，新車款開模成本大，在美日中等汽車大國生產；二、三年後才引到臺灣、泰國生產，五、八年後才到埃及、巴西等生產。

四、國際貿易絕對優勢

國際貿易是複雜的經濟現象，沒有簡單的理論可以解釋。於是本書推出「國際貿易絕對優勢評分表」得分愈高，愈具有「絕對優勢」。簡單來說，在某項商品愈容易「贏者全拿」，基於篇幅平衡考量，此表置於本章末。

1960年以來的貿易相關理論

投入	轉換	產出
生產因素市場	產業	商品市場（需求技術）

投入 — 生產因素市場

一、自然資源理論（Natural Resource Theory）

年：1968年
地：美國紐約州康乃爾大學
人：凡涅克（J. Vanek, 1930～2017）
事：在《Kyklos》期刊上論文「生產因素比率理論」中，美國扣除進口原油等資本密集產品，美國是出口資本密集商品的

二、人力資本理論（Human Capital Theory）

時：1967年
地：美國
人：基辛（D. B. Keesing）、凱南（P. B. Kenen，1932～2012）
事：以1974年基辛在「國際經濟」期刊上的論文，「不同國家勞工技能係數與國際貿易流向的技能密度」，強調單一國家培養人才，便可出口

三、資本：融入資訊

事：資訊、資訊技術運用於，有助提升一國比較優勢

四、技術研究與發展學說

時：1967年
地：美國
人：格魯伯（W. Gruber）、維農（R. Vernon）
事：在《政治經濟》期刊上論文「研究發展對美國貿易與投資的衝擊」技術高的國家，出口技術密集產品。引用次數550次

轉換 — 產業

一、國家競爭優勢理論（Competitive Advantage of Nations Theory）

時：1990年
地：美國哈佛大學商學院
人：麥可·波特（Michael E. Porter, 1947～）
事：在《國家競爭優勢》一書中，強調國家可採取策以強化「相對優勢」（即黑克赫－歐林）。因生產因素、商品（需求條件）、產業鏈、公司四者呈鑽石型，又稱「鑽石理論」

二、產業結構中的壟斷

時：1983年
地：美國與加拿大
人：克魯曼和布蘭德（James Brander）
事：在《國際經濟》期刊上的論文「國際貿易中的相互傾銷」，壟斷公司會採傾銷方式出口

產出 — 商品市場（需求技術）

一、消費（需求）偏好相似假說（Preference Similarity Hypothesis）

年：1961年
地：瑞典斯德哥爾摩經濟學院
人：林德（S. B. Linder, 1931～2000）
事：在《論貿易和轉變》書中強調
1.人均總產值高低影響需求結構
2.俗稱「林德假說」（Linder hypothesis），偏重產業內貿易，例如：歐美日間的汽車貿易

二、投資 國際產品生命週期理論（International Product Life Cycle Theory）

年：1966年
地：美國哈佛大學
人：維農（Raymond Vernon, 1913～1999）
事：在〈經濟評論季刊〉上論文「產品週期中的國際投資和國際貿易」

三、產業內貿易理論

年：1981年
地：美國麻州理工大學
人：克魯曼，2008年諾貝爾經濟學獎得主
事：在《政治經濟》期刊上論文「產業內分工與貿易利得」。引用次數1,752次

Vernon
中國大陸譯為弗儂

Unit **9-9**
克魯曼的新貿易理論

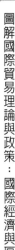

1960年代起，隨著愈來愈多國家工業化，國際貿易從「工業國家跟新興國家」的國際分工，另外「工業國家跟工業國家」間的國際貿易金額逐漸變大，保羅‧克魯曼（Paul Krugman）以新貿易理論（New Trade Theory）來解釋此產業內貿易。

一、產業「間」vs.「內」貿易

1. 產業間貿易（inter-industry trade）：這「產業」有兩個層級：
   ‧產業（industry）：例如：三級產業農、工、服務業。
   ‧行業（sector或sub-industry）：產業內的各行業，例如：工業中的製造業，有輕、重工業和低中高科技行業。
2. 產業內貿易（intra-industry trade）：克魯曼所指的產業內貿易包括產業（例如：工業）、行業（例如：工業中的汽車業）。

二、原因之一：生產函數的影響

主要是「規模經濟」或「規模報酬遞增」，即在長期平均成本線（LRAC）左段下滑的部分。

三、原因之二：需求面的影響

各國人民的消費偏好受地理、歷史、人口經濟（人均總產值）影響，以汽車來說，美日的消費者偏好不同。

1. 美國地大（人口密度低）且人均總產值高：美國人喜歡開3,000cc以上的大車，寬敞坐起來舒適，且車頭長，一般來說，安全性高。1973、1978年，兩次石油危機，油價變貴，許多中所得美國人買省油的日本中型汽車。
2. 日本地小（人口密度高）且人均總產值較低：日本有許多600cc的微形車，70匹馬力、3.2公尺車長，坐4人，適合許多老城市狹窄街道；同樣情況，法國、義大利一樣。日本人想買大車，可向美國進口，尤其是通用汽車等。

四、本書的評論：克魯曼只是把經濟現象「數學化」

2008年10月，瑞典皇家科學諾貝爾獎委員會宣布經濟學獎得主是克魯曼，理由是：「以創新國際貿易與世界性都市化理論，以及貿易政策的研究」。本書認為克魯曼的貢獻只是把行之數十年的經濟現象以經濟數學模型予以呈現，貢獻在於經濟學的數學模型發展；實證經濟才是主流。

新古典與新貿易理論比較

項目	新古典貿易理論	新貿易理論
年	1919～1933年	1979年
人	黑克赫、歐林	保羅‧克魯曼
事	生產因素稟賦理論	1979年在《國際經濟期刊》上論文「遞增收益、壟斷競爭與國際貿易」 1980年在《美國經濟評論》上論文「規模經濟、產品差異化與貿易模式」，考慮大國內市場效果（home market effect）

假設

（一）轉換：產業結構

1. 規模報酬	規模報酬不變或遞減	規模報酬遞增，大公司把小公司淘汰了
2. 市場結構	完全競爭市場，公司數目多	寡占，至少是壟斷性競爭，公司數目少

（二）產出：商品市場（需求結構）中的消費

1. 需求彈性	需求彈性不變	需求彈性遞減
2. 偏好	二國的消費者偏好相似	二國消費偏好不同：日本人偏好小車，美國人偏好大車

結果：國際貿易

（一）商品種類	產業間貿易（inter-industry trade） 出口家電 日本 ← → 美國 出口農產品	產業內貿易，以汽車為例（intra-industry trade） 出口小車 日本 ← → 美國 出口大車 時：1981年 事：在《政治經濟期刊》上論文「產業內專業化和貿易利得」
（二）商品價格	降低，這來自二項 1.需求面：商品數量增加 2.供給面：外國商品比本國商品價格低，本國公司只好降價。	降低，這來自二項 1.需求面：消費者可買商品種類變多，所以各品類、品項需求減少了 2.供給面：二國公司規模擴大、生產成本降低

保羅‧克魯曼小檔案（Paul Krugman）

出生：1953年2月28日
現職：美國紐約市立大學經濟系教授，長期替《紐約時報》寫專欄，可能是美國最著名的經濟學者
經歷：美國耶魯、麻州理工、史丹佛、普林斯頓大學教授
學歷：美國麻州理工大學經濟博士
榮譽：2008年諾貝爾經濟學獎得主
主張：新貿易理論、新經濟地理

各國在國際貿易「絕對優勢」綜合評分表（滿分：100）

投入—轉換—產出	1	2	3	4	5	6	7	8	9	10

一、投入：生產因素市場

	1~2	3~4	5~6	7~8	9~10
（一）工業用地月租金（美元每平方公尺）	1~5	5.1~10	10.1~15	15.1~20	20以上
（二）勞工 1.勞動人口數（億人）	0.1以下	0.1~0.5	0.5~1	1~3	3以上
2.勞工時薪（美元）	5以下	5.1~10	10.1~15	15~20	20以上
（三）資本 每年固定資本形成（兆美元）	0.1以下	0.15~0.5	0.5~1	1~4	4以上
（四）技術 每年研究發展費用（億美元）	500以下	500~1,000	1,000~2,000	2,000~4,000	4,000以上

二、轉換：產業

（一）生產函數：規模報酬	規模報酬不變		規模報酬遞增	
（二）市場結構	完全競爭	獨占性競爭	寡占	獨占

三、產出：商品市場——大國內市場效果（big market effect）

（一）人口數	小國 0.5億人以下	中型國家 0.5~1億人	大國 1~3億人	超級大國 3億人以上
（二）人均總產值（美元）（一）（二）合稱購買力	1,200~4,200	4,200~15,000	15,000~30,000	30,000以上美元
（三）消費偏好：兩國間	差異小	差異大	差異極大	

得分	1~20	21~40	41~60	61~80	81~100
工業國家			俄	亞洲四小龍	日德美
新興國家	巴基斯坦 孟加拉 印度		墨西哥、亞洲四小虎		中

®伍忠賢，2019.3。

第 **10** 章

服務貿易：兼論服務貿易第一行業旅行遊覽業

章節體系架構 ▼

Unit **10-1**
服務貿易的內容與分類

你上網查任一國或全球的「服務出口」、「服務進口」項目和金額，會發現有7、10個科目，這跟公司損益表有簡式、全部之別一樣。縱使是7項，也很難搞懂，更記不住，那分析起來就很難。我們治學原則之一是「化繁為簡」，口訣之一是「兩個作表（比較），三個（以上）分類」；10個科目可以分大類、中類了。

一、常見分類方式，依時間順序區分為傳統與現代

服務貿易12個科目的順序大抵是依時間順序，當一項科目成形，就新增1個科目。於是依科目時間順序分成兩大類。

1. 1980年以前的稱為「傳統服務貿易」（traditional service trade）：以運輸來說，這可說是歷史最悠久的服務貿易，例如：中國宋朝的海上絲路來路，約有1,000年的歷史。個人「旅行遊覽」（簡稱旅遊）1960年代才流行。
2. 1981年以後的稱為「現代服務貿易」（modern service trade）：1981年後，電腦等普及，相關服務出口就稱為「現代服務貿易」。這種分類方式的分析價值不大，例如是否可說「工業國家在現代服務貿易較贏，新興國家擅長傳統服務貿易呢？」

「需要為發明之母」，於是本書提出易懂實用的分類方式。由右表第二欄可見，依服務貿易的「買方」分成三種身分。政府占3%、公司占72%、家庭占25%。

二、政府購買外國公司服務，占2%

政府購買外國公司的服務，分成兩小類。

1. 營建（construction）：例如：南韓公司承攬中東國家煉油廠、石化廠；中企承攬東南亞、南亞（主要要是巴基斯坦）、非洲的電廠，鋪橋造路。
2. 政府商品與服務：例如：中國大陸駐美的外交部機構，由美國公司提供一些勞務。

三、公司購買外國公司的服務，占72%

公司占10個服務出口科目中6個，同樣，占許多國家服務出口（金額）65%，以美國對中國大陸的服務出口為例，依中企出口商品到美國之前，分成二階段。

1. 中企出口商品到美國之前：這時依陸企生產商品的順序分成三小類。
2. 中企出口商品到美國之後：中企（例如：小米科技公司）出口商品（手機）到美國，賺了出口外匯，有兩項服務收入可能由美國公司賺走。

四、個人購買外國公司的服務，占25%

1. 傳統服務貿易，旅遊占服務出口24%：中客到美國旅遊，美國的旅館（中國大陸稱酒店）、餐廳、免稅商店等都賺外匯。至於旅遊的運費（即機加酒中的飛機）歸在前述「運輸」。
2. 現代服務貿易：個人文化娛樂服務。美國八大電影公司賣電影到中國大陸，收取放映權利金，電影、電視影集、電玩（audio visual and related service）等都算；美國商務部經濟分析局把其列在智慧財產權交易中。

生產因素市場	服務貿易大分類：服務對象	說明	出口金額%	世貿組織年報表號碼
一、政府占3%				
資本	1.住：營建（construction）	主要是政府的公共工程建設	1.816	表A36，37
勞工	2.政府商品與服務（government goods & services）	提供外國大使館、駐地主國機關勞務等	1.23	
二、公司占72%				
技術	（一）商品出口前 1.*其他商務服務（other business service）	・主要包括研發服務 ・管理、法律、會計服務 ・其他等	8.2172	表A28，29
	2.智慧財產權與其他商業服務（charges for the use of intellectual property）		7.16	表A42，43
資本	3.*保險、退休金與財務服務（insurance, pension and financial service）	分成2~3小類 ・財務服務是指銀行放款給外國公司 ・保險服務	8.58 2.22	表A38，39，40，41
	4.*電腦與資訊和通訊服務（telecommunications, computer and information services）	聯合國貿易和發展組織把此中類稱為「商品相關服務」（goods-related service）	9.78	表A44~47
	（二）商品出口後 5.行：運輸（transport）	主要是商品出口與進口海運運費，另個人旅遊，運費也包括在此。	17.18	表A30，31
勞力／技術	6.其他公司服務（other commercial service）	(1)製造服務 (2)維護與修理服務	1.746 1.6	表A34，35
三、個人占25%				
自然資源、勞力	（一）傳統服務貿易 樂：旅遊（travel，不含運輸費用）	旅遊中只有13%是為了洽公	24.02	表A31，32，33
勞力	（二）*現代服務貿易 個人的、文化的、娛樂服務		0.7	表A52，53

服務貿易的分類與2017年出口、進口

* 稱為「現代」服務貿易，其餘皆是傳統服務貿易。

Unit **10-2**
全景：服務貿易趨勢分析

一、全球產業結構（表一）

1. 全球產業結構：由表一上半部可見，從1980到2015年，服務業占總產值比率。
- 全球來說，由56%增至76%。
- 工業國家61%增至76%。
- 新興國家42%增至55%。

2. 服務貿易占全球貿易比重（以2005年到2016年來說），
- 全球由20%增至24%。
- 工業國家由24%增至28%。
- 新興國家由14%增至17%。

二、三類國家在服務貿易市占率

1. 2017年，工業vs.新興vs.轉型國家：70%、28%、2%。
   以表二中第四欄出口來說，工業國家占70%，新興國家28%，工業國家靠旅遊、運輸和金融等三項大賺各國的錢。
2. 趨勢分析：新興國家占服務貿易市占率逐年提高，中國大陸貢獻很大。

三、服務貿易結構的改變

1. 2017年的服務出口，公司vs.個人vs.政府：71%、26%、3%。
   公司占71%，表三中，為了省事，分成「法人」（公司與政府）、個人。
2. 趨勢分析，以服務出口為例：
   - 對法人，運輸占比率減了4個百分點，其他商業服務由47.9至52.5%，增加4.6個百分點。
   - 個人旅遊大約占26%，長期穩定。

180

貿易、服務與發展第15屆年會

時：2017年7月18~20日
地：瑞士日內瓦市
人：聯合國貿易和發展會議祕書處、相關領域專家
事：邀請相關領域專家，討論 " The Role of the Services Economy and Trade in Structural Transformation and Inclusive Development "。

表一　服務業占總產值比率　　　　單位：%

項目	1980年	2015年	註
一、占全球產值			
全球	56	66	工業占比減少
（一）工業國家	61	76	工業占比減少
（二）新興國家	42	55	農業占比減少
1. 美洲	48	65	
2. 亞洲	38	53	
3. 非洲	44	54	
（三）轉型國家	42	60.5	
二、占商品與服務出口比重	2005年	2016年	
（一）工業國家	24	28	
（二）新興國家	14	27	
（三）轉型國家			

表二　三類國家在服務貿易市占率　　　　單位：兆美元

發展階段	2010年		2017年	
	出口	進口	出口	進口
全球	4.406	4.281	5.351	5.182
市占率（%）			68.2	59.5
一、工業國家	69.18	61.04		
二、新興國家	28.19	35.62	29.5	37.7
（一）美洲	3.5	2.8	3.5	4.2
（二）亞洲與大洋洲	22.446	26.82	24	30.4
（三）非洲	2.224	4	2	3.1
三、轉型經濟	2.63	3.34	2.3	2.8

表三　服務貿易出口、進口結構演進

方向	2005	2010	2015	2017年
一、出口（兆美元）	－	－	4.755	5.351
（一）對法人				
1. 其他商業服務	47.9	49.9	52.5	54.7
2. 商品相關業務	3.3	3.6	3.2	3.42
3. 運輸	22.4	21.5	18.4	17.41
（二）對個人旅遊	26.5	25	25.9	24.47
二、進口（兆美元）			4.61	5.182
（一）對法人				
1. 其他商業服務	44.3	48.1	47.9	51.515
2. 商品相關服務	2.6	2.1	2.1	2.354
3. 運輸	27.1	26.5	23.6	21.289
（二）對個人旅遊	26	23.3	21.4	24.842

單位：%（資料來源：世界貿易統計回顧）

Unit 10-3
服務貿易出口、進口：各洲分布

服務貿易的出口、進口在各洲分布，可說一面倒。

一、大分類：工業 vs. 新興國家

1. 工業國家占67%，主要是金融業

· 美國15%。

· 歐盟中的4國占25%。

2. 新興國家占33%，主要是運輸、旅遊

· 亞洲5個新興國家（中國大陸等）15%。

二、趨勢分析

1. 2015、2016年小幅衰退

這跟商品出口一樣，主要有兩項傳統貿易衰退。

· 航運衰退4.3%。

· 營建衰退8.7%：這主要指政府的公共工程。

2. 2017年才變好

三、三類國家出口與進口比率

1. 工業國家：出進口70比60%。

2. 新興國家：30比38%。

3. 轉型國家：2.2比2.6%。

服務貿易協定（GATS）中服務方式			單位：%
供應方式	人	供應服務	2014年
1	公司	跨境服務	27
2	公司與個人	跨境消費	15
3	公司	至地主國設點	53
4	個人	跨境服務	5

2015～2017年服務出口、進口金額分析

單位：兆美元

	2015年		2016年		2017年	
	出口	進口	出口	進口	出口金額%	進口金額%
全球	4.545	4.459	4.879	4.797	5.351	5.182
一、工業國家	3.092	2.652	2.337	2.853	3.65	3.084
二、新興國家	1.328	1.638	1.436	1.818	1.579	1.991
1. 美洲	0.164	0.224	0.171	0.203	0.185	0.218
2. 亞與大洋洲	1.06	1.244	1.169	1.471	1.285	1.572
3. 非洲	0.104	0.172	0.096	0.144	0.109	0.16
三、轉型國家	0.125	0.168	0.107	0.125	0.122	0.146

服務貿易對全球貿易的貢獻

時：2017年9月17日
地：瑞士日內瓦市
人：世界貿易組織旗下服務貿易部的顧問Martin Roy 博士
事：在相關報告中第四章
　標題是「服務貿易政策及其對全球各國連接（connectivity）、發展的貢獻」（3
　項），下列比重是2011年資料。

單位：%

項目	以金額計	以附加價值計
一、商品		
1. 初級	11	18
2. 工業製品	69	33
二、服務	20	49
合計	100	100

Unit 10-4
近景：三類國家在服務出口的明細分析

依經濟階段（工業、新興與低度開發、轉型）來看服務出口8個項目的結構。

一、工業與新興國家

由Unit 10-1右表第一欄可見，兩類經濟成長階段國家在服務出口的專長各不同。

1. 工業國家擅長資本、技術密集的服務出口：占工業國家服務出口中最大項是「其他商業」（占23.9%），此外、智財權服務占9%，這兩項都是技術密集。「金融服務」占13.6%，這是銀行對國外公司授信所得。
2. 新興國家專攻自然資源、勞力密集的服務出口：新興國家在「旅遊」占33.8%，一支獨大，主要是靠祖先（歷史遺跡）、天然本錢（好山好水）的觀光業過活。
3. 轉型國家：運輸占服務出口35.1%。

二、工業國家

工業國家是服務出口的大贏家。

三、新興國家

1. 美洲新興國家：政府vs.公司vs.個人，0.7比49比50.3。
2. 亞洲新興國：政府vs.公司vs.個人，4.7比63.2比32.1。
3. 非洲新興國家：政府vs.公司vs.個人，2.6比57.6比39.8。

四、轉型國家

轉型國家在服務出口貿易市占率低。

中國大陸政府的服務貿易政策

時：2018年6月1日
地：中國大陸北京市
人：商務部
事：公布《深化服務貿易創新發展試點總體方案》，進一步強化政策試驗；試「點」包括17個省市的都市，期間2018.7.1～2020.6.30，之前2016～2018.6先試點。
　　1. 擴大服務貿易對外開放（尤其金融業）。
　　2. 壯大服務貿易市場主體。
　　3. 創新服務貿易發展模式（例如：數位經濟中的跨境電子商務、雲端計算等）。
　　4. 提升便利化等。

2017年各類國服務出口的結構

單位：億美元

買方	一、政府	二、公司					三、個人	
聯合國 2010年 國際收支	營建	智財權	財務服務	電腦、電信服務	運輸	其他商務	旅遊	個人娛樂服務
聯合國貿易組織 四大分類	其他服務				運輸	產品相關服務	旅遊	合計
一、全球								
二、出口	29,270				9,320	1,830	13,100	53,510
1. 工業國家	21,930				5,730	1,240	7,600	36,500
2. 新興國家	6,890				3,170	520	5,210	15,790
3. 轉型國家	450				420	70	290	1,220
三、進口	26,690				11,030	1,220	12,870	51,810
1. 工業國家	18,070				5,550	850	6,370	30,840
2. 新興國家	7,960				5,210	270	6,000	19,510
3. 轉型國家	660				270	30	500	1,460

資料來源：UNCTAD Handbook of Statistics 2018, International Trade in Service.2018.12.5。

Unit 10-5
服務貿易前十大國

開門見山地說，全球總產值十一大國（爲了把南韓包括進來），大抵也是商品、服務貿易的十一大國，小有增刪罷了。

一、八大國分析

1. 剔除租稅庇護區：在商品貿易時，我們不分析「過路財神」的轉口貿易國家（新加坡、阿聯和荷蘭）和地區（中國大陸香港）。在服務貿易，許多歐美國家爲了節稅考量，會在租稅庇護區公司登記，在表中著名的有：
   ・歐洲：荷蘭、愛爾蘭。
   ・亞洲：新加坡、中國大陸香港。
2. 八大國：由右表可見，不考慮租稅庇護區後，服務出口、進口的八大國。
   ・服務出口八大國。
   ・服務進口九大國。

二、市場結構

以市占率來說，分成服務出口、進口兩方向。
1. 前八大國占服務出口38.2%。
2. 前八大國占服務進口45%。
3. 前八大國占全球服務進口45%。

圖解國際貿易理論與政策：國際經濟與區域經濟

全球服務貿易發展指數報告

時：每年9月7日，從2018年起

地：中國大陸北京市

人：商務部旗下國際貿易經濟合作研究院，另服務貿易司主管服務貿易。

事：號稱是全球首個由政府旗下的研究機構發布的。共有5項：規模（金額）、地位（市占率）、產業基礎和綜合環境，中國大陸排第二十名，在新興國家中的第一名，前十九名都是工業國家，尤其是美國、愛爾蘭。

以中國大陸各省市來說，分三類：
1. 二省一市：北京市、上海市、廣東省
2. 二市八省：天津市、重慶市與沿海幾省
3. 十六省：主要是內陸各省

排名	出口		排名	進口
	國家 / 地區	金額		金額
1	美	0.808	1	0.536
2	英	0.381	6	0.228
3	德	0.337	3	0.364
4	法	0.2817	4	0.255
5	中	0.265	2	0.521
6	荷蘭	0.241	5	0.23
7	愛爾蘭	0.206	7	0.219
8	印度	0.206	10	0.175
9	日本	0.187	8	0.198
10	新加坡	0.184	9	0.187
14	義大利	0.12	13	0.121
15	香港	0.114	19	0.081
17	南韓	0.098	11	0.127
18	加拿大	0.092	14	0.112
26	俄	0.064	16	0.094
27	臺灣	0.05	26	0.057
全球		5.8		5.51

2018年全球服務出口進口金額 單位：兆美元

Unit 10-6
近景：跟公司相關的服務出口（以美對中為例）

全服務出口中有七成以上跟公司有關，即交易雙方都是公司，由於美國商品服務貿易出口市占率（16%）全球第二、第一，中國大陸在商品出口服務進口全球市占率第一、第四名。本單元以美國公司對中企的服務出口為例，來說明服務貿易的8項目。由右圖第一欄可見，中國大陸的公司向美國公司「進口」兩種服務，以一般均衡架構來說，分成生產因素、商品市場。

一、生產因素市場面的服務貿易

中企在五種生產因素方面，基於「以（美國公司）有餘而補（中企）不足」或／和「成本考量」，向美國公司下單購買相關服務。

1. 資本密集的服務出口，二小類

・電腦、資訊和電信服務：從雲端計算和儲存的電腦服務，到電信公司的電信通話（例如：國際漫遊）服務，這些都是砸大錢買電腦、電信交換機。

・金融服務：主要的是中企向美國的銀行貸款，美國銀行賺利息；此外，中企出口商品到美國，向美國的保險公司投保海上運輸保險，這保費由美國的保險公司賺走。

2. 技術密集的服務出口

・傳統服務貿易的「其他公司服務」（other business service）大都以法律、會計（會計師簽證）、管理、研發公司等，賣方主要是知識密集公司，比較偏技術。

・現代服務貿易的「智慧財產權」，例如：美國手機晶片公司高通公司，授權中企手機晶片公司（海思），手機公司等，使用其4G、5G通訊的專利，高通公司向中企收取技術轉出（licensing-out）權利金。

二、商品市場面的服務貿易

在商品市場中，依需求結構有二項都跟服務貿易有關。

1. 美國需求結構中的「消費」、「投資」：中企出口消費品、資本品給美國零售公司、公司，由美國總統輪船（American President Line）公司負責承攬海上運輸，有運費收入。

2. 其他服務：「其他商業服務」（other commercial service）包括二小項，是指美國公司、人替中企在美國的發貨倉庫（此時商品所有權還算陸企的），替中企商品提供「製造服務」（例如：貼標籤、包裝等簡易組裝）與修理服務。最大宗的「維修服務」是指在美國，美國公司替中國大路航空公司作維修。

以美對中服務出口說明商品相關的服務出口

中國大陸公司	——— 商品出口 ———→ ←——— 服務出口 ———	美國公司

| **買方** | | **賣方** |

一、生產因素市場
第三種資本
1. 資金
2. 機器

← 銀行放款、保險等金融服務
→ 提供電腦與資訊和電信服務

美國的銀行或中國大陸當地的美資銀行
美國電腦、資訊或電信公司

第四種技術
1. 所有公司
2. 高科技公司

← 提供其他商業服務
← 智慧財產權、技術授權

美國專業服務業（法律、會計、管理、研發）公司
美國高科技公司，例如：手機通訊晶片高通公司

商品市場
1. 中企商品出口
2. 同上

← 中企商品
由美國船運公司運輸
→

其他商業服務（other commercial service）
1. 發貨倉庫，簡單組裝
2. 售後維護、修理

服務貿易（service trade）一詞的主要來源

時：1972年
地：法國巴黎市
人：經濟合作和發展組織
事：這份報告主要是為關貿總協的「東京回合」談判而準備

服務貿易的重要論文

時：2008年
地：中國大陸北京市
人：江小涓，國務院研究員，現任清華大學公共管理學院院長
事：論文「服務全球化的發展趨勢和理論分析」
　　論文引用次數111次

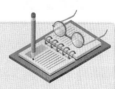

Unit 10-7
全球觀光商機

一、全球觀光旅遊商機

每次在討論旅遊業的重要性時，常常考慮兩個範圍。

1. X軸：依旅遊地點區分：國內vs.國外旅遊

   以2018年，中國大陸為例，2019年2月20日中國大陸旅遊研究部以兩個方式來看，
   ・以人次區分：55.39比1.4億人次，或97.35%比2.47%。
   ・以金額區分人民幣5.97兆元比0.8兆元，或88%比12%。
   ・這是因為出國旅遊的飛機、住宿費用較高。

2. Y軸：依旅遊行業區分，旅遊業vs.旅遊相關行業

   由右圖可見，以旅遊業來說，包括食衣住行育樂等項目。

3. 國內旅遊的重要性
   ・對總產值的貢獻：約占11%。
   ・對就業的貢獻：直接就業人口2,825萬人，直接與間接就業800萬人，占就業人口10.28%。

二、全球旅遊業重要性

由表一可見，旅遊業對全球經濟的重要程度，有兩點須特別強調。

1. 針對各洲與區域：詳見下圖，其中亞太地區的主要貢獻來源是中國大陸。

2. 針對新興、低度開發國家：觀光業是煙囪產業，另一種說法是不用砸大錢，便可創造就業，這對低度開發國家尤其重要，例如：有喜馬拉雅山風景的尼泊爾、世界遺跡的寮國的，非洲一些靠獵遊的國家（如肯亞等）。世界旅遊理事會估計，2016年旅遊和觀光占亞洲的總產值25.2兆美元的9%，年成長約6%，迄2017年占總產值38.18兆美元的11%。

3. 針對女性勞工：旅遊業屬服務業，凡產業聘用很高比率的女性勞工，此有助於提高勞動參與率，婦女的經濟自己和社會地位。

三、旅遊的目的

在各國入關時，於旅客入境申報單上，會針對此次旅遊的目的打V，詳見表二。

旅遊業對各洲區域總產值的貢獻

資料來源：世界旅行與旅遊理事會（WTTC）、聯合國世界旅遊組織（UNWTO）。

表一　旅遊分類方式　　2018年

大分類 相關行業	行業	
	2018年中國大陸為例 55.39億人次 人民幣5.99兆元	1.4億人次、人民幣0.816兆元 餐廳、飲料業 免稅商店 酒店、飯店 航空公司、旅行社 樂園、遊樂區
旅遊業	食衣住行育樂	
	國內	國外　旅遊地點

表二　全球旅遊的重要性

經濟產出	說明
一、經濟效率	
1. 總產值	號稱國際觀光產值1.25兆美元，占全球總產值1.56%
2. 產業	1.商品與服務出口中第三大（第一大化學、第二大原石油），2016年占7% 2.服務出口中第一大，占25%，另對「運輸」貢獻0.216兆美元，號稱跟觀光有關的就業人口占2%
3. 勞工	全球勞工10%
二、所得分配	全球可能較平均 1.在許多新興國家（例如：埃及、柬埔寨），觀光業是第一大出口行業 2.許多旅遊業是勞力密集業，尤其是聘用許多女性勞工

表三　國際旅遊入境目的與交通方式　　單位：%

旅遊目的	年			旅遊方式	年		
	2015	2016	2017		2015	2016	2017
度假	53	57	55	飛機	54	55	57
拜訪親朋、醫療、宗教與其他	27	27	27	路運公路	39	39	37
洽公	14	13	13	船	5	4	4
沒特定	6	7	5	路運火車	2	2	2

註：上述「拜訪親戚和朋友」（visiting friends and relative, 常用簡寫VFR）

資料來源：Tourism Highlight, 2017-2018二年。

Unit 10-8
全景：國際旅行遊覽的歷史發展

2018年，臺灣人民出境人次1,600萬人次，100個人中約65人（次）出國；中國大陸人民出境人次1.4億人次，100個人中約10人（次）出國。出國「旅行遊覽」（簡稱旅遊）好像國內旅遊般。

一、人均總產值5,000美元是分水嶺

根據資料，一國人均總產值5,000美元以上，已到了小康階段，行有餘力，旅遊進入大眾化，日常普遍消費。

二、全球角度

站在全球角度，大規模的跨國觀光旅遊起自1960年，本書依人數成長率把全球觀光旅遊分成三階段：導入期、成長期，詳見表一。

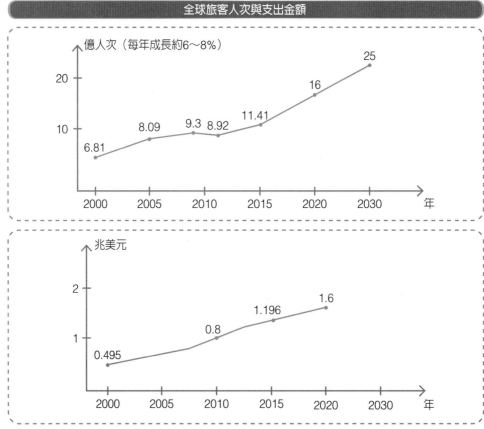

全球旅客人次與支出金額

資料來源：聯合國世界旅遊組織、世界旅遊協會預測。

表一　1961年起，全球旅遊的發展		

階段期間	I　1961～1980年	II　1981～2000年	III　2001～2020年
一、營收	1950年0.25億人次、20億美元 聯合國訂1967年為國際觀光年 1980年2.78億人次 1,040億美元	2000年6.8億人次 4,950億美元	國際旅遊占總出口7%，第三大行業
（一）經濟／人口主要出國人	1950年代，美國邁入二戰後黃金十年，1960年代，歐洲戰後重建結束且恢復經濟實力，歐美人民出國旅遊，成為全球旅遊主力，跟商品貿易一樣	北美、歐洲各區域 俄國人到南歐等	約在2005年，中國大陸成為「世界市場」，人民有能力大量出國旅遊，2012年起，中客成全球出國第一
（二）政治／軍事	1947～1990年，美國（西方國家）與蘇聯冷戰，人民少交流	1990年蘇聯20國瓦解，俄國共產黨垮臺，1989年兩德統一，許多東歐共產國家由共產主義改為資本主義，人民所得改善了，出國自由了，以俄國人來說，最常見氣候溫和的鄰近區域，主要是南歐（包括塞浦路斯）	2019年3月恐怖組織伊斯蘭國被滅國
二、營業成本	─	─	─
（一）運輸費用	─	─	─
1.飛機	1957年12月20日，波音707機型上市，載客量140～180人，航程3,840～4,300公里，是「區域」航線的飛機。接著每5年推出衍生款，重點在省油。尤其1968年2月737機型，以737-100來說，售價3,200萬美元，迄2016年6月，銷量9,100架	1981年9月26日波音767機型發表，載客181～375人，航程6,160～10,216公里，航程遠，可跨太平洋，有助於洲際空中運輸，入門款1,441億美元，迄2016年銷量1,110架	2002年全球進入網路2.0時代，消費性電子商務發達，其中基本商品是「機票」，自助旅行快速興起，低成本航空公司興起 2005年起上網買機票（甚至觀光行程）很便宜，自助旅行成為風潮
2.油價	油價低（原油1桶10美元）	油價中（原油1桶10～50美元）	同左

表二　影響全球旅遊的因素：以中國大陸遊客為例		

損益表	利空	利多
營收	（一）天災 1. 地震 2. 颱風 3. 火山爆發：例如：2018年4月起，美國夏威夷州的火山爆發。 （二）人禍 戰爭：主要是地緣政治，在亞洲中東的伊朗核子危機、以巴（巴勒斯坦）、利比亞邊境戰爭 （三）外國購物減少 此因中國大陸降低奢侈進口關稅	（一）所得因素 1. 所得成長：中國大陸的人均總產值每年成長6.3% 2. 匯率：2019年1美元兌人民幣6.74元，貶值6.5%，人民幣兌許多亞洲貨幣皆升 （二）政策法令 以日本為例，2019年元旦起進一步放寬對中國大陸旅客的簽證
營業成本	・東南亞國家登革熱 ・油價上漲：機票價格水漲船高	1. 例如：泰國給予外國旅客免費簽證約減少30美元的觀光簽證費 2. 由於廉價航空殺價競爭，機票愈來愈便宜

Unit 10-9
近景：全球旅遊各洲商機

一、公務統計組織

全球旅遊的公務統計的主管機構，聯合國旗下有兩個機構在管，詳見表一。

1. 世界旅遊組織：全球旅遊的人次、金額等，以聯合國旅遊組織的公務統計公信力較高，特殊之處，在於國外旅費支出中已包括運輸費用。

2. 世界貿易組織：由於世貿組織跟世界旅遊組織的英文簡寫都是WTO，為了區別起見，稱「聯合國世界旅遊組織」（UN WTO）。至於世貿組織的10項服務貿易的產值計算時，旅遊、運輸兩項各自計算。

二、旅行預算、時間的限制

由於旅客預算、時間的限制，出國旅遊（outbound tourism）的區域集中程度很高。

1. 80%在同洲同區域旅遊，稱為intra-regional tourism。

2. 20%跨洲（或跨區域）旅遊。

三、依經濟發展階段區分

由表二可見，以出國旅遊人次來分析，有兩個時間切入角度。

1. 2017年：工業國家vs.新興國家，55比45。

2. 趨勢分析：由表二可見，新興國家占全球旅遊人次，1980年30%、2017年45%，這是因為「手上有錢」，有能力「行萬里路」的出國遊山玩水。

四、五大洲分析

以旅遊出口來看，由表三可見，有兩個時間切入點。

1. 2017年：亞洲第一、歐洲第二、這跟地理、人口、所得有關。

2. 趨勢分析：美洲、非洲和大洋洲三洲占比率持平，歐洲減6.4個百分點，亞洲增加8個百分點。

表一 服務貿易第一、二大項目及統計基礎

服貿項目	聯合國統計機構	統計基礎
一、旅遊	聯合國世界旅遊組織（UN World Tourism Organization, UN WTO）	1.只算二日遊以上的支出，即1日遊不算 2.旅遊＋運輸費用一起算
二、運輸	聯合國貿易和發展組織	旅遊、運輸分開算

表二 1980～2030年國際入境旅遊人次與金額

年	1980	1995	2010	2017	2020 (F)	2030 (F)
一、人次（億）	2.77	5.28	9.4	13.22	16.0	18.09
1.工業國家 占比率（%）	1.94 70	3.34 63.25	4.98 53	7.271 55	6.63 47.35	7.72 43
二、支出：兆美元	0.1040	0.415	0.4950	1.34	1.447	1.86

資料來源：世界旅遊組織Tourism Highlights, 2017, 2018版，工業、新興國家依國際貨幣基金分類。

表三 歷年旅遊目的地人次　　　單位：億人次

年	1980	1995	2010	2020（F）	2030（F）	比重（%）
全球	2.77	5.28	9.4	16	18.09	100
工業國家	1.94	3.34	4.98	7356	7.72	43
新興國家	0.93	1.93	4.42	8.44	10.37	57
一、歐洲	1.773	3.041	4.753	7.293	7.44	41.1
二、美洲	0.623	1.09	1.497	2.34	2.48	13.7
三、亞太	0.228	0.82	2.04	4.176	5.35	29.6
另，中東	0.071	0.137	0.609	1.154	1.49	8.2
四、非洲	0.072	0.189	0.503	1.116	1.34	7.4

資料來源：世界貿易組織，世界貿易統計回顧，表A32。

Unit 10-10
全球旅遊各洲比重、前十大支出和收入國家

　　限於篇幅，本單元以三個表為主，簡單說明於下。

　　表一全球旅遊的各洲分配，歐洲人民占人次50%、支出36.6%，是全球第一，人民有錢，尤其氣溫低，喜歡到亞熱帶、熱帶的美、亞洲。表二是全球旅遊支出收入10大國，收入部分即外國遊客較多的國家，主要是歐洲五國、其次是美國，亞洲（含大洋洲）占四個，泰國吸引中國大陸、美國及歐洲旅客；在支出十大國裡，中占21.4%，是第二～四名美德英之和，可見中客商機有多大。

表一　國際旅遊目的地的各洲各區域							
	2015年		2016年		2017年		2018年
	人次（億人）	金額（億美元）	人次（億人）	金額（億美元）	人次（億人）	金額（億美元）	人次（億人）
全球	11.89	11,960 (-4.47%)	12.35	12,200	13.26	13,400	14
・工業國家	55%	—	—	64.5%	55%	65%	—
・新興國家	45%	—	—	35.5%	45%	35%	—
一、歐洲	6.037	4,496	6.162	447.3	6.716	5,190	7.13
・北歐	0.754	773	0.802	746	0.778	897	—
・西歐	1.814	1,458	1.815	1,453	1.927	1,705	—
・中／東歐	1.214	504	1.26	526	1.337	599	—
・南歐	2.255	1,761	2.285	1,747	0.674	1,991	—
・歐盟	6.778	3,721	5	3,766	5.387	4,384	—
二、美洲	1.927	3,056	1.993	3,132	2.1068	3,262	2.17
・北美	1.275	2,397	1.305	2,437	1.37	2,524	—
・加勒比海	0.241	285	0.252	302	0.26	317	—
・中美	0.102	114	0.107	122	0.112	127	—
・南美	0.308	261	0.328	270	0.367	393	—
三、亞、大洋洲	2.84	3,494	3.084	3,667	3.236	3,896	3.43
・東北亞	1.421	1,671	1.543	1,689	1.595	1,622	—
・東南亞	1.042	1,085	1.132	1,172	1.204	1,397	—
・南亞	0.234	316	0.253	338	0.266	345	—
・中東	0.556	582	0.536	576	0.582	632	0.64
・大洋洲	0.143	423	0.156	467	0.166	571	—
四、非洲	0.534	328	0.578	348	0.626	373	0.67
・北非	0.18	89	0.186	91	0.217	100	—
非洲其他	0.354	239	0.392	256	0.41	273	—

資料來源：聯合國世界旅遊組織，Tourism Highlights。

表二　2017年全球旅遊支出收入國家

排名	國家	支出 億美元	收入 排名	人次（萬）		收入 排名	億美元
1	中	2,577	4	6,090		9	3,410
2	美	1,350	3	7,690		1	2,107
3	德	891	9	3,750		8	398
4	英	714	7	3,770		5	512
5	法	414	1	8,690		3	607
6	澳大利亞	342	—	—		7	417
7	加拿大	318	—	—		—	—
8	俄	311	—	—		—	—
9	南韓	306	—	—		—	—
10	義大利	277	5	5,830		6	442
			2	西班牙	8,180	2	680
			6	墨西哥	3,930	—	—
			8	土耳其	3,760	10	341
			10	泰	3,540	4	575
全球小計				13,3600			13,400

2017年全球海外旅遊洲／區域　　　　單位：%

洲	收入 人次	收入 金額	補充
一、歐洲	51	39	以所得水準區分
・北歐	6	7	1. 人次
・西歐	15	13	・工業國家 55
・中／東歐	10	4	・新興國家 45
・南歐	20	15	
二、美洲	16	24	2. 金額
・北美	10	19	・工業國家 65
・加勒比海	2	2	・新興國家 35
・中美	1	1	
・南美	3	2	
三、亞太			
・亞太	24	29	
・北東亞	12	12	
・東南亞	9	10	
・南亞	2	3	
・大洋洲	1	4	
四、中東	4	5	
非	5	3	
・北非	2	1	
・北非以外	3	2	
小計	100	100	
全球	13.26（億人）	1.340（兆美元）	

資料來源：世界旅遊組織。

Unit 10-11
全球的中客商機

2011年起，歐洲（英法義）、亞洲（尤其是日本）電視新聞喜歡報導中國大陸觀光客（簡稱中客）的一些新聞。

· 2013年在法國的精品店，整個排面甚至全店掃貨；

· 2016年3月起在日本，整車整車的飯店行李車的運貨，俗稱「爆買」法日等國聘中國大陸人當店員以服務「貴客」。

· 2016年，中國大陸派警察（中國大陸稱公安）到羅馬市、米蘭市二週，共同執法，見警率高，以吸引中客上門，保護一年300萬位中客的權益。

一、中客商機

由右圖可見，從2010年起中客爆發式成長；往前，簡單回顧一下，中國大陸政府開放人民出境旅遊的三階段發展。

1. 1980～1994年，探親開會；1992年出國300萬人次。

2. 1995～2010年，跟旅行團；1998年出國人次843萬、2001年1213萬人次。

3. 2010年起，開放自由行。

2012年起，中客出國人數多、每人支出金額大（主要是為了買精品，因在國內購買，關稅加營業稅等約商品售價44%），消費支出全球第一；2018年，海關總署二批降稅。在國外，主要支出：食14%、住21%、樂24%、購物16%（2017年占34%）、其他25%。

二、中客的人文屬性

由表一可見中客一年1.48億人次出國，中客的性別、年齡等人文屬性。

三、中客十一大旅遊國

中客出國旅遊前十一大國，其中八個都在亞洲（含大洋洲），這是因為旅行時間、旅費的考量，只有二國例外，俄國跟中國大陸接壤，從陸路去很近，只有美國、義大利較遠。

中國大陸旅遊分析

時：每年2月6日公布去年旅遊市場及綜合數據報告。

地：中國大陸北京市

人：中國大陸文化和旅遊部的國家旅遊數據中心

事：公布去年旅遊市場及綜合數據報告。

另，每年3月14日，中國旅遊研究院、攜程發布〈去年出境旅遊大數據報告〉。

另，全球化智庫（Cent for China & Globaligation, CCG）跟攜程旅行網（Ctrip）每年7月10日推出「從出入境旅遊看中國大陸全球化發展」。

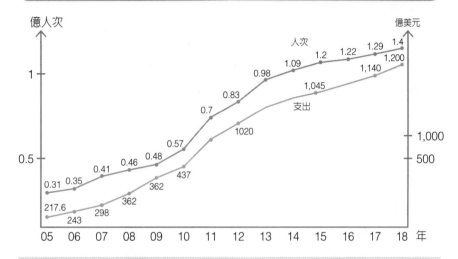

中國大陸人民出國旅遊人次與支出

註：旅遊支出不含運輸費用。
人次：中國國家統計局，金額：世界旅遊組織。

項目	性別	年齡結構	遊伴	跟團
結構	女性52 男性48	中老年　23 70後　17 80後　29 90後　18 00後　13	帶爸媽　10 親子遊　30 同事朋友　23 情侶　21 獨自　8	跟團　44 自由行　42 定製團　14

中客人文屬性　　　單位：%

項目	來源地	旅行天數	目的地	
結構	一線城市為主， 即北京、上海、 廣州、深圳	・9天7夜 占89% （2017年86%） ・5天以上 11% （2017年14%）	1. 中國大陸香港 2. 泰國 3. 日本 4. 南韓 5. 臺灣 6. 中國大陸澳門	7. 馬來西亞 8. 美國 9. 新加坡 10. 越南 11. 澳大利亞 12. 菲律賓

Unit 10-12
特寫：服務貿易中的運輸

服務貿易第二大項是運輸（transportation）僅次於旅遊，人們出國搭飛機，少數情況搭郵輪，算在運輸帳上；更大的是貨船、貨機或火車等跨國運商品。

一、運輸的大分類

1. 依買方身分分二大類由表一第一欄可見，購買運輸服務的依身分分兩類。
   ・政府／公司貨運（freight），占運輸76%。政府／公司出口（或進口）商品，必須靠運輸工具運輸，才能「貨暢其流」。
   ・個人以客運（Passenger），占運輸23%。2017年，全球飛航3,700萬客運航班中，依目的地區分爲國內（80%）、國際（占20%）。
   ・郵寄占1.3%，這無法再細分。
2. 依交通工具分三大類：由表一第一列可見，依交通方式，占運輸出口比率：陸21.4%、海42.4%、空34.9%。空運會占這麼大，主要是客運。

二、全球運輸

運輸貿易在服務貿易四大項中，是唯一占比率下跌的。
1. 2005年占服務出口22.4%，2015年18.4%。
2. 下跌原因：由表一可見，海運運費約占出口運費中，三種運輸方式的60%（30.2除以27.2）。海運運費從2009年大跌，原因有二：一是占運費30%的油價從2008年8月起崩盤（一桶147美元）；二是2003年大宗商品貨運量因中國大陸大量進口，各大船運公司拼命造船，2011年底起，全球貨櫃嚴重供過於求，船公司殺價搶客，2014~2017年，海運業虧損累累。

三、陸運29.3%、海運59.2%、空運11.5%

空運運費貴，占貨運運費比率11.5%，是理所當然的陸運占30%，有點出乎意料，主因是全球第一大貿易洲－亞洲中，中國大陸愈來愈傾向由中歐、泛亞班列出口商品，另第二大貿易洲－歐洲，以洲內貿易爲主，彼此運輸以陸運爲主。

交通方式 買方	陸 （othe modes）	海 （sea borne）	空 （air borne）	小計
一、公司貨物 （freight）				
1. 運輸	15	30.3	5.9	51.2
2. 其他服務	5.7	11.3	7.6	24.6
二、個人	0.7	0.8	21.4	22.9
小計	21.4	42.4	34.9	98.7

表一　服務出口中的運輸　　　　單位：%

註：「其他服務」合計約25%，主要是（海港）的裝卸貨、倉儲等。另「郵寄」
　　（port & courier）1.3%無法歸類。其他運輸方式包括：内陸水運（河運）。

資料來源：整理自世界貿易組織，2016年，上述為2015年資料，在圖4.12下的專欄。

表二　全球空運與海運

運輸方式	空運		海運	
年	2016年	2017年	2016年	2017年
一、貨 （一）裝卸量	—	各洲% 歐洲24.2 美洲23.2 亞太50.7 非洲1.9	港口：102.87億噸（圖 1.2） 1. 油氣占29.7%，散裝船 30.84%，貨櫃船等39.4% 2. 亞洲占39.8%	
（二）貨運 （三）噸公里	5,390	5,875	56.3兆噸／英哩（圖1.3） 1. 油氣占26.6%，散裝輪 56.85%，貨櫃與化學輪 17.23% 2. 貨櫃1.4億個（20呎貨 櫃約當量（Twenty-foot equivalent units）	—
二、人（億次） 三、運輸公司（億 美元）	37.3	401		
1. 營收	7,010			
2. 淨利	356	600		

資料來源：國際航空運輸協會（IATA），國際民用航空組織ICAO，1994年成立，192個成員國／地區。
資料來源：世界貿易發展組織 " The Review of Maritime Transport "。

第 **11** 章

海外直接投資理論與統計

章節體系架構 ▼

Unit **11-1**
海外直接投資的原因：生產全球化 —— 海外直接投資的相關理論入門

　　有需求才有供給，由此看來，市場全球化是（原）「因」，生產全球化（globalization of production）是（給）「果」。當各國的海外直接投資（簡稱海外投資）金額夠大，產官學三方面皆想了解5W2H，即哪些公司（Who）赴外投資、為什麼（Why）、去哪些國家（Where）投資、以及投資方式（How）等。本單元從經濟（包括國際貿易）、企管兩個學門角度切入，詳見表。

一、海外直接投資相關理論

　　由右表可見，解釋公司海外投資的相關理論至少有七種，可以分類以求「化繁為簡」。

1. Y軸：表中第一欄，損益表「營收、成本」

　　損益表兩大科目「營收」、「成本（費用）」，相減後得到「盈（餘）虧（損）」，由於損益表是直條式，所以我們把海外投資兩大動機歸在此。

- ・營收導向，即市場需求：在不同／相同商品下，各國企業尋求能讓公司營收、淨利最大的工廠廠址分局。
- ・製造成本導向，即生產因素尋求：在同一商品情況下，各國企業尋求「總成本」（製造成本加貿易成本）最低地方生產，以利用低價的生產因素（主要是指自然資源與勞工），最常見的是在世界工廠之稱的中國大陸設廠。
- ・綜合考量－生產因素與市場需求：在白與黑之間有「灰」的漸層，在數學中比大小時，「大於」、「小於」、「等於」的三一律；同樣的，在經濟、企管推理時，也有「綜合說」，即融合「甲說」、「乙說」。在此處，公司赴地主國設廠兼具生產因素、市場考量。

2. X軸：表中第一列，時間的「一期」、「跨期」

　　當一個理論解譯經濟現象的期間可分成一期、多期。

- ・一期（像照片）：只解釋任何一年（例如1990、2000、2010年）。
- ・跨期（像電影）：解釋一段期間（例如某總統任期、某一經濟期）。

二、綜合來看

　　以太極的原理，太極生兩儀來比喻。

1. 營收導向的「兩儀」－克魯曼的新貿易理論：克魯曼的新貿易理論是營收導向投資的一種狀況。
2. 製造成本的「兩儀」－歐林的生產因素稟賦理論：找便宜的生產因素（主要是勞工）是工廠外移的主因，生產因素「稟賦」理論命名太抽象，可記成「找低成本勞工」。至於雁行理論、邊際產業擴張理論等四個理論是衍生版、補充的。

兩國產業競爭時的海外直接投資相關理論

損益表	一期	跨期
一、營收	商品市場	商品市場中投資
1.經濟學者稱為貿易導向（trade-oriented）	1979年，美國學者保羅‧克魯曼，新貿易理論（new trade theory）	1966年，美國學者維儂（R. Vernon），「國際產品生命週期理論」（product life cycle theory）
2.企管學者稱為市場導向（market seeker）	—	—
二、製造成本	生產因素市場	商品市場中投資
1.經濟學者稱為製造成本導向（production-cost-oriented）	1933年，瑞典學者黑克夏與歐林與生產因素稟賦理論（factor endowment theory）	·1932、1943、1960年，日本學者赤松要（K. Akamatsu），「雁行理論」（the flying-goose model） ·1978年，日本小島清（K. Kojima），「邊際產業擴張理論」（marginal industry expansion theory）
2.企管學者稱為生產因素導向（production factor seeker）	1977年，英國學者杜寧（J. H. Dunning），國際生產折衷理論（eclectic paradigm）	1988年，杜寧，投資發展週期理論（investment development cycle theory）

資料來源：中國文化和旅遊部，2019.2.12，另該部旗下中國旅遊研究院（即該部的數據中心）、中商產業研究院，2019.1.30。

外國投資流入的貢獻

時：2018年9月9日

地：中國大陸北京市

人：王受文，商務部副部長兼國際貿易談判副代表

事：1980（改革開放）～2018年約40年，外資流入2.1兆美元，中資流出1.88兆美元，外資的貢獻如下：

　·城鎮就業：10%

　·政府稅收：占20%

　·國際貿易（商品出口進口）50%

（摘自旺報，2018年9月9日，林永富）

Unit 11-2
全球海外直接投資：流量 I —— 金額

　　本與下一單元聚焦在海外直接投資的流量，了解金額的大小、成長率與排名前十大國家地區。先有個全面觀，之後各單元再來詳細說明這些數字背後的原因。

一、海外投資的兩種類型

　　「海外」投資跟（國內）投資一樣，依投資目的分成兩種。

1. 金融（或間接）投資：海外間接投資（foreign indirect investment）指的是金融投資，最常見的便是報刊上所稱「合格國外機構投資人」（QFII，簡稱外資）匯入臺灣多少億美元或買超臺股多少億元。

2. 海外直接投資：海外直接投資（Foreign Direct Investment, FDI）是指公司到外國去設立公司，服務業稱為設立（服務）據點、工業稱為設工廠，包括收購或合併外國境內公司。

二、海外投資的資金流向

　　如同貿易有出口、進口一樣，海外直接投資也可分為資金流出（即投資）、資金流入（即被投資），由於來自各國統計，二個數字略有統計誤差。

- 對外投資（俗稱outward FDI）。
- 引進投資（俗稱inward FDI）。

三、海外投資的資金流向

　　資金流出、流入的全球統由聯合國貿易和發展會議（UNCTAD）於每年1月底公布「全球投資趨勢監測報告」，公布數字分成含金融業與不含金融業兩種，跟各國統計數字微幅差距。

四、金額的趨勢分析

　　投資取決於所得、利率，2007年以來，全球處於低利率時代（以存款利率2%為分水嶺），因此影響全球直接投資金額的主要原因是全球所得與主要投資區域的商機。

五、區域分析

　　對外投資的洲主要是北美、歐洲，尤其是七大工業國（詳見右表第二欄），這些國家的公司規模大（以美國財星雜誌五百大企業為例），歐美經濟成長率低，即內需成長有限，基於商機考量，1990年代起大幅進行國際化；其中美國餐飲業的麥當勞、星巴克便是典型企業，國內、國外店數比約三比七，可說國際化程度相當高的公司。

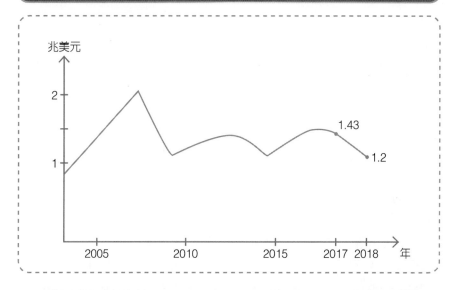

全球海外直接投資流量

兆美元

2

1.43

1.2

1

2005　　2010　　2015　　2017 2018　年

2018年海外直接投資流入與流出（流量）

單位：億美元

經濟成長階段	2017年	2018年	投資型態	2017年	2018年
一、工業國家	7,490	4,510	一、新設公司	7,760	3,060
1. 歐洲	3,720	1,000			
2. 北美	3,000	2,630			
二、新興國家	6,730	6,930	二、企業併購	6,940	8,220
1. 美洲	1,550	1,490			
2. 亞與大洋洲	4,780	5,020			
3. 非洲	380	400			
三、轉型國家	480	440			
小計	14,700	11,880		14,700	11,800

資料來源：聯合國貿易和發展會議，2019.1.21。

Unit **11-3**
全球海外直接投資：流量 II——十一國分析

本單元詳細分析全球海外直接投資流入在各洲、兩類國家與單一國家的分布。

一、趨勢分析

資金流入成長速度比資金流出快。

二、區域分析

以三大洲來說，幾乎可用三分天下來形容。

1. 歐洲占25%：歐洲是資金流入最多的洲，其歷進程如下：1990年占流入資金38.9%、2000年降至32.8%（被北美超過）、2015年25%。
2. 美洲的北美占24.5%；巴西占3.67%。
3. 亞洲約30%。

三、以經濟成長階段來看：工業國家強、新興國家漲

根據聯合國貿易和發展會議的年度《世界投資報告》，2001年中國大陸加入世貿組織後，大量吸引外資，造成外資流入的結構改變。

1. 工業國家：2000年81%降至37.5%。隨著「工業4.0」的逐漸興起，工業國家的外資投資逐漸提升。
2. 新興國家：從2000年19%升到58%。以金磚四國（除了俄國）來說，占全球流入金額13.87%，比總產值占比低。主因之一是農工原料價格低，外資公司減碼。

四、以國家來看

1. 跟總產值排名相近：由右表第二、六欄可見，前十大資金流出（或稱投資）國，大抵跟總產值的排名相稱。
2. 全球投資中心：其中有三個區域分別扮演全球投資中心（英屬維京群島）及區域投資中心（亞洲的香港、歐洲的瑞士）角色，因此其資金絕大部分來自他國。

2018年海外直接投資說明

時：2019年1月21日
地：瑞士日內瓦市
人：聯合國貿易和發展會議
事：全球2018年金額減少主因有二
　　1. 工業國家的直接投資流入減少40%，主因是美國實施租稅改革，大打海外逃稅，美國公司把海外（主要是歐洲）累積淨利匯回，以致歐洲的外貌流入只剩0.1兆美元，創1990年代新低，美國外資流入0.226兆美元，減少18%。
　　2. 新興國家外資流入小增3%。

工業與新興國家占吸引外資比重

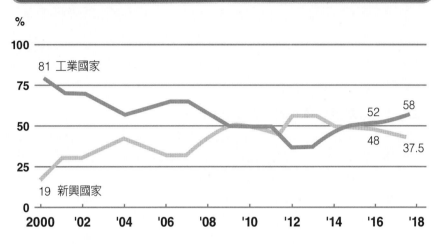

資料來源：聯合國貿易和發展會議，2019.1.21。

海外直接投資流入、流出國家

單位：億美元

排名	國家／地區	2017年		2018年
		⑴流入	⑵流出	⑴流入
1	美	2,770	3,420	2,260
2	中	1,010	1,250	1,220
3	英	1,370	1,000	1,420
4	香港	1,110	830	1,120
5	新加坡	620	250	770
6	西班牙	190	410	700
7	荷蘭	580	230	640
8	澳大利亞	440	—	620
9	巴西	680	—	590
10	印度	400	—	430
全球		14,300		14,800

資料來源：聯合國貿易發展組織，世界發展報告，2018。

Unit 11-4
全球海外直接投資：存量

　　「冰凍三尺非一日之寒」，三尺冰是存量，存量來自多年流量的累積，本段說明全球各國海外直接投資的累積量，為了看出前後的變化，在右表中我們列出每十年數字變化，底下詳細分析。

一、全球「海外直接投資」的「大成長」時代

1. 原因：1971年12月18日，英美等10個工業國家在美國華盛頓特區的史密松寧博物館簽署史密松寧協定（Smithsonian Agreement），美元對其他貨幣貶值10%。此激起多方面的海外投資。1982年9月21日，英美等10個工業國家在美國紐約州紐約市的廣場飯店簽署廣場協定(Plaza Agreements)，美元貶值40%，以兌日圓為例，從1美元兌240日圓貶值到144日圓。
   ・德日公司到美設廠：英德法日四國商品出口到美國變貴了，只好直接到美國設廠或到其他國家設廠。
   ・美國公司到亞洲設廠：1980年代美國公司走出去。
2. 海外直接投資金額跳躍式成長：1975年對海外投資250億美元，海外直接投資到1990年才有跳躍式成長。由右圖可見，1990年海外直接投資（流出）累計金額為2.09兆美元，才邁入比較顯著水準，也海外直接投資的分水嶺。工業國家的企業海外盈餘占生產因素海外所得的七成以上，另一大項目是中央銀行外匯資產的海外報酬。
3. 國民所得帳由GDP改為GNP：歐美各國有鑑於其企業海外盈餘數字大，因此改以國內生產毛額取代國民生產毛額作為經濟成長率等的基礎；1994年，臺灣也跟進。

國民生產毛額（GNP）＝國內生產毛額（GDP）＋生產因素海外所得淨額

二、資金流出存量趨勢分析：2011～2017年平均成長率3.7%

史密松寧協定（Smithsonian Agreement）

時：1971年11月
地：美國首都華盛頓特區的史密松寧博物館（在華盛頓紀念碑東側）
人：10國（7大工業國加瑞典等）
事：1970年8月15日，美國總統尼克森宣布停止依「1英兩黃金兌35美元的金本值」制度，俗稱尼克森震撼（The Nixon shock），導致布列敦森林體系（Bretton Woods Agreements）崩潰，所以必須重建全球金本值基礎，其一是美元對黃金貶值，從35美元換1英兩黃金，變38美元。

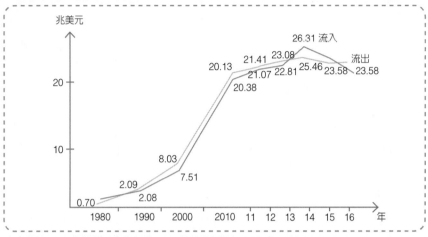

全球資金流入 / 流出累積金額

資料來源：聯合國貿易和發展會議：2018年世界投資報告，2018.6.6。

2016年全球海外直接投資存量

經濟成長階段	流入金額	%	占總產值比率	流出金額	%	占總產值比率
一、工業國家	16.917	63.380	38	19.962	76.31	45
二、新興國家	9.078	33.967	30	5.809	22.21	20
1. 亞與大洋洲	6.281	27.46	28	4.87	19	23
2. 美洲	1.964	7.35	34	0.569	2.18	10
3. 非洲	0.837	3.16	38	0.269	1.03	14
三、轉型國家	0.73	2.73	39	0.389	1.48	22
小計	26.728	100		26.16	100	35

2017年海外直接投資流入、流出（存量）國家　單位：兆美元

排名	國家 / 地區	流入	流出
1	荷蘭	5.809	4.888
2	美	5.644	4.084
3	德	2.774	1.455
4	香港	1.806	1.901
5	英	1.634	2.027
6	瑞士	1.556	1.23
7	日本	1.548	—
8	愛爾蘭	1.49	1.477
9	法	1.452	0.8425
10	加拿大	1.366	1.045
11	中	1.342	1.514
12	比利時	1.035	1.093
13	西班牙	0.725	巴西　0.7785
全球		34.73	—

Unit 11-5
海外直接投資與國際貿易

圖解國際貿易理論與政策：國際經濟與區域經濟

「臺灣公司對中國究竟是直接投資還是出口為主？」這個簡單的問題，答案卻複雜，詳見右圖，也就是依產業而定，而這可分為二層次來分析。

一、第一層（大分類：垂直vs.水平關係）

兩國間某一產業只有兩種關係，一是垂直分工（即供應鏈中的上游－中游－下游），一是水平競爭（例如：中韓臺日都做液晶面板）。

1. 兩國間某產業垂直互補－投資加上貿易：以臺灣電子業跟中國大陸、東南亞來說，大抵處於價值鏈的國際分工情況，臺灣公司出口元件（主要是晶片）、模組（主要是液晶面板），到中國大陸去組裝；組裝廠也是臺資公司投資成立的。

2. 兩國間某產業水平競爭－貿易vs.投資：當兩國某產業處於水平競爭時，例如臺灣、中國大陸皆生產汽車，此時出口與直接設廠只有二選一的結果。

二、第二層以下：僅考慮兩國產業競爭情況

許多情況下，各國（工業國家vs.工業國家、新興國家vs.新興國家）存在著「既生瑜，何生亮」的生死衝突，即許多產業處於水平競爭關係。最常見的是美日間的汽車業、韓臺間在電子模組（DRAM、液晶面板）的「死敵」關係。當兩國某產業處於「有你沒我」的競爭狀況時，究竟是貿易還是直接投資共有四階段的決策，我們採取樹狀圖的呈現方式。

三、貿易與直接投資比較

「以投資替代貿易」是國際貿易中的原則之一，兩國彼此有替代關係，但實際數字都比較像互補關係。由右表可見，歐洲居全球貿易（出口、進口）市占率40%，而資金流入占全球39.8%。可見「以投資替代出口」指的是商品，但直接投資有可能偏重服務業，因此總的來說，貿易、資金流入比重相稱。同樣現象發生在右表中的北美、亞洲。

212

2017年海外直接投資金額說明

時：2018年6月6日
地：瑞士日內瓦市
人：基圖伊（Mukhisa Kituyi），聯合國貿易和發展會議（UNCTAD）祕書長
事：在〈世界投資報告〉發布記者會中說：「海外直接投資是全球公司供應鏈、貿易關係的趨勢指標」。
　　海外直接投資金額減少，原因有二：貿易金額減少，另一是以授權、加盟和代工生產方式，取代直接投資。

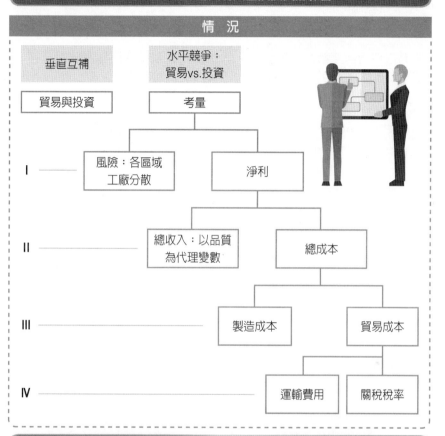

貿易與直接投資比較

三大洲	1993年	2011年	直接投資（流入）
一、歐洲			
1. 出口 2. 進口	45% 45%	40% 40%	2010年39.8%
二、北美洲			
1. 出口 2. 進口	18% 21.4%	12.8% 17.2%	2012年15.32%
三、亞洲			
1. 出口 2. 進口	29.6% 27%	38% 34.6%	—

Unit 11-6
服務出口與地主國外國投資流入

　　服務出口中除了運輸、旅遊外，大抵是出口國公司到地主國設公司，到貴寶地，當地提供服務，這對地主國來說，便是海外直接投資流入，本單元說明。

一、投資方式

　　由右表第一欄可見，外資公司入境，依投資方式二分法，以「土地」的顏色類比。

1. 新設公司占70%：新設公司稱為「green field investment」，是沿用工業土地觀念，在草地上挖土、整地、蓋工廠，泥土上還有「草樹」（green）。

2. 公司收購合併占30%：當土地上已有水泥或柏油，呈「黃色」，即收購或合併現有公司、廠房等，稱為「舊投資」，俗稱bround field investment。

二、產業分布：以中國大陸為例

　　由表第二欄可見新投資的產業分布，這在中國大陸最明顯。

1. 2005年以前，以工業為主。

2. 2006年起，以服務業為主：工業等發展起來，服務業（尤其是金融業、零售業）水漲船高，設銀行等有最低資本額規定（以臺灣來說，商業銀行100億元），所以外資流入中服務業占比率最大。

三、傳遞過程

　　由右圖可見，以美國公司投資中國大陸的服務業為例，整個傳遞過程，服務業從業人員一半以上是女性，受益較大。

214

外資公司直接投資中國小檔案

時：2019年1月14日
地：中國大陸北京市
人：商務部
事：公布外資公司直接投資中國大陸數字

項目	數字	成長率
金額（億美元）	1,350	3%
家數（萬家）		69.8%
0.5億美元案件數	1,700個	23.3%
投資方式之一	公司併購	28.4%
外資公司來源	新加坡、南韓、日本	

海外直接投資

投資型態	行業（比重%）

投資型態

一、新投資
（green field investment），
不宜直譯「綠地」投資
占**70%**

二、舊投資
（bround field investment），
不宜直譯「棕地」投資占**30%**

行業（比重%）

（一）農業
　　　農工礦　5
（二）工業
　　　製造業　42
（三）服務業　53
（四）依需求結構區分
　　1. 消費
　　2. 投資
　　　營建　11
　　　商業　9
　　3. 政府支出
　　　基礎建設　27
　　4. 其他　6

資料來源：聯合國貿易發展組織，世界投資。

國際直接投資的影響

	中國大陸	美國
生產因素市場	需求結構	需求結構

生產因素市場	需求結構	需求結構
自然資源	消費 投資	消費 投資
勞工 1. 男生 2. 女性 ❷	海外直接流入 ❶	海外直接投資 政府支出
資本 技術 企業家精神	❷	國際貿易 （一）出口 商品出口 服務出口

Unit 11-7
企管學者對國際貿易、投資的觀點

企管學者比較偏重海外直接投資，在研究上跟經濟學者的差異如下：

- 研究對象：以產業爲主，以公司爲次；企管學者比較偏重的行業（例如：電子業中的筆電代工行業），比較採多變量方式分析；有些學者採取個案分析方式。
- 研究方法：在長時間的分析，比較採取計量分析中的迴歸分析。在同一時間的分析，比較常取多變量分析，以便從十餘個變數中分門別類。

一、國際貿易vs.海外直接投資

1979年英國學者杜寧（J. H. Dunning）提出國際生產折衷理論（eclectic paradigm），以解釋兩國間的貿易與直接投資。由右表可見這理論是生產因素稟賦理論的特例。

1. 只有技術優勢時，國際技術移轉賺權利金：母國（例如：中國大陸）擁有五項生產因素中的技術優勢，資本不夠，則進行技術轉移，賺權利金收入。
2. 技術加生產優勢，進行出口貿易：當資本夠，中國大陸企業則自己設產，稱爲擁有內部化優勢（internalization incentive advantage），採取出口方式以擴大市場。
3. 當地主國有區位優勢時，到地主國設廠：等看到地主國（例如：印度）擁有區位優勢（location specific advantage），最好下列二項都有，則中企會聞香下馬到印度設廠。
   - 貿易成本：印度對進口商品課高關稅稅率，例如：2017年12月15日，智慧型手機由10%調高到15%。
   - 生產因素：人口紅利是印度最基本的生產因素優勢，再加上採取中國大陸三讓。

二、生產因素導向

在生產因素導向（production factor seeker）的海外直接投資，有些學者僅針對其中一項深入討論：自然資源追求（resource seeker）；勞工追求，稱爲廉價勞工追求者（production sufficiency seeker）；技術追求（technology seeker）、策略資產追求。

三、市場導向：維儂的國際產品壽命週期理論

在國際企管領域，有人以美國哈佛大學教授維儂（Raymond Vernon, 1913~1999）1968年「產品週期中的國際貿易」一文中的「國際產品生命週期」（International Product Life Cycle）理論來說明公司的國際化（internationalization）過程，這只能視爲「市場導向」的一種情況，詳見右圖。

四、製造成本導向：跨期

以長期角度來看一國直接投資流入到流出，杜寧稱爲「投資發展週期理論」。

杜寧的國際生產折衷理論

生產因素 \ 國家	母國 （例如：中國大陸）	地主國 （例如：印度）
1. 自然資源 2. 勞工		印度具有區位優勢 （location specific advantage） ・貿易成本 ・生產因素 ・政治經濟的利多 →海外直接投資：在地主國做
3. 資本	**第二優勢** 中國大陸公司擁有內部化優勢 （Internalization Incentive Advantage） 「內部化」指的是在母國自己生產，以降低交易成本。	出口商品
4. 技術 5. 企業家精神	**初始狀態** 中國大陸具有技術、企業所有權優勢（ownership specific advantage）	技術轉移： 即銷售智財權給外國公司

國際產品生命週期：以汽車為例

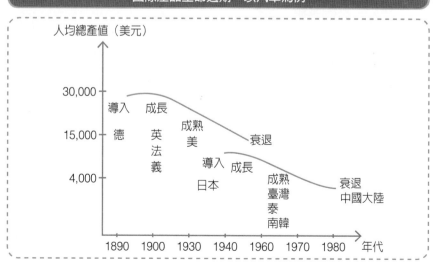

Unit **11-8**
影響製造成本的技術面因素：雁行理論導論

1932年日本經濟學者赤松要提出「雁行理論」（The Flying-geese Model），以大雁稱空中飛行的人字形隊形來比喻國際產轉移現象，其對象為棉紡工業。在本單元中，我們以汽車業為例具體說明，在第十二章以豐田汽車為對象更仔細說明。

一、第一版雁行理論：**1932年版**

赤松要在1932年提出「雁行理論」一詞用於形容日本1860～1880年明治維新以來，產業發展經歷進口新產品、進口替代、出口，以及重新進口等四個反覆週期循環，由於在圖表上顯示出「倒V」字型，型似於飛行中的雁群隊伍，因而命名為「雁行理論」。

赤松要（**Kaname Akamatsu**）

生年、國籍：1896～1974年，日本福岡縣
經歷：一橋、明治、拓殖大學教授
學歷：日本東京商科大學經濟博士
榮譽：尊稱為日本經濟政策學的第一人，其學生有小島清

小博士解說——雁行理論的三種變形

國內外	雁首	雁頸	雁身	雁尾
一、以日本國外來說				
1. 資金流入 赤松要1932年版（研究期間1865～1930年）	1900年起向美國進口新產品，例如：汽車	1912年起進口替代，即日本日產汽車自己做自己用	1957年起日本出口	
2. 資金流出 赤松要1962年版		1960年起工廠逐漸外移到泰國、臺灣	1980年起工廠逐漸外移到美國、中國大陸	
二、日本細分為八個地區：以汽車業為例 赤松要1943年版	1937～1970年關西愛知縣的豐田市豐田汽車	1960年起工廠向豐田市附近擴廠	1980年起工廠外移到本州的東北區等	1990年起工廠外移到九州、四國等

技術擴散下的國際產業發展進程

階段	I（雁首）技術發明	II（雁頸）成長一期	III（雁身）成長二期	IV（雁尾）成熟期
一、汽車	1886年德國卡爾‧賓士發明燃油引擎汽車	1900～1940年代美國快速發展 1. 優勢一：大國內市場效果（Home Market Effect） 2. 優勢二：1913年4月福特汽車「生產線」	1940年起 日本 ‧1937年豐田汽車成立 ‧1960年代進軍美國 ‧2009～2016年成為全球第一	1995年起 中國 ‧1985年3月上海汽車工業跟德國福斯汽車合資，成立「上海大眾」 ‧2009年起全球產銷量第一
二、3C電子中第1C：個人電腦	1946年2月27日美國賓州大學發明電腦 1975年左右IBM發明個人電腦 1977年蘋果公司推出蘋果2號	美國惠普（HP）、康柏（1982年成立，2002年被惠普合併）、戴爾（Dell）等興起	1955年起，臺灣自有品牌宏碁（acer）、華碩（Asus），2009年宏碁曾列筆電全球第二，2014年華碩第五	2005年，中國大陸聯想收購美國IBM個人電腦事業部，2013年第一季全球第一，2018年第一，出貨市占率22.5%
三、3C電子中第2C之一：手機	1973年10月美國摩托羅拉發明，1973～1996年全球市占第一	1980年代芬蘭諾基亞（Nokia）1997～2008年全球市占率第一	1990年代南韓三星電子等以「複製」策略介入，2009年起全球市占率第一，2018年約19%	2005年起，中國大陸 1. 優勢一：大國內市場效果，2018年全球市占率20%以上 2. 優勢二：山寨到創新
四、3C電子中第3C（消費性電子）：以電視為例	1953年美國增你智電子（Zenith）推出黑白電視，1995年南韓樂金電子公司收購	1972年日本索尼推出殺手級彩色電視「特麗霓虹」（Trinitron）稱霸全球	2001年起，南韓三星電子以液晶面板等成本優勢切入液晶電視。2010年起，全球市占率第一，2018年約31.93%（2017年28.6%）	2005年起，中國大陸TCL（1981年成立，2018年市占率8.07%）等20家公司大幅成長

中國大陸政府對外投資公司的三讓

營收方面：讓市場，允許部分商品可以內銷
成本面一：讓土地，許多大著名的外資公司，工業地免或低租金
成本面二：以〈外商企業到外國企業所得稅法〉第八條「二免三減半」來說，即外貿公司從有賺錢年起算，第一、二年免繳公司稅，第三～五年公司所得稅率減半（例如：25%打對折12.5%），此條款已失效

Unit 11-9
雁行理論在汽車業的進程

　　全球產值第二大的行業汽車業是典型雁行理論的例子，由右圖可見，這個大雁隊形由1886年的德國開始，擴散到歐洲（英、法、義），再到美國、日本；第三階段「雁身」到新興工業國家等；第四階段雁尾到新興國家，以下詳細說明。

一、雁首：德

　　1771年時，英國人在蒸汽機技術基礎上，發明蒸汽動力汽車，但不方便；1860年比利時人發明內燃機，在1885年由德國人卡爾・賓士（Karl Benz, 1849~1929）發明內燃機引擎汽車，1886年1月申請到專利，公司1926年被戴姆勒（Daimler）公司合併。

二、雁頸：美、法、義、英

　　美國於1903年起，汽車公司等成立，由右表可見。套用需求面、生產因素面的考量，美國皆獨步全球。再加上1914~1918年第一次世界大戰在歐洲發生，各國忙於作戰，戰爭結果2,000萬軍民死亡（850萬是軍人），勞動力缺乏，德國戰敗，割讓領土（主要是產煤區給法國）德國工業力量大減。未遭戰火之害的美國乘此機會大肆發展，1918~1928年甚有黃金十年之稱，美國成為全球最大汽車產銷國，甚至開始出口。

　　1932年，汽車發源國德國，四家汽車公司不堪虧損，被迫合併，合稱奧迪（Audi），其汽車標籤四個連環圈便是這麼來的。從此，德國的汽車公司被迫往高價車發展。在美國內部，汽車業百家爭鳴，有400家公司。1940年代，汽車業整併結果只剩三大（Big Three）：通用汽車、福特、克萊斯勒（註：2014年10月被義大利飛雅特合併，稱為飛雅特克萊斯勒）。

三、雁身：日、臺、韓

　　1923年9月1日，日本關東地區遭受著名的關東大地震襲擊（芮氏7.9級），東京都殘破不堪，電車也因為架線斷線而進退不得，東京都進口了800輛福特T型卡車底盤，並在上面加上車身，便成了「圓太郎巴士」，成為市內唯一的交通工具，汽車穿梭在大街小巷，這便是汽車在日本最早發揮價值的事蹟。此時透過修車保養，日本的公司開始累積汽車製造等勞工與技能。之後，隨著日本的經濟成長，內需市場擴大；1937年8月，日本豐田汽車成立，主要是向美國通用汽車學習汽車組裝方式，一開始政府也是以高關稅保護「幼苗」（或新興）產業。

四、雁尾：以中國大陸為例

　　1953~1978年，中國大陸採自主發展方式發展汽車業，因缺乏相關條件，紅旗汽車貴又性能不足以滿足顧客需求。

　　1979年經濟改革開放，本想跟美國通用汽車合資，因諸多條件不攏，1983年改採跟德國福斯汽車公司合資方式，1985年2月成立上海大眾（Volkswagen的Volk）汽車等「大眾」汽車系列公司，藉由外資技術發展汽車工業。拜中國大陸市場之賜，2017年起德國福斯汽車成為全球第一大銷量公司。1990年代，汽車工業是第二度發展重工業的支柱產業，透過三讓（讓土地、讓稅、讓市場），外資汽車公司紛紛進軍中國大陸。

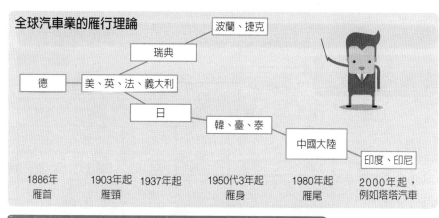

全球汽車業的雁行理論

```
                                        波蘭、捷克
                              瑞典
        德        美、英、法、義大利
                          日
                              韓、臺、泰
                                  中國大陸
                                      印度、印尼

      1886年    1903年起  1937年起  1950代3年起  1980年起   2000年起，
      雁首      雁頸               雁身       雁尾      例如塔塔汽車
```

邊際產業移轉理論（Marginal Industry Expansion Theory）

時間：1978年，《對外直接投資》一書
學者：日本一橋大學教授小島清（Kiyoshi Kojima, 1920~2010），赤松要的學生
對象：日本一些「比較劣勢」產業（例如：紡織、電器）的公司開始外移到臺灣、東南亞偏重組裝外移，日本公司保有元件、模組
理論基礎：赫克歇爾—奧林的比較優勢理論

國際產品生命週期：以汽車為例

年代 階段	I 1908～1989年	II 1990年代起	III 2009年以後
主導國家 公司	美國 通用公司 1920～2008年全球銷量最大	日本 豐田汽車 2009～2016年全球銷量第一大	中國大陸 2011年起德國福斯汽車公司全球產量第二，拜中國市場之賜，2017年起第一
一、需求	1908～2008年 全球最大汽車需求國，2015年1,792萬輛，歐盟（28國）1,750萬輛	1960～2000年 日本一直是全球第二大，2001年第三大銷售國，被中國大陸超越	1. 2009年：汽車銷售量1,364萬輛，超越美國1,040萬輛，2018年2,808萬輛 2. 進口關稅稅率25%，2018年7月起降至15%
二、成本 1. 製造成本 ·原料成本	美國產鐵、煤，但2000年起，鑄件等往鋁合金方向發展以使車身減重，原料成本高	原料（主要是鑄件中的引擎、車架與沖壓件的車身），有規模經濟效果	200家汽車公司，以各省市公營企業為主，各自為政，原料成本高。前10大汽車公司占本土品牌銷量80%
·直接人工成本	1913年福特汽車發明汽車生產線，大幅減輕人工成本	日本豐田海外60個廠，其中中國大陸9個廠。此外，泰、印尼、印度廠比中資公司更具有人工成本優勢	薪資成本只有美國一成，但因直接人工成本占製造成本比重僅二成，且八成汽車公司未達規模經濟，薪資對成本優勢貢獻低
三、製造費用			水電費美國漸低
2. 貿易成本	貿易成本較日本汽車公司高	貿易成本低，原因如下	貿易成本較高，2018年出口130萬輛，以低價汽車為主
·關稅		勝，豐田在海外有60個廠，可以在高關稅稅率國家生產	工廠還未國際化，即還沒做到「製造全球化」
·運輸費用		同上	

2016～2018年全球汽車產銷數量

單位：萬輛

排名	國家	2016年		2017年		2018年	
		銷量	產量	銷量	產量	銷量	產量
1	中	2,803	2,811.9	2,888	2,901.5	2,808	2,570
2	美	1,786.5	1,220	1,724	1,119	1,732	1,099
3	日	497	920	532	969	519	920
4	印度	367	448.9	401	478	392	472.8
5	德	370.9	606.25	344	564.5	372	512
6	英	312.38	181.66	254	175	272	158.35
7	巴西	205	215.6	244	270	247	274.57
8	法	247.8	208.2	210	227	262	227
9	義大利	205	110	197	14	208	99.58
10	俄	140.44	130.4	159	155	180	169.5
11	其他	2,450.58	2,645.09	2,291	2,757	2,497	2,651.06
合計		9,385.6	9,498	9,267	9,730	9,417	9,153.86

資料來源：整理自statista 與list of countries by motor vehicle production，英文維基。

2018年全球十大汽車銷售公司

排名	國家	汽車公司	銷量（萬輛）	排名	國家	公司	銷量（萬輛）
1	德	福斯	1083	6	美	福特	573
2	日	豐田	1052	7	日	本日	526
3	法	雷諾、日產	1036	8	義	飛雅特	484
4	美	通用	879	9	法	寶獅雪鐵龍	412.57
5	南韓	現代	750.8	10	日	鈴木	321

資料來源：（Focus 2 move），2019.1.16。

第 **12** 章

全球企業的廠址決策：
以全球汽車霸主日本豐田爲例

章節體系架構 ▼

Unit 12-1
全球企業工廠擇址的四層決策

　　全球企業在進行全球工廠布局事涉金額大、影響廣，所以許多國家由總統、首相（總理）親自負責招商，由此可見對於重大投資案的重視。

一、四個層次的決策

　　全球企業董事會在決定工廠布局時，看似經緯萬端，在「經濟地理」時無法一次處理太多變數，大抵依四階段逐期考慮二、三個變數。實務上，大部分企業也是採取相似甚至相同作法。受限於篇幅，分成四個單元說明四個階段。

二、第一層考量：風險 vs. 淨利

　　金融投資最重要的決擇是「獲利與風險」的平衡，直接投資也是。設廠生產，會面臨總體環境風險，包括下列三項。

1. 自然環境風險：主要是天災（例如：水災、地震、旱災，影響工廠用水）、疫情（主要是H5N7等禽流感與流行性感冒）影響勞工生命安全。

2. 國家風險：包括政策變革、戰爭引發國有化，二者合稱政治風險（political risks）；其他還包括匯兌制度變革等。

3. 生產因素風險：主要是罷工，最常見是碼頭裝卸工人罷工，所有出口商品堆在碼頭，動彈不得。例如：2014年12月迄2015年2月20日，美國加州的洛杉磯港和長灘港等29個港口碼頭工人罷工，導致美國西岸港口出現2002年來最嚴重的港口壅塞狀況，美國近五成進口消費品在此卸貨。

4. 以圖形表示：當全球企業在同時考慮淨利與營運風險（尤其是其中的生產面風險）時，為了方便了解起見，每個變數二分法。其中「淨利」這變數，我們以「品質」作為「商品價值」的代理變數，顧客對商品認知價值主要來自品質；品質越重要（例如：汽車的耐用度），則顧客願意付高價購買。

貿易成本的歷史沿革，1996年＝100

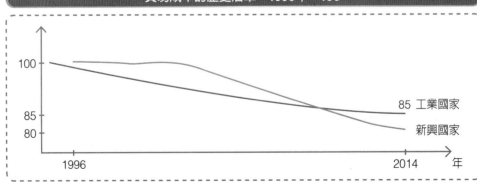

全球企業工廠布局的四階段決策

第一階段	第二階段	第三階段	第四階段
一、經營風險導向：歐美亞洲設立工廠			
	（一）營收導向：在母國生產，有高品質形象，商品可賣好價格		
	（二）成本導向：對價格彈性高的商品，消費者很重視商品價格，所以企業想方設法降低總成本，分成右述兩項。	1.貿易成本高 →分成右述三種情況	(1)地主國進口關稅稅率高 (2)運輸費用高 →在一洲設立區域工廠 (3)運費、關稅高 在地主國或其自貿區會員國設廠，又稱追求市場（market seeker）
二、淨利導向		2.製造成本高 →設立全球工廠	五種生產因素中三項 (1)自然資源 →到自然資源價格低、數量多的國家設廠 (2)勞工：追求廉價勞工 →到薪資低、勞工數多的國家設廠 (3)資本：稱為效率追求或策略「資本」或「能力」（Capability）追求。 (4)技術：勞工薪資、人數合宜的國家設廠，稱為追求技術（Technology Seeker） →到技術合宜國家設廠

→：表示公司決策

註：第四層中有4種「追求」，此是國際企業管理的用詞。

Unit 12-2
全球企業工廠擇址的第二層決策：
總收入 vs. 總成本

一、第一層考量時以圖形表示

1. 第一象限：營運風險重要、製造國重要

　　爲了分散營運風險，宜遵守「狡兔三窟」原則，工廠至少分布三個國家以上；同時兼顧品質，宜把三個廠設在全球工藝水準較高國家，品質才有保障。其結果便是設立數個區域工廠。

2. 第二象限：營運風險不重要、製造國重要

　　當營運風險不重要或低時，全球企業可以「孤注一擲」，只在一國設廠，但是爲了兼顧品質，因此宜設在母國（或稱本國）。

3. 第三象限：營運風險不重要、製造國不重要

　　當顧客不在乎商品在哪一個製造，而公司也認爲工廠只設在一國的營運風險頗低；此時，公司會選在有「全球工廠」特色的國家設廠。

4. 第四象限：營運風險重要、製造國不重要

　　基於分散營運風險的考量，全球企業的工廠宜適度分散。鑑於顧客不在意商品在哪一國製造。因此公司在廠址的選擇上會比「第一象限」時彈性更大一些，例如：可以選擇像孟加拉、印度、柬埔寨等國生產。

二、第二層考量：營收 vs. 成本

$$\pi = TR - TC \cdots \langle 12.1 \rangle \quad 淨利＝營收－成本費用$$
$$A\pi = AR - AC \cdots \langle 12.2 \rangle \quad 平均淨利＝單價－平均成本$$

　　這是經濟學中對公司淨利的定義，指出公司經營考量二大因素：收入及成本。

1. 營收導向：高價產品的成本率低，商品功能、品質甚至創意是顧客關切的重點，俗稱「原產國效應」（country-of-origin effect），售價頂多只是顧客購買次要考量因素。此時，公司在工廠廠址的抉擇，會選在「突顯商品價值」的國家。

2. 成本導向：一般商品，顧客非常在意價格，因此各公司在進行工廠布局時，「在售價不變情況下，追求總成本極小化」。以洲爲分析單位，歐洲、北美洲各是全球直接投資資金流出、流入前二名，跟一般人認爲亞洲（尤其是中國大陸的磁吸效果）印象不同。

圖解國際貿易理論與政策：國際經濟與區域經濟

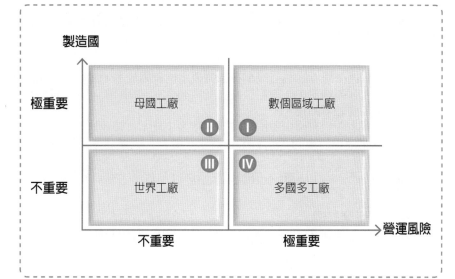

風險與製造國對全球企業工廠布局的影響

製造國

極重要　　母國工廠　Ⅱ　Ⅰ　數個區域工廠

不重要　　Ⅲ　Ⅳ
世界工廠　　　　多國多工廠

不重要　　　　極重要　　營運風險

買家鍾愛歐洲製汽車進口車產地

時：2018年
地：德國
人：德國、日本汽車公司
事：汽車銷售公司表示，歐洲製特別是德國製對新車行銷帶來加分效果，定價也可以高一點，2017年起，原本歐洲以外製的歐系品牌汽車紛紛改回歐洲廠供應，連日本汽車（包括豐田CH-R、日產Juke、鈴木Vitara等小型跨界休旅車），都出自歐洲工廠之手。2017年德國汽車掀起「遷產地」浪潮，福斯（Volkswagen）貨卡Amarok、Polo兩款汽車由阿根廷、印度遷回德國工廠生產。2018年，寶馬（BMW）系列長期以來都是由南非工廠生產，改回德國生產。（部分摘自《工商時報》，2018年6月7日，A9版，陳信榮）

英文	中文
host　country	地主國、外國
home　country	母國、本國

Unit 12-3
全球企業工廠擇址的第三層決策：製造成本主導的工廠區位選擇

貿易成本一般不高，在總成本導向情況下，製造成本至少占全球企業全球選擇廠址的八成以上考量。

一、製造成本

由表一可見，經濟學者的製造成本在損益表上稱營業成本，包括三中項。

1. 原料成本：在製造業中，原料往往占營收40%。一般國家，爲了發展製造業，對原料進口往往零關稅。
2. 直接人工成本：只有極少數的行業其直接人工成本占營收比重達10%以上，大部分屬於生活項目中的「衣」，包括成衣縫製、運動鞋等，稱爲「勞力密集產業」．
3. 製造費用：製造費用中最大項的往是機器折舊費用，當占營收比重很高時，稱爲「資本密集產業」。

二、以勞力密集產業爲例

黑克赫－歐林「生產因素稟賦理論」主要考慮的是各國在薪資高低，薪資低則具有成本優勢。

三、世界工廠的進程

隨著經濟進展，在羅斯托的經濟成長五階段，每往前進一階段，人均總產值更上一層樓，由表二可見，全球生產球鞋（以全球市占率第一的美國品牌耐吉爲例），隨著各國薪資逐一墊高，全球代工企業會像遊牧民族般「逐水草而居」，一直變換「草場」。

1. 1966～1985年臺灣是全球球鞋代工島：1966年起，臺灣設立加工出口區，薪資低，寶成、豐泰等取得美（例如：耐吉）、德（例如：愛迪達）訂單。
2. 1986～2007年中國大陸全球第一：1980年代，臺灣薪資墊高，寶成等西移到中國大陸，主要是廣東省東莞市。東莞市雀屏中選原因有二。
   - 在珠海市（位於深圳市旁）旁，土地2460平方公里（註：臺北市面積272平方公里，人口271萬人），有海港，方便進出口。
   - 勞力充沛，以2018年爲例，戶籍人口數近160萬人，但常住人口825萬人，內陸（主要是四川省）省份農民工占外來人口大部分。

美國汽車生產銷售數量（汽車指乘用、輕型卡車）

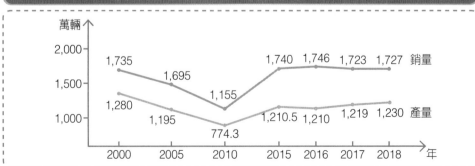

資料來源：美國商務部經濟分析局。

圖解國際貿易理論與政策：國際經濟與區域經濟

表一　以運動球鞋為例說明四個國家製造成本

單位：美元

損益表		中國大陸	越南	印尼	印度
營收		40	40	40	40
一營業成本					
加	· 原料	15	16	16.5	17
	· 直接人工成本	3	1.71	2.22	0.86
	· 製造費用	10	7	7.5	5
	- 水電費				
	- 間接人工費用				
	- 機器折舊費用				
=毛利		12	15.29	13.78	17.14
減	· 管理費用	1	1.19	1	1
	· 行銷費用				
	- 運輸費用	1	1.1	1	2.14
=稅前淨利		10	13	12.78	14

表二　勞動密集產業的運動球鞋在各國間的轉移

階段	I	II	III	IV
期間	1965年以前	1966～1985年	1986～2007年	2008年以來
區域／國家／地區	美國	臺灣，尤其是臺中市潭子區	中國大陸，尤其是廣東省東莞市，最高時占寶成全球球鞋產能七成	東南亞、南亞

亞洲東亞主歐美海運貨櫃運費

項目	2017年平均	2018年平均	2018年12月年平均
綜合指數（點）	828.16	831.68	861.17
歐洲（美元／TEU）	879	821	837
地中海（美元／TEU）	821	795	831
美西（美元／TEU）	1,489	1,733	1,941
美東（美元／TEU）	2,464	2,800	2,997

資料來源：上海航運交易所，TEU指40呎貨櫃。

Unit 12-4
各國製造成本的評鑑

各國製造成本的高低影響全球企業「聞香下馬」的興趣，有許多機構以問卷調查等方式來評估各國的經商（包括貿易、直接投資）等吸引力。本單元以美國波士頓顧問公司（BCG，中國大陸稱波士頓諮詢公司）每年8月中旬發布的報告為基礎，其以美國製造成本為「標準物」（即100%），比其高的會超過100，比其低的會低於100。

一、美國波士頓顧問公司的世界成本競爭優勢報告

2014年8月，美國波士頓顧問公司依據25個主要出口國的製造業工資、勞動生產力及能源成本和匯率等因素，編製「全球製造業成本競爭力指數（以美國為100，指數愈低者成本競爭優勢愈佳）」，來評估2004至2014年間各國製造業直接成本的變動，2015年數字如下：

1. 中國大陸97

中國大陸的成本指數97，只比美國略低3，些微高於臺灣、墨西哥。2004年時，中國大陸製造業平均成本估計比墨西哥高6%，但2014年後中國大陸製造業工資上升近三倍（2004年時薪4.35美元、2014年12.47美元），墨西哥上升不到50%；再考慮到生產力的變動，現在墨西哥的成本估計比中國大陸低13%。因此，墨西哥電子產品出口額從2006至2013年間已成長兩倍多，達780億美元。2015年4月26日，中國大陸前工業和信息化部部長李毅中認為，長江、珠江三角洲的製造成本已達美國95%，大抵跟此調查相符。

2. 印度88、印尼83

由右圖可見，25國中最低的兩國為印度88、印尼83，再加上2020年這兩國人口13.9億人、2.75億人，最有可能成為第二個全球工廠。

二、中國大陸穩坐世界工廠寶座

2005年7月中國大陸實施匯率制度改革，美元兌人民幣匯率由8.2貶值迄2019年6.5，2008年薪資、土地價格上漲，出口收入減少、成本上漲，1980年代臺灣企業面臨困境在中國大陸發生。從產業聚集（industrial cluster，或產業群聚）的角度來看，中國大陸穩坐世界工廠的寶座。2015年3月中《經濟學人週刊》封面專題為「中國製造」，主張「生產成本優勢」（供給面）與「大國內市場效果」（需求面，即世界市場），中國大陸仍將是全球唯一的「世界工廠」，占全球製造業總產值25%。80%的空調、70%的手機及60%的鞋子，都是中國大陸製造。2018年，全球商品出口金額市占率中國大陸12.75%。

中國大陸勞動人口的量與質

時：2019年1月21日
地：中國大陸北京市
人：國家統計局長寧吉喆
事：中國大陸的2018年勞動力狀況如右：

項目	億人	說明
勞動人口（量）	7.75	2017年7.76億人
勞動素質	1.7	高中職以上

圖 歐美亞洲中主要國家地區的生產成本比較 2015年7月		
洲	比美國低	比美國高
歐洲	波蘭 98 前捷克 99 俄 90	德 115 法 113 義大利 111 英 107 西班牙 107
美洲	墨西哥 90	巴西 117 加拿大 106
亞太	中國大陸 97 臺灣 92 泰 88 印度 88 印尼 83	澳大利亞 119 南韓 104

註：以美國為「比重」（如同水的比重1一樣）100。

✚ 知識補充站──全球製造業成本競爭優勢指數

· 時：2015年7月
· 起編年：2004年
· 編製機構：美國波士頓公司（BCG）
· 對象：全球25個出口大國／地區
· 編製想法：只考慮薪資成本、製造費用（主要是能源成本，主要是電費）。
· 發布日期：每年8月，從成本競爭優勢來分析全球製造業（The Shifting Economics of Global Manufacturing：How cost competitiveness is changing worldwide？，此次為2014年8月。）

Unit **12-5**
全球企業工廠擇址的第四層決策：
貿易成本主導的工廠區位選擇

貿易成本在少數國家會大到足以讓日本豐田汽車的出口汽車失去價格優勢，爲了降低貿易成本，只好在地主國或其自貿協定的鄰國設廠，本單元依關稅稅率、運輸費用說明貿易成本對全球企業工廠布局的影響。由右表可見，全球企業在考慮貿易成本時，一般是先考慮關稅，當關稅稅率高達20%以上時，此時在地主國生產似較划算。當商品運輸費用夠高時，全球企業大都會在三大洲設立區域工廠。

一、當外國關稅夠高時

在2016年，全球工業製品平均關稅稅率3.2%，只有極少數產品關稅稅率高，常見的有二。

    1. 工業零組件：只要是一些地主國想保護的本國產業，例如：中國大陸對液晶面板關稅稅率7%。

    2. 最終產品：以中國大陸爲例，主要是消費品的汽車25%（2018年7月起降爲15%）、精品25%。

以高牆來比喻地主國爲了阻擋進口商品而設立的障礙，可說非常貼切。當全球企業無法攀越關稅高牆，且地主國市場潛力足以支撐設立一個標準工廠（意指規模經濟效果高的產能）時，此時，全球企業大抵會到地主國設廠；跟地主國的對手處於公平地位來一爭長短。

二、分成兩種情況

依地主國對單一品牌的需求區分爲需求「大國」、「小國」，而決定廠址落點。

    1. 地主國是大國時：當地主國的需求量達到標準廠（以汽車來說年產20萬輛）產能時，母國會在地主國設廠，以就近供貨。

    2. 地主國是小國時：當世界工廠或母國出口至地主國的貿易成本極高時，且各地主國市場小，全球企業會在三大洲的區域自由貿易區的交通樞紐成立區域工廠。

    3. 區域工廠：人口2億人以下的中低所得國家大抵會成爲各洲區域工廠，常見的如下：

        · 歐洲的東歐與北非，主要是波蘭、匈牙利與「前捷克」（即捷克與1993年分拆的斯洛代克）；北非的奈及利亞等。

        · 美洲的墨西哥、巴西。

        · 亞洲的東南亞（例如：越南、印尼等）與南亞（例如：印度、孟加拉）。

右上表英文符號說明

P（price）商品售價

    P_d（domestic），本國，日本

    P_f（foreign），外國，日本以外國家

C（cost）成本，尤其是貿易成本，包括2項

    C_F（freight），商品運費費率（含運輸保險費率）

    C_T（tariff rates）商品（進口）關稅稅率

貿易成本主導的全球企業廠址決策

洲 問題	（一）亞洲 1. 進口國關稅太高	（二）亞洲（西亞等） 2. 運費太高	（三）歐、非、美洲 3. 運費、關稅太高
數學表示	$P_d\,(1+C_r)>P_f$	$P_d\,(1+C_F)>P_f$	$P_d\,(1+C_F)\,(1+C_r)>P_f$
解決之道 （一）廠址 1. 大國 2. 小國 3. 數學表示	地主國設廠 母國出口 $P_{f,\,1}<P_f$	地主國設廠或 該洲設區域工廠 $P_{RF}\,(1+C_{F,\,RF})<P_f$ RF：區域工廠	地主國設廠或 該洲設區域工廠 $P_{RF}\,(1+C_{F,\,RF})<P_f$
（二）圖示	圖中第一、四象限	圖中第一、二象限	圖中第一象限

進口關稅、運費對全球企業廠址的影響

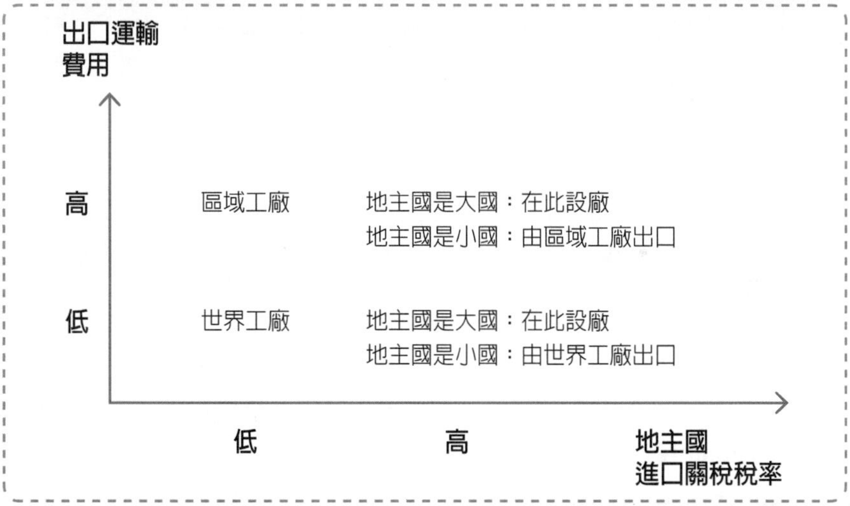

出口運輸費用

高　　區域工廠　　　地主國是大國：在此設廠
　　　　　　　　　　地主國是小國：由區域工廠出口

低　　世界工廠　　　地主國是大國：在此設廠
　　　　　　　　　　地主國是小國：由世界工廠出口

低　　　　　高　　　地主國進口關稅稅率

工業產品簡單平均關稅稅率　　　　　　　　　（%）

國家分類	洲	代表國家	2016年
一、工業國家	歐	德	1.9
	美	美	2.87
	亞	日	2.1
二、新興國家	歐	波蘭	1.9
	美	墨西哥	5.8
	亞	中國大陸	7.8
三、轉型國家	俄國	—	5.3

Unit **12-6**
日本豐田汽車公司的全球廠址選擇

任何一個國家的公司成長第一階段大都靠內銷，把產能拉高到規模經濟，有成本優勢才能進軍大海，跟其他全球企業一較長短。本單元從這角度切入說明日本豐田汽車的廠址決策。

一、初始狀況：本國生產

1937年，日本豐田汽車公司成立時，從一家小廠開始，憑藉著便宜勞工、低機器折舊費用（二手機器），再加上政府高關稅保護，終能站穩日本市場。日本豐田汽車選在本州中部的愛知縣（其中著名城市是名古屋市）原因有二。

1. 土地成本低：此處屬關西，不像關東那樣地價高，此處屬於地震好發地區，更是地價偏低。由於經濟發展階段較差，薪資較低。
2. 瀕臨東日本海：有港口，有利於原料（鋼鐵、煤）進口，也有利於汽車出口。尤其韓戰（1950年6月迄1953年6月）時美援、美軍訂單，帶動二戰後日本景氣，連帶也拉動人民對汽車的需求。

二、先出口，再海外設廠

1960年代，豐田開始拓展出口，基於Unit 11-9圖上考量，開始到各國設廠，可分為四階段，詳見右表，底下說明。1999~2016年，豐田海外廠由25個擴展到60個，考量因素有二。

1. 日本出超，日圖升值，不利日本製造汽車出口。
2. 強化反應速度。

本處套用Unit 12-1表的分析架構，說明前三階段考量時的廠址決策，限於篇幅，第四階段留待Unit 12-7說明。

三、第一層：基於風險分散考量

在各國設立汽車組裝廠的資金算大，一般平價汽車的純益率約7%，如何在經營風險分散與獲利平衡，常在公司內部構成激辯。

1. 風險分散導向：日本汽車公司深受2011年311震災之苦，愈來愈重視國外備援基地。
2. 淨利導向：縱使在日本境內，12座工廠皆位於愛知縣，由於東日本海常有大地震之虞，1990年代起，一直希望把工廠往北、內陸遷移，但基於獲利考量，未下此決策。

第二層：營收 vs.成本

高檔汽車採營收導向，一般汽車採成本導向，豐田的高檔車凌志（Lexus）、皇冠（Crown）等，也主要在日本製造。

第三層：貿易成本 vs. 製造成本

單純為降低生產因素成本考量的國家工廠很少，中歐的波蘭是一個例子，在20世紀下半，波蘭一直是共產國家中著名的汽車生產國。因此，日本豐田汽車在波蘭的二個廠專作引擎、變速箱。汽車零組件偏向資本密集、技術密集，人口大國印度、孟加拉、印尼在這方面力有未逮。2018年，澳大利亞是全球「全進口汽車」的工業國家，因內需市場小且關稅稅率低（5%以下），外國汽車公司紛紛關廠，以進口方式因應。

日本豐田汽車的全球工廠布局

階段	I	II	III	IV
考量	一、風險分散 二、淨利	（一）總收入：2,400cc以上汽車在日本生產，以強調高品質 （二）總成本	1. 貿易成本	(1)關稅導向：臺、中 (2)運輸費用導向 ・南美洲： 　1959年巴西 　1981年委內瑞拉 　1997年阿根廷 ・南非洲： 　1962年南非 ・大西洋洲： 　1963年澳大利亞
			2. 製造成本	・商用汽車： 　1969年起在泰國設廠 ・轎車： 　1984年起在加美設廠 　1996年越南廠 　1999年印度廠

Unit 12-7
日本豐田汽車公司基於關稅、運輸費用而設廠

日本豐田汽車在高關稅率（20%以上）國家設立工廠，以投資取代貿易方式，規避關稅高牆；至於運費太高地區，則在該洲成立區域工廠，詳見圖。

一、當地主國關稅夠高時

大部分新興國家（例如：東南亞各國）對進口汽車皆課徵高額關稅，因此日本豐田只好「以投資代替貿易」。

1. 在歐洲設廠：歐洲各國逐漸整合，從1965年起，日本豐田逐漸在歐洲設廠。
   · 1965年起，在歐洲葡萄牙設立卡車裝配廠。
   · 1980年代，跟德國福斯汽車公司合作生產商用車。
   · 1992年在英國的轎車標準廠（年產能20萬輛）投產，此以因應1992年歐洲共同市場的生效。
2. 在中國大陸設廠：中國大陸對汽車稅率高，包括兩項：進口關稅稅率25%和加值型營業稅率17%。因此1998年起，豐田開始在中國大陸設廠，9個工廠，2021年產能170萬輛，占全球產能14%，僅次於日本。鑑於中國大陸汽車已成「全球市場」，2000年日本豐田在中國大陸跟兩家汽車集團合資成立公司，詳見右下表。

二、運輸費用主導

純粹基於運輸費用太高而設廠的情況不多，比較明確的有南非，其次是南美洲、埃及（埃及在北非，方便出貨給南歐、北非各國）。

以右上圖表來說，臺灣的貿易成本不高，日本豐田直接出口，可推論國瑞汽車公司生產RAV4的成本在63萬以上。

三、綜合考量

法律書上有甲說、乙說，便有綜合說法，綜合考量製造成本、貿易成本（尤其是關稅），最典型的便是在中國大陸、印度設廠。

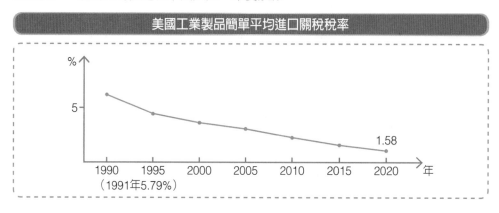

美國工業製品簡單平均進口關稅稅率

（1990年起始點約6%，2020年 1.58）
（1991年5.79%）

以日本出口RAV4 2,000cc到臺灣「不考慮利潤」情況

日本 ・ **臺灣** ・ **顧客**

本州
愛知縣
豐田市
離岸價
（FOB）

FOB×（1＋CF）＝CIF

離岸價（1＋運費＋保險費率）＝起岸價（CIF）

基隆港
海關

汽車進
口關稅

總代理
和泰
汽車
公司

北都豐
田進貨
價約82
萬元

90萬元

50.32萬元　　　　　53.34萬元

關稅稅率　貨物稅率　加值營業稅
17.5%　　30%　　稅率5%
　　　　85.714萬元　90萬元

歐洲 ← **亞洲** → **美洲**

歐洲	亞洲	美洲
1.大國：地主國設廠 2.區域工廠：供貨給附近小國	世界工廠　母國：・日本（豐田汽車）・零組件供應	1.大國：地主國設廠 2.區域工廠：供貨給附近小國

日本豐田全球組裝工廠布局

全球工廠	日本豐田：重要零組件　：全球車型，尤其是高檔汽車（凌志等）		
洲、區域工廠	亞洲	美洲之中南美洲	非洲與部分歐洲
銷售區域	東南亞、中東：泰國廠 東南亞、紐澳：印尼廠	巴西廠	南非廠：非洲 埃及：歐洲 英國：歐洲
地主國工廠	中國大陸	美國	
銷售區域	詳見下表	・加拿大安大略廠 ・美國廠 ・墨西哥廠	

日本豐田汽車公司在中國大陸的生產合資公司

地區	年	合資集團	公司	工廠布局	2021產能
北部	2000.6	第一汽車集團	長春一汽 天津一汽	吉林省長春市 天津市	－ 60萬輛
東部	－	－	－	－	－
南部	2004.9	廣東汽車集團	同左	廣東省廣州市	90萬輛
西部	2005.12	一汽集團	四川一汽	四川省成都市	20萬輛

*日本豐田汽車公司考慮到中國大陸獨資生產凌志汽車

日本豐田汽車公司從2011年便考慮在中國大陸生產凌志（Lexus，中國大陸稱雷克薩斯）汽車，由下表可見基於品質、淨利（主要是合資公司，廣東汽車、第一汽車集團跟豐田合資公司），仍由日本九州的工廠出口。但2018年5月，外資汽車公司（尤其是電動汽車）可以獨資設公司，日本豐田汽車到中國大陸設廠生產凌志的動機愈來愈強，降低些成本，就近跟福斯集團（尤其是奧迪）拚價格。

淨利考量下的日本豐田汽車在中國大陸設廠

中分類	小分類	決策
一、品質		日本生產、出口
二、淨利	（一）製造成本	中國大陸設廠
	1. 製造成本	—
	2. 營所稅率	最重要的是中國大陸2018年開放外資公司獨資成立公司，可以完全享有經營成果，2018年5月10日上海市核准美國特斯拉公司獨資設廠
	3. 所有權結構	
	（二）貿易成本	日本生產、出口
	1. 關稅稅率	2018年7月，3,000cc以下中國大陸進口關稅稅率由25%降至15%，比臺灣17.5%稅率還低
	2. 運輸費用	由日本九州北部福岡市的宮田工廠出口，運費低，至上海市只需2天

資料來源：整理自杜宗熹，「豐田汽車嗅到機遇，考慮在中國生產Lexus」，《聯合報》，2018年10月7日。

貿易成本項目結構   單位：%

項目	商品貿易	服務貿易
1. 運費	38	16
2. 資訊交易成本	22	30
3. 宅配成本	10	10
4. 邊境成本	5	3
5. 貿易政策障礙	10	13
6. 其他	12	22

資料來源：World Input loutpwt Database（WID）。
計算方法：Chen & Novy（2011）。

第 **13** 章

國家的保護貿易政策：
兼論國際貿易相關理論之保護貿易理論

章節體系架構 ▼

Unit 13-1
貿易自由程度分類

你一天會滑手機多久？大部分國家的成人，每天至少2小時，許多人得了「無手機恐慌症」（no-mobile phobia或nomophibie），這是2008年在英國確認的。Yougov公司調查發現67%的英國人有這症狀。從7歲到70歲，手機變成必需品，1974年，美國摩托羅拉公司推出第一支銷售手機、售價3,995美元（以2018年幣值約10,000美元）。很難想像手機上市迄今才46年，影響人的層面如此廣。同樣的，1995年世貿組織迄今已25年，許多人都已習慣「幾乎全面自由貿易」，1330～1992年，全球大部分國家都管制貿易。本章主題是各國保護貿易政策與相關理論，必須突顯歷史。

一、大分類：自由貿易以外vs.自由貿易時期

以進口關稅稅率10%（或更低5%）作分水嶺，由右圖可見。

1. 1330～1994年，自由貿易以外（non free trade）時期：non free trade直譯為「非自由貿易」，我們不喜歡負面的用詞，所以譯為「自由貿易以外」，大抵是指進口關稅稅率10%以上。

2. 1995年以來，自由貿易時期：1995年世貿組織成立，關貿總協功成身退，其烏拉圭回合結論從此時分年完成，所以以此年視為全球自由貿易元年。圖下有自由貿易國家數目、貿易範圍。

二、中分類：自由貿易以外

根據維基百科，自由貿易以外分成兩中類，套用美國國防部兩時期用詞來比喻。

1. 以攻擊為主的重商主義，關稅稅率30%以上：1798～1949年7月美國戰爭部（Department of War），顧名思義是為發動戰爭的。重商主義是注重貿易的，俗稱貿易掛帥的，處心積慮的想賺外國的錢。

2. 以防禦為主的保護貿易主義，關稅稅率10～30%：1949年8月10日，美國戰爭部依國家安全法改名為「國防部」（Department of Defense），至少看字義是以「防守」為主。同樣的，保護貿易主義以2018年的美國川普總統的商品貿易政策來說，其目的是為降低商品貿易赤字金額。

三、重商主義的小分類

重商主義還有二個小分類，以關稅稅率60%為分水嶺。

1. 幼苗階段產業（infant industry argument）主張，關稅稅率60%：為了保護本國處於幼兒（infant）階段的行業，政府透過60%以上的關稅稅率，拉高進口商品價格，以高於本國商品價格，讓本國商品有價格低的優勢，有機會一拚。

2. 新重商主義（neo-mercantilism），關稅稅率30～60%：這是指1919～1948年，凱恩斯與凱恩斯學派的重商主義主張。

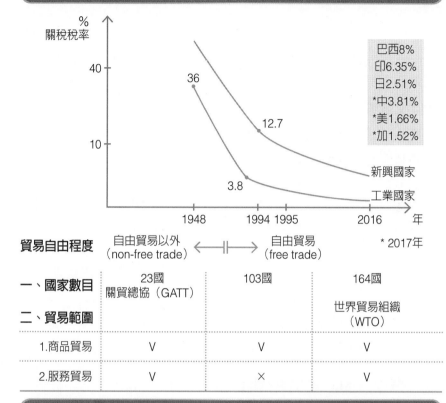

全球貿易自由化程度

%
關稅稅率

巴西8%
印6.35%
日2.51%
*中3.81%
*美1.66%
*加1.52%

40

36

12.7

10

3.8

新興國家

工業國家

1948   1994 1995   2016   年

* 2017年

貿易自由程度	自由貿易以外 (non-free trade)	←‖→	自由貿易 (free trade)	
一、國家數目	23國 關貿總協（GATT）	103國	164國	
二、貿易範圍			世界貿易組織 （WTO）	
1.商品貿易	V	V	V	
2.服務貿易	V	×	V	

依貿易自由程度把國家分類

進口關 稅稅率	大分類	中分類	小分類
60% 30% 10%	一、自由貿易以外 （non-free trade）， 政治屬於左派（left- wing） 二、自由貿易（free trade），政治屬於 右派（right-wing）	（一）重商主義（mercantilism） 是進攻的，千方百計擴大貿易順 差。 （二）保護主義（protectionism） 是防禦的，目的在減少商品貿易 逆差，以恢復貿易均衡。	1.幼苗階段產業主 張（infant industry argument）。 2.新重商主義（neo- mercantilism）凱恩 斯學派1919年起。

資料來源：部分整理自維基百科（Wikipedia）。

各國進口關稅稅率資料來源：英文維基百科「List of countries by taruif rate」，來自世界銀行。

Unit **13-2**
保護貿易主義導論

圖解國際貿易理論與政策：國際經濟與區域經濟

　　白色的另一邊是黑色，那麼自由貿易的另一邊是貿易障礙，保護貿易主義的人士主張對進口商品設立層層路障，本單元說明。

一、英中文用詞

　　保護貿易的英文名詞有簡稱、全稱，中文譯詞也一樣，詳見表一。

二、保護貿易主義的九個項目

　　印度咖哩沒有標準配方，保護貿易主義也是人云云殊。

1. 重商主義文獻（mercantilist literature）：1620年代對重商主義的報刊、書籍很多，總的說，對「重商主義」的主張並沒有一致看法。
2. 一錘定音的歸納：最普遍接受的保護貿易主義的內容來自下列。
   ・時：1684年
   ・地：奧地利維也納市
   ・人：Philipp W. Von Hornick, 1640～1714）律師、學者、政府官員
   ・事：在《奧地利高高在上》（*Austria Above All*）書中，提出9點，詳見維基百科「Mercantilism」或其他的小檔案。

　　9個原則太難記憶了，本書「一以貫之」，以「擴增版一般均衡」架構來分。再加上以英國1489～1815年的相關保護貿易措施，更容易了解。

三、保護貿易是手段，發展產業才是目的

　　採取保護貿易政策是「手段」，目的是為了發展本土行業。

1. 對手國很強：14世紀以來，各洲各國經濟有強弱，強國有錢整軍經武，侵略他國與成為大國。或是商品出口，大賺外國人的錢。
2. 打不贏它，就靠國人當啦啦隊：後起之秀，大抵都是透過高進口關稅，讓進口商品價格飆高，讓本土公司小鍋小灶生產的商品有銷售機會，由Unit 13-4可見，三個時代，全球五大經濟國都是靠這方式由農業社會進入「起飛前準備」階段。

infant industry 的中文譯詞	
一般用詞	本書用詞
經濟學：幼稚產業	幼兒階段產業
社會學：初生產業	不用「幼稚」一詞，以免有「幼稚的」負面涵意（2011年起，臺灣教育部明令把幼稚園更名為幼兒園）

保護貿易的二個用詞

英文	英文
Protectionism	保護主義
Trade protectionism	貿易保護主義

重商主義的基本主張：以英國為例

投入	轉換	產出	
生產因素市場	產業結構	商品市場	經濟產出

產業政策：
國家產業
（national industry）

一、自然資源
1. 土地：每吋土地都要運用於農礦工業生產
2. 原料：原料要留在國內加工成商品才出口，這賺得多

二、勞工
1. 鼓勵人們工作
2. 最好拓展殖民地，多增加勞動力

三、資本

四、技術

五、企業家精神

一、農業
1. 1615年：英國穀物法（Corn Acts）以保護英國農業、農民
2. 目標至少是自給自足，以減少進口

二、工業
1764年的美洲殖民地收入法（俗稱Sugar Act），規定美洲殖民地須購買英國的糖、蜂蜜、咖啡、酒等之前，美洲殖民向加勒比海島走私進口

三、服務業
以英國1651年貿易與航運法（The Trade & Navigation Act）為例，規定北美殖民地的出口由英國控制，國貨國運，且英國軍艦須保護英國籍船

國內需求
一、消費
二、投資
三、政府支出
簡單說「愛用國貨」，通俗的說「肥水不落外人田」

國際貿易
（一）擴大出口
1. 成立大貿易商
例如：1600年英國東印度公司壟斷印度貿易權力21年
2. 關稅
對成品高關稅，對原料低關稅

（二）限制進口
1. 關稅稅率：對於國內有生產且量大的商品，要全力打擊進口商品
2. 例外：國內缺乏的原料，可以進口

一、經濟效率
1. 經濟成長率
2. 人均總產值
3. 失業率
4. 國際收支帳

· 經常帳
(1) 商品貿易順差愈大愈好
(2) 服務貿易順差

二、分配

243

Unit **13-3**
保護貿易政策的主要工具：關稅

進口關稅（import tariff, 簡稱關稅）是保護貿易政策最主要的政策工具，本單元說明關稅的種類、功能。

一、關稅的起源

從了解中文、英文字（詳見表一）的來源，可以一石二鳥，一則了解名詞的本源，一則了解其涵義。

二、關稅的功能

從5W2H等方式把關稅分類，更重要的是「捉大放小」，由表二第二列可見，這是80%情況。
1. 第一欄依商品移動方向，95%是進口稅：大部分國家為了鼓勵出口，針對出口商品不課出口稅（少數關鍵原料例外，例如：菲律賓的鎳）；為了保護本國產業等，針對進口商品會課徵進口關稅（imported customs duty），這占關稅95%以上情況，常簡稱關稅。
2. 第二欄關稅的功能，80%是財政關稅：西元前1,000年前，各國課關稅的目的跟所有課稅一樣，都是為了財政（國庫）收入，所以稱為財政關稅（financial或revenue duty）。
3. 第三欄，適用情況50%是普通情況：人有親近遠疏。同樣的，國家間也如此，進口關稅的稅率分普通、優惠情況；由表可見，優惠情況分雙邊（自由貿易協定的會員國家）、單邊（例如：美國給某國家普遍優惠關稅，generalized system of preference, GSP，臺灣稱為普遍化優惠關稅措施）。
4. 第四欄，依關稅課徵基準，90%是從價稅：由於海關有關稅稅則表，上面的抵岸價格（例如賓士汽車S340）很明確，所以大部分課徵關稅的基礎都是「從價稅」（ad valorem tax, ad valorem的本意是跟價值成比例，是形容詞，源自拉丁字）。

三、關稅在保護貿易的用途

關稅（customers duty）是在邊境「關」卡課的稅，主要是針對進口商品課稅，如此一來，進口商品會比本國商品多一個項目，許多國家便靠關稅讓進口商品變貴，引導本國人民買國產品，本土公司得以成立、茁壯，創造就業機會。

普遍性貿易優惠措施（Generalized System of Preferences, GSP）

年：1976年1月1日
地：美國
人：美國國會
事：依據國會通過的1974年〈貿易法〉，給予12個互惠的國家／地區，針對4,800項，給予進口關稅優惠，在1979年關稅暨貿易總協定據此制度。

表一　財政關稅的中國、歐洲起源

項目	中國	歐洲
1.起源	關稅	Customs
時	西周，-1046～771年	西元前500年
地	陝西省	歐洲希臘、羅馬帝國
人	設立「司關」機構	封建的領主先，後來以希臘的雅典邦為例
事	在〈周禮：地官〉中，有記載「關市之徵」，「關」指的是邊界「關」卡，「稅」指的是進入市場的稅（入市稅）	以使用港口的報酬為名，對進港商船課徵2~5%的使用費，稱為customs tolls或customs duty
2.港口的「海」關	最早海關設立形成	Tariffa
時	唐朝661年	古代歐洲
地	廣東省廣州市	西班牙南邊直布羅陀港旁的小港Tariffa
人	唐高宗	海盜
事	設立市舶司南海的外國商船到中國來，市舶司予以課進口關稅	進出地中海的商船須向塔里發（Tariffa）的海盜繳「過路費」，才可免遭搶劫

資料來源：部分整理自中國財政部「關稅的起源」。

表二　關稅的分類

依商品移動方向	關稅的功能	中分類：適用國家	小分類
一、進口關稅（import duties）	一、財政關稅（financial或revenue duty） 二、保護（貿易）關稅 1.保護關稅（protective tariff）例如：臺灣對汽車進口課17.5% 2.懲罰（或報復）關稅，即反傾銷、反補貼等	（一）普通情況（common duty） （二）優惠情況 1.雙邊：針對自由貿易協定國家的協定關稅（conventional duties） 2.單向：針對優惠國，稱為「最惠國關稅」（most favored nation treatment duties），其中普遍性優惠關稅（generalized system of preferences, GSP）	1.從價稅（advalorem tax） 2.從量稅（specific tax） 3.從價從量稅（compound duties）
二、出口稅（export duties）	19世紀以來，為鼓勵出口，大都貿徵	少數項目課稅，針對戰略物資	
三、過境稅（transit duties）（偏轉口貿易）	關貿總協定5條，過境稅貿徵	成員國只能收服務管理費	―

Unit 13-4
全景：1489～2001年英美德日中靠保護貿易發展經濟

我們看到許多大明星、天王天后，都只看到他成功的今天，不了解他如何從小演員、小歌手「多年媳婦熬成婆」的。同樣，我們看到全球前五大經濟國－美、中、日、德、英，如果問一句：「他經濟怎麼成功的？」會發現一個交集：從1489年英國開始，一直到1979年中國，大都是採取保護貿易政策，先讓本土公司在本土市場站穩（即進口替代），再進可攻的進軍區域市場，以國內大市場來擴大本土公司的工廠規模，以降低平均成本；第三步打世界盃（World Cup）。

一、大部分國家經濟成長階段都靠保護貿易政策

二次大戰後，偉大的經濟史學者瑞士籍Paul Bairoch（1930～1999）說：「人類歷史中，保護貿易占90%以上時間（rule），自由貿易占10%時間（原意是例外）。由右圖可見，全球10大經濟國的四國都是靠高關稅稅率作保護傘，讓本土公司站穩。

二、700年的經濟史研究

南韓籍學者張夏準可說是全球研究歐美保護貿易政府的權威學者，他的書、論文引日次數大都在3,000次以上，他在書中一以貫之的說：「幾乎當今所有工業國家都曾靠保護貿易政策和補助幼苗階段行業，以發展本國行業。」

三、德意志邦聯採取保護貿易政策的經濟績效

在1871年1月18日，38個德意志邦聯的邦國「統一」成為德意志帝國。在此之前，散居在日耳曼地區的各邦國，幾乎分三階段，其中目的之一是對抗奧地利帝國，後來奧地利帝國也發展自己的關稅同盟。

· 1818年5月26日，普魯士王國在各省實施了一般認為這是邦內的稅務統一。

· 1818～1833年，德意志38個邦，分地區發展自己的關稅同盟。

· 1834年38個邦都簽了德意志關稅同盟（Deutche Customs Union）。

1. 德國經濟成長率：1860年代2.7%、1870年代4.1%、1880年代6.4%，進入經濟起飛前準備階段。

2. 1871年德意志帝國成立：有人認為關稅同盟加上各邦的鐵路建設，是普魯士邦聯終能促成德意志帝國成立，在俾斯麥首相的帶領下，德國在1890年起，成為一線工業大國。

四、日本明治維新（1868～1912年）

日本明治天皇的維新，幾位大臣（大久保利通、伊藤博文）都深受李斯特書的影響，即採取保護貿主義中的重商主義、幼苗階段產業理論。（詳見賈根良，「李斯特經濟學的歷史地位、性質與重大現實意義」，學習與探索月刊，2015年2月4日，他是人民大學經濟學院教授）

全球五大經濟國

時代	近代早期	現代	早現代期	現代末期	當代
時期	1489～1846年	1789～1948年	1834～1890年	1868～1912年	1980～2000年
國家	英國	美國	德意志邦聯	日本	中國大陸
先進工業國（對手）	尼德蘭（荷比盧三國）、法	英	奧地利帝國1804～1867年	美、中國清朝	美德日
經濟政策					
保護貿易	1. 進口關稅 2. 出口關稅	同左	同左	同左	同左
發展產業（工業）	1.－ 2.羊毛紡織業	鋼鐵棉紡織業	鋼鐵、機械毛、棉紡織業	鋼鐵棉紡織業	汽車、鋼鐵業紡織、鞋、玩具等
績效（占全球工業總產值比重）	1870年前後，英國全球第一，超過中、印	1895年超越英國，全球第一 1870年美占23%	1890年全球工業產值市占率如下（歐洲占62%） 美→24% 英→19% 德→13% 俄→9% 法→7%	1968年超過德國，全球第二（不含蘇聯）1980年超越蘇聯 1913年美占36%	2009年起超越日本，全球第二 2032年超越美國，全球第一

保護貿易與幼苗階段行業政策的經濟史巨著

時：2002年

地：英國劍橋郡劍橋大學

人：張夏準（Ha-Joon Chang），英國劍橋大學研究員，南韓人，1992年劍橋大學政治經濟博士，畢業後在母校任教，曾任世界銀行顧問。

事：在書《踢走梯子》（*Kicking Away the Ladder? –Policies and Institutions for Economic Development in Historical Perspective*）中，把1330～2000年的歐美各國政府的透過保護貿易政策以掩護行業發展初期，此書論文引用次數3,727次。2001年8月在智利聖地牙哥市研討會中把上述書一部分發表，保護貿易政策用得好是「拔樓梯（ladder）」，用不好是「綁自己的手」（rope to hang oneself。）2002年9月，此書一部分刊登在 " Post-Autistic Economic Review " 中。

247

Unit 13-5
特寫：1489～1860年英國的保護貿易政策

圖解國際貿易理論與政策：國際經濟與區域經濟

248

今天的英國來說，人口6,650萬人，如何在16世紀成爲歐洲第一強國，其中關鍵之一在於1489～1700年，英國靠保護貿易政策，以發展羊毛紡織業，從農業社會階段進入起飛前準備階段。

一、近代歐洲的紡織業

由表一可，歐洲的紡織業有三階段發展。

1. 1000～1350年，義大利靠紡織業大賺：義大利從東方進口絲布，發展絲織業，從西歐（英法、尼德蘭國中比利時西部的法蘭德絲區）進口羊毛，發展羊毛紡織業；出口絲布、羊毛布和成衣，義大利各邦如米蘭、佛羅倫斯因此致富。

2. 1330年，尼德蘭靠禁止羊毛衣服進口：尼德蘭國王愛德華三世（1312～1377）靠禁止進口羊毛衣服，發展羊毛衣服業。1346～1351年鼠疫（俗稱黑死病），導致歐洲人四分之一（2,500萬人）死亡，尤其重挫義大利。西歐的法（專長之一是亞麻紡織業）、尼德蘭更有發展機會。

二、1480年，英國亨利七世上臺

1. 1455～1485年，英國紅白玫瑰戰爭：這時期，兩個王族爲了爭取王位而戰，1485年，亨利·都鐸（Henry Tudor）這方獲勝，稱爲亨利七世（Henry VII）。

2. 經濟問題：處於農業社會階段：在1485年以前，英國可說是經濟成長階段「農業社會」階段，出口農產品和原材料，進口工業製品；商品貿易逆差。

3. 經濟政策：保護貿易，發展本土羊毛紡織業、釀酒業。1489年亨利七世，以保護貿易政策，引進尼德蘭（或直譯爲低地國）技術工人，發展本土的羊毛紡織業，這方式也可回饋在戰爭期間支持他的企業、人民，讓他們有發財機會。一方面限制貴族權力，王權才可伸張。另外，對進口葡萄酒課從量稅（依重量，俗稱噸稅）。他創造英國資本主義發展的條件，他是都鐸王朝的開創者，此王朝是英國君主專制歷史上的黃金時代，他有賢王之稱。

到了1721年，漢諾瓦王朝（1734～1901年）第一位國王喬治一世在英國議會開幕時致詞說：「進口原料（例如：棉、羊毛）以製成工業製品，對於社會福利的促進大大有利」。

三、伊利莎白女王一世的重商主義政策

伊利莎白女王一世採取重商主義以發展經濟，開創「伊利莎白盛世」（Elizabethan Era, 1558～1603），具體政策是藉由保護貿易發展經濟，課稅以發展經濟，對抗西班牙帝國。另外，勞工政策頒布工匠法、救濟法、流浪乞丐處罰法，以促進就業。

表一　1000～1700年歐洲紡織業霸主

階段 國家	I 義大利	II 尼德蘭國 （荷比盧三國）	III	
			英	法
時	1000～1350年	1330年	1489～1732年	1539年
地	義大利	尼德蘭（尤其其中的比利時，1831年獨立）	英國	法，路易十四國王
人	城邦、王國國王	荷國王愛德華三世	國王亨利七世	柯爾貝爾（Jean-Baptiste Colbert, 1619～1683）擔任22年財政部長（1661～1683年）
事	1. 由於文藝復興開始，義大利更新紡織業，擅長絲織品進行貿易 2. 從英、法、比利時法蘭得絲區進口羊毛，以進行羊毛紡織業，1139年成立羊毛工業	禁止英國羊毛衣服進口，以發展比利時羊毛衣服製造業	詳見表二	1. 限制進口、獎勵出口。例如：禁止從比利時、西班牙進口羊毛 2. 引進外國手工業者，降低國內稅等 3. 交通建設：道路、運河 4. 建立公會細化分工

表二　1489～1732年英國藉保護貿易政策發展羊毛紡織業

項目	1489年	1587年	1660年	1690～1700年
王朝	都鐸	同左	斯圖亞特	同左
國王	亨利七世（任期1485～1509年）	伊利莎白女王（任期1558～1603年）	查理二世	瑪莉二世、威廉二世／三世
政策	對羊毛出口課出口稅，甚至禁止羊毛絨出口，以免他國取得英國便宜羊毛。	1. 完全禁止羊毛出口。 2. 成立國家的貿易公司（例如：東印度公司等）以促進出口。	頒布〈航海條例〉國貨（包括美洲殖民地）國運，藉以發展航運業，並藉稅收擴充艦隊，以艦隊保護英國籍商船，以抗衡荷蘭。	進口關稅漲4倍，目的有二： 1. 報復法國漲關稅。 2. 增加財政收入。

項目	1699年	1720年	1721年	1732年
王朝	斯圖亞特	同左	漢諾瓦	同左
國王	威廉三世（任期1684～1702年）	同左	喬治一世（任期1714～1727年）	喬治二世（任期1727～1760年）
政策	羊毛法案，禁止進口殖民地的羊毛製品。	國會通過禁止銷售印度棉布法案。	首相沃波爾（Robert Walpore）的發展製造業政策。	頒布〈製帽法〉，禁止向殖民地進口帽子。

Unit **13-6**
特寫：1789～1895年美國的保護貿易政策

1776年美國從殖民地獨立建國，在沒有工業基礎情況下，從1789年採取保護貿易政策，以發展工業，到1895年,美國成為全球第一大經濟國，保護貿易政策是必要條件。

一、1620～1774年，英國殖民地時期

1. 宗主國剝削殖民地

在15到19世紀殖民地時代，宗主國從事工業、殖民地從事農業，宗主國對殖民地出口工業製品，大賺殖民地人民的錢，這是殖民地經濟的典型。1750年，英國國會通過《治鐵法》，禁止北美殖民地製造鐵製品。1770年英國首相威廉·皮特（William Pitt）說：「在殖民地，甚至連一根馬蹄鐵的釘子都不應被允許製造。」另外，1895～1945年日本統治臺灣期間，採取「工業日本，農業臺灣」的政策，臺灣不產鋼鐵、布。

2. 大西洋三角貿易（Atlantic Triangle Trade）

由右圖可見，17、18世紀的大西洋三角貿易。這個三角型畫法只是求美觀，實際上，非洲各國購買力低，英國產品還是賣到美洲殖民地（即美加）。

二、產業政策

美國獨立後，1789年左右，聯邦政府有權，國會議員辯論產業政策，重農學派的「以農立國」主張只有少數人支持，因為產值低；採取發展工業。此情況下，就只好採取英國的工業化歷程，其中之一是保護貿易政策。

三、第一次高關稅：1789年起

1. 1782～1788年各州各自行動：1776年，美國獨立成功，一開始採邦聯制，各州分權。1782年麻州提高州關稅率，以保護本州公司，對抗來自英國進口商品。1984年，紐約州採取進口比出口高一倍的船舶噸位稅（註：從量稅）。

2. 1789年，聯邦政府接手：1789年，國會修改《聯邦條例》中，以漢密爾頓（Alexander Hamilton）為主的聯邦黨黨員積極倡導保護貿易主義，再加上鋼鐵業者（包括鐵釘業者）的遊說下，在憲法中賦予聯邦政府有聯邦稅（直接稅、貨物稅）、邊境稅（進口、出口稅）權利。

美國採取保護貿易政策的貢獻

年：1997年
地：美國麻州波士頓市，哈佛大學印行
人：麥克勞（Thomas K. MaCraw, 1940～2012）
事：在《創造現代資本主義》（*Creating Modern Capitalism*）書中，「在1820～1936年，美國經濟是在關稅稅率30%的銅牆鐵壁的保護中步入成長期的」。

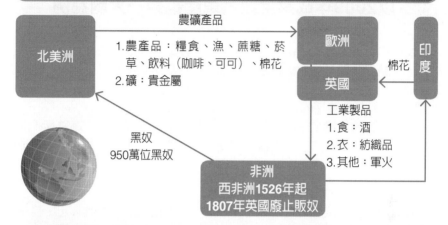

1526～1776年大西洋三角貿易

北美洲 → 歐洲　農礦產品
1. 農產品：糧食、漁、蔗糖、菸草、飲料（咖啡、可可）、棉花
2. 礦：貴金屬

印度 → 英國　棉花

英國 → 非洲　工業製品
1. 食：酒
2. 衣：紡織品
3. 其他：軍火

非洲 → 北美洲　黑奴
950萬位黑奴

非洲
西非洲1526年起
1807年英國廢止販奴

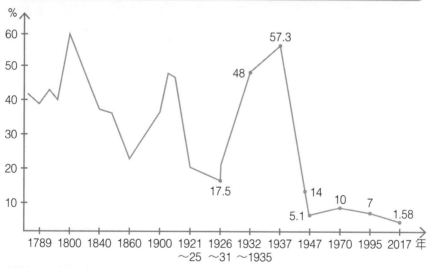

美國關稅稅率沿革

資料來源：英文維基百科 " Tariff in United State history "。

階段	保護貿易主義 → 自由貿易						
時代背景	1776年美國獨立成功	1812～1815年美英戰爭	1833年在美國南方各州	1895年美國成為全球第一大經濟國	1929年～1933年經濟大蕭條	1937年起	1945年第2次世界大戰結束
關稅目的	保護國內幼苗階段產業	增加美國財政收入 1828年關稅稅率頂峰	降稅目的在於有利於棉花等出口	降低關稅稅率，即不再要關稅保護美國公司	1930年6月17日，美國總統簽署史斯姆特‧霍利關稅法案	美國跟22國簽互惠貿易協定	大幅降稅，美國總產值占全球總產值40%，鋼鐵、煤第一

Unit 13-7
特寫：1950～2012年中國大陸的保護貿易政策——以2009年成為全球汽車產銷第一大國為例

　　1970年起中國大陸政府執行「改革開放」政策，一直到2001年12月加入世界貿易組織，整整20年都是採取保護貿易政策，以扶植本土產業從「幼兒」期到青少年期甚至成人期。其中重工業中的汽車業內需市場大，且可創造許多人就業，更是加入世貿組織後延長保護期的行業，本單元以此為對象說明。

　　以全球來說，營建業往往是最大工業，其次是汽車製造業，這兼具「退可守」（進口替代）、「進可攻」（出口）的好處。大部分國家保護貿易政策都是為了扶植國內汽車製造公司。

一、保護汽車行業的歷史成功案例：日本

　　1887年起，德國戴姆勒賓士集團賣出第一輛現代汽車，1891年起，美國推出第一輛汽車；1908年9月福特汽車公司推出T型汽車，1913年8月起大量生產，價位較低，使美國汽車快速成長。1911年，日本的日產汽車公司成立，比美國約慢20年，一直無法大幅成長。1936年，日本政府通過「汽車工業法」，開始扶植本國汽車公司，1939年外國汽車公司在日本無立足之地。1990年起，以出口金額來說，德國第一、日本第二。

二、中國大陸的保護貿易扶植本土汽車業政策

　　由右表與圖可見，中國大陸的汽車業政策發展沿革。

1. 1953～1984年，本土汽車公司：1953年7月15日，在遼寧省長春市設立第一汽車製造廠，但由於技術有限，汽車貴又性能差；19778年汽車產量14.9萬輛，其中1.7%（2,640輛）是乘用汽車。

2. 1985年以市場換技術：國務院體會惟有跟外國公司合資，本土汽車公司才能突破，1984年開始跟外國汽車公司合資、技術合作；其中關鍵在於1985年，上海大眾汽車公司成立，是跟德國「福斯」（中國大陸稱大眾）汽車公司合資。2009年，中國大陸已成全球第一大產銷國家。但112家汽車公司分享2,800萬輛汽車市場，公司作不大。

3. 2018年7月：基於呼應美國政府要求中方開放等要求，國務院關稅稅則委員會宣布2018年7月1日，汽車、零組件進口關稅稅率大降，詳見右表。

國務院關稅稅則委員會

年：1987年。
地：中國大陸北京市西城區，財政部辦公大樓
人：協調機構，由國務院祕書長擔任主任
事：具體工作由財政部關稅司負責

1980～2018年中國大陸對汽車的進口關稅稅率

一、保護貿易措施	1986～2011年	2011～2004年	2006.7～2018.6	2018.7
（一）關稅稅率 1. 零組件 2. 整車（客車） （二）配額	80% 180%降至80% 1998年2萬輛	30～80% 80%降至25% 同左	8～25% 25% 全面取消	6% 15% 同左
二、進口數量		2001年7萬輛	2009年40萬輛 2010年80萬輛 2017年121.6萬輛	

中國大陸汽車生產、銷售數量

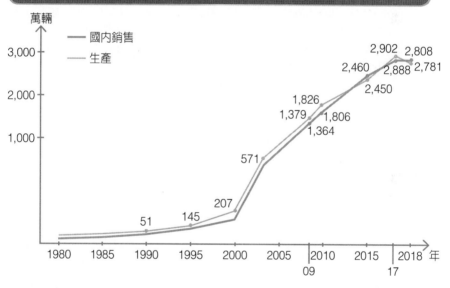

1986～1990年	1994.7～2004.5.6	2004.6.1～2019.1.9	2019.1.10
第七個五年計畫	汽車工業產業政策	汽車產業政策	汽車產業投資管理規定
把汽車業列為支柱產業	鼓勵汽車消費、對合資汽車公司陸資占持股50%以上	鼓勵中資公司發展等，鼓勵節能汽車	發展新能源汽車

資料來源：整理自eros，〈中國汽車產業蓬勃向上40年，有何大政方針在指引〉，尋夢新聞，
2018.11.21。

Unit **13-8**
1930～1934年全球提高關稅稅率，導致經濟大蕭條

　　四書中的《孟子》「告子」下篇中：「禹之治水，水之道也。是故禹以四海爲壑（註：聚水的深谷），今吾子（本書註：魏國相國白圭）以鄰國爲壑」。同樣的，採取保護貿易政策，讓本國人少買外國商品。另一方面，想方設法拓展出口，想多賺外國人的錢，這在1930～1934年，全球經濟大蕭條時，歐美各國紛紛採取高關稅等方式，想引導本國人多買國貨，保住本國人就業。著名的英國經濟學者喬安‧羅賓遜（Joan Robinson, 1903～1983）稱此爲經濟學上的「以鄰爲壑」政策（beggar-the neighbor policy）。

一、關稅貿易戰的集體滅亡

1. 1930年6月17日：美國總統胡佛簽署國會通過的《斯姆特－霍利關稅法案》（Smoot-Hawley Tariff Act），關稅稅率從25.9%（1921～1925年）上升到50%（1931～1935年）。

2. 德日等報復性關稅：1931年起德日等25個國家反制美國的貿易自私行爲，相繼提高關稅稅率，由於商品很難賣到外國，許多國家經濟大衰退，失業率20%（詳見下圖）以上。

3. 德義等經濟重挫，極端分子掌權，發動第二次世界大戰：由於德義日等被經濟大恐慌重創，執政黨垮臺，失業人民支持極端政黨，例如：1933年希特勒的納粹黨執政、義大利的墨索里尼、日本，極權統治的盛行，間接造成第二次大戰爆發。

二、改變所有的錯

　　鑑於「各國貿易保護政策→全球經大蕭條→第二次世界大戰」，所以，亡羊補牢。

1. 1933～1937年：1933年小羅斯福總統上任，認爲高關稅貿易政策是造成全球景氣衰退主因之一，只有排除此障礙，國際貿易才能恢復，有益於美國經濟。美國單方面擴大免稅品範圍，先遞出和平橄欖枝。1934年6月國會通過《互惠貿易協定法》，授權總統在一年內可自行跟外國政府簽署貿易協定，迄1934年，跟13個國家簽，占美國貿易60%以上，1939年平均關稅稅率降至37.3%。

2. 1948年關稅暨貿易總協定生效：在1946年有布列敦森林體系的架構下，再加上世界銀行、國際貨幣基金的協助下，1947年10月，23國簽署關稅暨貿易總協定，目標是自由貿易，旗下三原則：自由（貿易限制措施轉爲關稅，如此才能進而降低）、公平（國民待遇、最惠國待遇）、多元化。

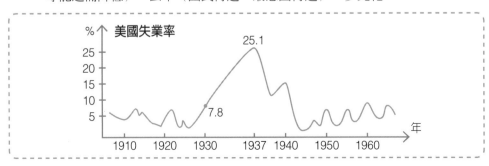

1930～1933年全球主要工業國關稅與經濟

國家	關稅稅率 *		國際貿易	工業產值	經濟成長率	失業率或人口
	1928年	1932年				
美	38.2	47.2	-67%	-46%	總產值1929年1,031億美元至1931年758億美元	25%
德	7.9	22.8	-61%	-41%	—	560萬人
英	9.9	23.2	-60%	-25%	—	280萬人
法	8.7	17.5	-54%	-24%	—	—
義	6.7	23.1	—	—	—	—
日	5.5	5.4	—	—	—	—
平均	14	23.8	-60%	—	—	—

* 來自Michael D. Bordo etc.（1998）編的 *The Defining Moments*，美國芝加哥大學印行，第339頁。

美國斯姆特──霍利關稅法案的經濟衝擊研究

時：2002年
地：澳大利亞
人：雅克布‧馬德森（Jacob B. Madsen），丹麥人，主要在澳大利亞的大學任教。
事：研究對象：17大國
研究期間：1929～1932年
研究資料：固定樣本
研究結果：全球國貿金額減少33%，來自因人均總產值衰退，關稅稅率提高，進口價格上漲，物價下跌，以致關稅提高效果更大。

影響因素	說明
一、價格因素	27%
1. 所得效果	14%
2. 價格效果 I	8%
3. 價格效果 II	5%
二、關稅以外	6%

資料來源：整理自中文維基百科「斯姆特──霍利關稅法案」。

Unit 13-9
保護貿易主義：14～17世紀的重商主義

　　保護貿易主義看似分成重商主義、防禦型的保護貿易主義，但這比率80%、20%，所以很多時候講保護貿易主義時指的便是重商主義。

一、重商主義英文中文

　　重商主義這個字的英文、中文都不容易記，原因如下：
1. 英文用詞：由本頁小檔案可見，mercantilism字首來自拉丁字，跟英文字merchandise看似相似。
2. 中文：重商主義。「重商主義」有「商業本位」的意思，但不到位，宜稱為「商品出超至上」。

二、當你依時間順序做大事紀，很多事就明瞭

　　如何了解一個事件，最基本的作法是依據時間順序做出大事紀，在經濟學（例如：「國際貿易理論」）中，參考右表，你很容易發現下列事實。
1. 實務已做了數百年甚至數千年：以課關稅這件事來說，從人類有政府組織（至少西元前4000年）以來，針對港口等進出口船舶課噸位稅（從量稅，specific duty），是政府很容易課徵到的大額稅收。
2. 理論的主張人士從實務中歸納出一些原則：套用2007年以來臺灣網路上批踢踢（PTT）對某件事簡潔整理的「懶人包」（for dummies）一樣，從事後來看，保護主義的主張人士寫的書、小冊子，可說是當時報刊的整理、總成。

三、重商主義的主張者，九成是官員、商人

　　重商主義最簡單的比喻是把一個國家當成一家貿易公司，國王（女王）、總統是董事長，首相（或總理）是總經理，相關部會部長是公司各部門主管。
1. 1776年起，經濟學才逐漸成為獨立系、學問：1776年，亞當‧史密斯發表《全國財富論》（簡稱國富論）後，此書可說是現代政治經濟學的起點，經濟學才逐漸成為一個學門。
2. 重商主義的主張者，幾乎都是官員商人：由右表可見，1982年以前，保護貿易政策的主張的代表人物都是官員和商人。

重商主義（mercantilism）

拉丁字：mercari，此字表「交易」。
英文：14～18世紀 mercantile system。
德文：19世紀 mercantilism。
形容詞：mercantist trade policies。

三個時代的保護貿易政策與主張人士

時代 貿易政策	近代 重商主義		現代 幼苗階段產業主張		當代 新重商主義；策略產業政策	
時期	早期	晚期				
國家	尼德蘭	英	美	德	英	美
元首	愛德華三世	亨利七世	華盛頓總統	關稅同盟	喬治五世	雷根總統
	1330	1489	1789	1834	1919～1923	1970
	1581	1624	1791	1841	1931	1983
國家	英	英	美	德	英	美
主要 人士	威廉·史塔福 (William Stafford)	湯姆士·孟 (Thomas Mun)	漢密爾頓 (A. Hamilton)	李斯特 (F. List)	哈羅德 (Roy Harrod)	布蘭戴與 史賓塞

(年)

重商主義的主張者九成是政府官員、學者

近代重商主義	現代幼苗階段產業主張	當代新重商主義
一、早期（1400～1599年） 1.威廉·史塔福（William Stafford, 1554～1612） 　另一位John Hales，他是英國國王亨利七世的大舅子，是伊利莎白一世女王的表叔 2.1581年，出小冊子：A Compendious Examination of Certain Ordinary Complains 二、晚期（1600～1860年） 1.湯姆士·孟（Thomas Mun, 1571～1641） 　·出生於倫敦市商人家庭，早年從商 　·1615年擔任英國東印度公司董事，這是英國政府特許經營印度貿易的公司 　·之後擔任政府貿易委員會（貿易與工業部前身）常務委員 2.1621年出書《論英國與東印度的貿易》，1630年，出書	一、1791.12.5美國 1.漢密爾頓（Alexander Hamilton, 1757～1804），他是開國元勳（曾任砲兵團長）、喬治·華盛頓的第一任財政部長（任期1789.9～1795.1） 2.事 財政部提呈國會的「製造業報告書」（Report on Manufactures） 二、1841年法國巴黎市 1.德、美國人李斯特（Friedrich List, 1789～1846） 　·1817年德意志邦聯短暫當過市議員等 　·1825～1830年在美國時，深受漢密爾頓思想影響 　·1837～1843年，他在巴黎市擔任記者 2.1841年 出書《政治經濟學的全國體系》（The National System of Political Economy）	一、1919年英國 1.凱恩斯（John M. Keynes, 1883～1946） 他在英國劍橋大學唸文學、數學，跟馬歇爾學了2個月經濟學。 　·1906.10～1908.5在商務部印度局上班 　·1908.6在劍橋大學任教 　·1915.1在財政部任職 　·1918.10～1919擔任英國財政部參加巴黎和會的代表 　·擔任英國中央銀行英格蘭銀行的董事 　·1944.7代表英國出席布列敦森林會議，之後擔任國際貨幣基金、世界銀行董事 2.著作1919年 1919年6月：在劍橋大學每週講一次「和平（即凡爾賽和約）條約的經濟層面」課 出書《凡爾賽和約的經濟後果》（The Economic Consequence of Peace）

Unit 13-10
經濟理論的基本假設與適用時機：以保護主義相關理論為例

你切過洋蔥嗎？許多人都怕切洋蔥，因為切洋蔥時，洋蔥會釋放一些化學物質，會「刺痛」人眼睛的睫神經，進而刺激淚腺分泌淚液洗掉刺激物。洋蔥的營養成分多，在全球200國中有175國種植，是全球最普及的蔬菜。切洋蔥是家家戶戶常碰到的事，至少有三招可以輕鬆切洋蔥。同樣的，經濟學（本書也是其中之一）可說是大學中的「洋蔥」課程，管理、商、社會學院皆是大一必修課，90%讀經濟學的積極目的是「實用」或應付就業考試（高考、普考）。

一、讀經濟學的四個痛點

1. 許多經濟學書給讀者帶來痛點（pain spot）：由表一可見，一般（尤其是教科書）經濟學的給讀者帶來4個痛點，許多人唸了大一經濟學之後，甚至視經濟學為畏途，例如：大二不再選修個體（中國大陸稱微觀）、總體（中國大陸稱宏觀）經濟。
2. 本書痛點行銷：「民之所欲，常在我心」，想方設法給你帶來「舒服點」，詳見表一第二欄。

二、基本假設

1. 許多書硬塞一些假設給各理論：有些書刊去比較自由貿易、保護貿易相關理論，洋洋灑灑的列出一些假設前提。而且自動把1776年亞當·史密斯的《全國財富論》書之後的理論，以市場結構完全競爭市場、生產函數是「規模報酬固定」、消費者偏好相同等，進而批評這些假設是不符合現實的、是象牙塔般的。
2. 本書的泛用型基本假設（表二）：保護貿易主義者是希望政府推出貿易障礙，擋住外國商品，這是「退可守」，再「進可攻」的採取一些「促進出口」的措施。本質上是主張「市場失靈」而政府干預市場的。由表二可見，套用擴增版一般均衡理論架構可看出理論的假設切入點。

三、沒那麼多理論缺點

1. 許多事後聰明的人標出每個理論優點、缺點：許多書喜歡批評早期重商主義者的主張，認為其主張藉由商品貿易順差可多取得貴金屬（黃金、白銀），以累積國家、人民財富，這種貨幣差額論中的貴金屬主張不合時宜。
2. 本書世說新語：時至今日，貨幣改為紙幣，重視出超的國家是為取得外匯（美元、歐元、日圓、人民幣等）而奮鬥，時代不同，貨幣型態不不同，多賺外國人錢想法依舊。

	從早期重商主義為例	
項目	事後聰明的批評	世說新語
評論	商品貿易順差的目的是為了多取得「貴金屬」（黃金、白銀），所以又稱「貨幣差額論」（balance of bargains）	世說新語 左述的評論是有「手機」的你我，去批評15世紀的人為何不用手機，18世紀的貨幣是金屬本位
新解	—	19世紀起，紙幣流行，取代早期重商主義時的金銀

表一　自由貿易與保護貿易的差別

大分類 中分類	自由貿易	保護貿易 重商主義	幼苗階段產業主張
一、產業範圍	95%以上 例外情況為 1. 少數農業 2. 少數工業	95%以上	1%，受保護產業，例如： 自動駕駛汽車、生技製樂
二、對公司生產補貼	X	X	V
三、國內市場	X	V	V
四、國際貿易 （一）出口 1. 關稅稅率	X		
2. 原料 ·商品		5%以上 0～5%	X
3. 出口補貼 ·運輸	X X	V V（航運法，Navigation Acts）	V X
（二）進口 1. 商品關稅稅率	5%以下	5～20%	60%以上
2. 原料、機器進口關稅		0～5%	0～5%
3. 期間	永遠	永遠	一定期間，例如：20年

表二　一般人讀經濟學的四大障礙與本書處理之法

一般書（尤其教科書，含維基百科）	本書處理
1. 基本假設	詳見本單元之表一，這是「泛用」型
2. 數學推導	不要「以文害義」，數學只是工具。不懂經濟數學也沒差，抓住重點
3. 圖型	供需曲線還算看懂，其餘不易懂，而且也不常用
4. 理論的優點與缺點（站在現代、事後聰明的去批註）	以「當代」角度去看其時代背景，以「世說新語」方式去論釋

表三　所有經濟學的共同假設

一般 均衡	投入 生產因素市場：政府與資源	轉換： 產業／市場結構	產出： 商品市場
大中小分類	一、政府經濟政策 （一）政府對自己有信心 （二）力有未逮	一、產業 （一）農業 （二）工業 （三）服務業	二種最終產品 一、消費：家庭對消費品的需求 （一）消費者偏好 1. 有差異化 2. 有標準品：例如：農產品中的穀物等
	二、生產因素市場 （一）自然資源 （二）勞工 （三）資本 （四）技術 （五）企業家精神	二、生產函數 （一）外部規模經濟 （二）內部規模經濟 三、市場結構：二種皆有 （一）不完全競爭 1. 壟斷 2. 寡占 3. 壟斷式競爭 （二）完全競爭	（二）交易市場 1. 交易成本：在國際貿易中稱為貿易成本，包括2項 ·運費費用：即離岸價格（FOB price）＋運輸費用（運費加保險費用） ·（進口國）關稅 2. 投資 公司對資本品（機器設備）的需求

259

Unit **13-11**
19世紀的重商主義特例：幼苗階段產業主張——以1800～1895年美國鋼鐵業為例

圖解國際貿易理論與政策：國際經濟與區域經濟

260

　　重商主義的特例是「幼苗階段產業主張」，即針對處於「嬰兒」（infant）階段的行業應雙管齊下，對外透過貿易障礙阻擋外國產品，對內應該多給「奶水」（生產補貼等），讓「嬰兒」得以長成「兒童」、「青少年」到「成人」。本單元以19世紀，美國藉高關稅，把英國商品擋在國外，快速發展「鋼鐵業」。

一、美德幼苗階段產業政策與主張人士

　　由右表可見，18、19世紀美德政府幼苗階段產業政策，之後再有人士整理成書。

二、美國「萬事俱備，只欠東風」

　　以1800年為例，美國有煤（阿帕拉契山）、鐵礦石（產鐵）在五大湖中蘇必略湖西測，加上湖、河運方便，適合煉鋼，代表城市是賓州的匹茲堡市，是著名的鋼鐵城市；類比為英國西米蘭德茲郡的伯明罕市。

1. 挑標準品鋼鐵為例：我們挑標準品鋼鐵為對象來說，不挑汽車或成衣這兩種差異（異質）商品，購買標準品的主要考量是價格。
2. 從「小→中→大→超大」四種生產規模：由右圖X軸可見，鋼鐵廠（或煉鋼廠）有四種（舉例）生產規模，而且有規模經濟效果（圖Y軸）。

三、高關稅稅率是美國鋼鐵業發展的「東風」

1. 1800～1849年：由圖可見，1800年英國公司砸大錢設大廠（含現代化設備），舉例600噸廠，平均生產成本800美元，價格之廉天下無敵。美國鋼鐵公司年產能200萬噸，平均成本100美元，只好靠高關稅率（25%以上），再加上運輸費用，便比英國鋼在美國價格低。
2. 1850年：到了1850年，美國的鋼鐵公司靠內需市場逐漸擴大規模，已達年產能400萬噸，每噸900美元。
3. 1895年：到1895年，達800萬噸，每噸700美元，已比英國鋼鐵便宜。

李斯特（Friedrich List）

生死：1789～1846年，德國、美國雙國籍

經歷：1825～1837年，美國礦產、農場老闆

貢獻：1. 經濟學派中德國歷史學派（historical school）創始人。
　　　2. 現代發展經濟學之父。
　　　3. 德意志採取其主張，成立德意志各邦間關稅同盟，德意志聯邦因而經濟統一，進而有助於「德國」政治統一（註：1871年1月17日）。
　　　4. 歐洲經濟共同體的理論基礎。

幼苗階段產業政策與主張人士

項目	早期（1789～1833年）	晚期（1834年起）
政策	時：1789年起 地：美國 人：聯邦政府 事：對進口商品（少數例外）開始課徵5%關稅，以保護本國公司，尤其是紡織業（棉、羊毛）、鋼鐵	時：1834年 地：日耳曼地區 人：38個德意志邦聯各邦 事：德意志各邦組成「德意志關稅同盟」（German Custom Union），對內各邦零關稅，對同盟外他國課關稅。
主張人士	時：1791年12月5日 地：美國紐約州紐約市 人：漢密爾頓（A. Hamilton），美國第一任財政部長 書：*Report on Manu Factures*，主旨在請求國會撥款以給予產業內各公司補貼（例如：銀行貸款利息），國會未通過。	時：1841年 地：法國巴黎市 人：德國人李斯特（Friedrich List） 書：《政治經濟學的全國體系》（*The National System of Political Economy*）。

以熱軋鋼說明規模經濟

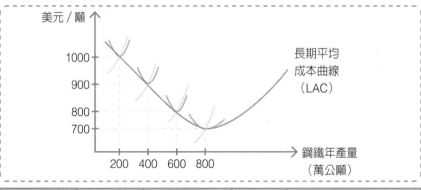

經濟成長階段	起飛前準備	起飛階段	成熟階段	大量消費階段
國家／區域	印度	中國大陸	南韓	歐盟
鋼鐵公司 2017年全球 10大產量 （萬噸） 全球16.88億噸	10. 塔塔 2,511	2. 寶武 6,539 4. 河鋼 4,556 6. 沙鋼 3,835 7. 鞍山鋼鐵 3,576 9. 首鋼 2,763	5. 浦項 4,219	1. 盧森堡 　 阿賽洛─米塔爾 9,703 3. 新日鐵─住金 4,736 8. 日本鋼鐵工程控股 3,015

資料來源：世界鋼鐵協會，2018.10。

Unit 13-12
保護貿易政策與幼苗階段產業的效益成本分析：
社會福利的實際計算

我們開發出由上到下的四連環圖以分析保護貿易政策以協助幼苗階段產業「轉大人」。

一、產品壽命週期

由圖一可見，在一個國家新發展一個行業，由於美歐日等有「先行者優勢」（first mover advantage），這表現在長期平成本曲線上。

二、長期平均成本曲線

由圖二可見，以電動汽車為例，由於本國（以中國大陸為例）後進，短期平均成本曲線高，一輛電動汽車40,000美元，美歐日35,000美元（以2017年3月美國特斯拉公司Model 3入門款為例），所以必須以高進口關稅稅率把進口汽車價格拉高，本國汽車才有價格優勢。

三、關稅稅率曲線——成功發展幼苗階段產業的充分條件：落日條款

如同嬰兒吃母奶（甚至奶瓶），必須有斷奶日；由小檔案可見，如2000年聯合國的小檔案可見，當「保護期間」已訂，公司必定會在「大限到來」之前，拼命力求「站穩」，這樣才不會成為「扶不起的阿斗」。

由圖三可見，限定保護期間與保護關稅稅率搭配的型態舉例。

1. X軸：以第20年作為保護期的落日
　　·保護期：起始年2010年，這是為了容易說明起見。
　　·保護期間：20年，即以2030年為「落日」。

2. Y軸：關稅稅率以5%作為分水嶺
　　隨著產業由「嬰兒→兒童→青少年」，保護程度逐漸減少，Y軸以5%為分水嶺，高於5%的關稅稅率，對國內產業有保護效果；低於5%的關稅稅率，大抵是財政關稅的考量。

四、社會福利

圖四可見，一開始前10年，中國大陸生產、進口電動汽車價格皆高，消費者淨利（consumer surplus, CS）低、中資公司淨利（producer surplus, PS）也低，等到規模變大，平均成本降低，有一天，中製汽車價格比外國低，消費者、公司雙贏。

1. 表：原以一個表，有具體數字來計算2020、2040年的消費者淨利、公司淨利。
2. 圖：但之後，覺得用圖可以看到20年消費者、公司淨利與社會福利的走勢，所以以圖方式呈現。

	total surplus	=	producer surplus	+	consumer surplus
本書譯詞	社會淨利	=	公司淨利		消費者淨利
中文維基百科譯詞	經濟盈餘		生產者盈餘		消費者盈餘
臺灣的經濟學譯詞	經濟剩餘		生產者剩餘		消費者剩餘

保護貿易政策以扶植幼苗階段產業茁壯：電動汽車

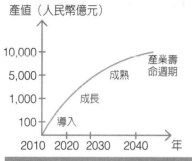

產值（人民幣億元）

圖一　產品壽命週期

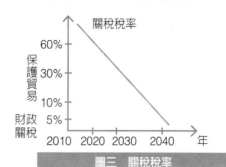

圖三　關稅稅率

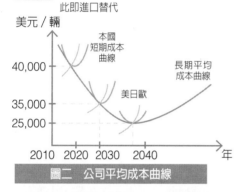

市場　本土　本土　外國市場
　　　　此即進口替代

圖二　公司平均成本曲線

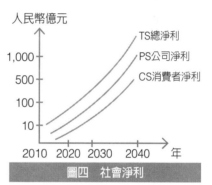

圖四　社會淨利

福利經濟學（welfare economics）

時：1920年
地：英國劍橋市劍橋大學
人：庇古（Authur C. Pigou, 1877~1959），劍橋學派創始人
事：在《福利經濟學》中提出「經濟福利」觀念

到時候拿開奶嘴的貿易保護措施

時：2001年6月26日
地：美國紐約州紐約市
人：塞利諾（Ernesto Zedillo, 1951~），曾任墨西哥總統，後任美國耶魯大學教授，參與聯合國計畫
事：呈給聯合國祕書長的報告 " Roport of the Hight-Level Panel on Findancing for Development, 2001）"，主張有些國家在經濟起飛前準備等階段，針對某些行業可「有限、時間限制」（limited, time-bound）措施。

Unit 13-13
20世紀的保護貿易主義：
前期新重商主義、後期新幼苗階段產業主張

圖解國際貿易理論與政策：國際經濟與區域經濟

264

　　到了20世紀，許多國家仍採取重商主義、保護幼苗階段產業政策，詳見表上半部。這時政策的主張者清一色是凱恩斯與凱恩斯學派，這世紀的主張可說「新瓶裝舊酒」，所以本單元副標題為「新重商主義」、「新幼苗階段產業主張」。

一、1919~1933年新重商理論

1. 1919年
   從右表中可見，凱恩斯的書，已開始針對國際貿易的乘數效果提出倡議。
2. 1933年，哈羅德國際貿易乘數
   ・凱恩斯是哈羅德的老師：1922年，哈羅德在劍橋大學國王學院修課時，被凱恩斯教過。
   ・1929年開始在牛津大學教書：哈羅德是凱恩斯的得意門生，因此，1933年他出書，便把凱恩斯的乘數定理（需求結構中的消費、投資），延伸到多考慮需求結構中的國際貿易（本國之出口，即為外國之進口），稱為國際貿易乘數。

二、1983年，新幼苗階段產業理論

1. 歐洲四國的航空產業政策，1970年成立空中巴士公司：德法英、西班牙政府合資成立空中巴士公司（Airbus S.A.S. , 公司自稱空中客車公司），在兩個市場給予補貼，威脅美國波音公司。
   ・生產因素市場給予空中巴士公司研發補貼，以便其在商品、生產技術有大突破。
   ・商品市場：給買方購機低利貸款，即利息補貼。
2. 美歐政府貿易貿易爭端
   美歐盟政府各自替其公司撐腰，引發一些攻擊、報復的貿易爭端。
3. 1983年，策略貿易政策：1983年的策略貿易政策（strategic trade policy）可說是1841年的幼苗階段產業主張的當代版，可稱為「新幼苗階段產業主張」（new infant industry argument）。美國業者主張民航機是策略性產業，為了保護其順利長大，所以一段時期（例如10年）給予關稅等保護傘。

時：2019年4月8日
地：美國華盛頓特區
人：美國貿易代表署（USTR）
事：2005年以來世貿組織發現，歐盟補貼空中巴士公司，有損美國公司權益、美國貿易代表署決定依「貿易法301條款」，對英、法、德、西班牙的飛機（含直升機）與相關零件加徵關稅，直到歐盟停止補貼。

20世紀的保護貿易政策與主張

新重商主義 （new mercantilism）		策略產業政策（strategic industry policy）
1920年1月20日 事：1918年11月11日，第一次大戰停火，1919年6月28日，在法國凡爾賽宮簽約。1920年1月20日凡爾賽條約生效，德國須賠償341億馬克	時：1921年 地：美 人：總統威爾遜（任期1913～1921年）、哈定（任期1921～1923年） 事：1921年「緊急關稅法」（Emergency Tariff Act），1922年「福德尼・麥坎伯關稅法」（Fordeny- McCumber Tariff Act）	時：1970年公司成立 地：法國土魯斯市 人：空中巴士公司 事：德英法、西班牙四國合組民航機公司，給予各種補貼，1972年10月推出A300機款，全球第一臺雙引擎、雙走道的廣體飛機，大搶美國波音公司市場，1988年3月第一家噴射客機上市
時：1919年（時年凱恩斯36歲） 地：英國倫敦市 人：凱恩斯（John M. Keyne, 1883～1946） 事：在《凡爾賽合約的經濟後果》（The Economic Consequence of Peace）。他是英國的財政部的代表，他提議應對戰敗國更寬容，對各國產業皆有好處。 I：投資 MPC：邊際消費傾向 MPS：邊際儲蓄傾向 Y：產出，總產值	時：1931年 地：英國牛津大學 人：凱恩斯 事：提出凱恩斯乘數（Keynesian multiples），又稱「消費－投資」乘數 $$\Delta Y = \Delta I \times \frac{1}{1-MPC}$$ $$= \Delta I \times \frac{1}{MPS}$$	時：1983年 地：美國加州史丹佛大學 人：美國人布蘭戴（J. A. Brander）和史賓塞（B. J. Spencer），後者是2001年諾貝爾經濟學獎三位得主之一 事：給予策略產業補貼等，文中也是以飛機為例，此文引用次1750次
	時：1933年 地：同上 人：哈羅德（Roy Harrod, 1900～1978年） 事：在國際經濟學書中提出國際貿易乘數（international trade multiplier） 1919年《凡爾賽和約的經濟後果》書+1931年乘數效果→1933年哈羅德的國際貿易乘數 $$= \frac{1}{MPS+MPM}$$ （marginal propensity to import）	時：1985年 地：美國麻州，麻州理工大學 人：美國人克魯曼與赫爾普曼（Elhanan Helpman） 事：在合著書《市場結構和國際貿易》書中，提出策略貿易政策（Strategic Trade Theory） 另1986年1月的書《策略貿易政策與國際經濟學》，這是本論文集，論文引用次數1,275次

Unit 13-14
保護貿易主義的弊端

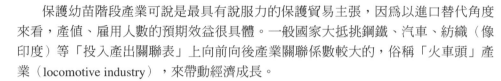

　　保護幼苗階段產業可說是最具有說服力的保護貿易主張，因為以進口替代角度來看，產值、雇用人數的預期效益很具體。一般國家大抵挑鋼鐵、汽車、紡織（像印度）等「投入產出關聯表」上向前向後產業關聯係數較大的，俗稱「火車頭」產業（locomotive industry），來帶動經濟成長。

一、保護貿易以發展本土行業成功「必要」條件：內需市場多大

　　保護貿易政策以發展本土產業成功的必要條件是國內市場大，學者稱為「大國內市場效果」（home market effect），詳見右表，這是個簡單的算術問題。以臺灣來說。

1. 內需市場44萬輛
2. 標準汽車組裝廠年產能20萬輛：標準汽車組裝廠年產能約20萬輛，以此來說，在全部本土汽車製造公司供應情況下，臺灣只能容納2家汽車公司的生存空間。1967年發展國產汽車工業辦法，期限4年，裕隆（1953年成立）、羽田（1964年）止於手工組裝。1967年，只好放寬外國汽車進口，1969年開放中華、三陽工業成立。1972年開放外資公司（福特）設立。到2018年七家汽車製造公司吃24萬輛本土汽車銷量。

二、反對政府干預市場的理由

　　在大一經濟學中，針對政府失靈（government failure）的原因有三：

1. 策略上：政府官員貪婪，政商勾結。
2. 策略上：政府官員愚笨，即不知道那個行業有前途、哪些公司會成功；1983年3月蔣經國的名言：「錯誤的政策比貪汙更可怕」
3. 戰技上：政府官員無能，效率極低。

三、保護貿易之害：以1815～1846年英國為例

　　隨便都可舉出一些保護貿易之害，例如：2018年6月，臺灣的媒體大力抨擊一部機車約8萬元，是印度的4倍等。本處舉一個犯眾怒的歷史。

1. 1815年通過穀物法（Corn Laws，或玉米法）：由於英國經濟已進入起飛階段，生產農產品相對不划算，於是進口農產品，為了保護地主（許多是貴族）、農民，於是國會通過穀物法，規定1.27公斤80先令以上時，才准進口玉米。
2. 1846年取消穀物法：穀物法使英國穀物價高漲，對中與中低收入家庭不利，排擠了其他支出，對國內製造業不利；1842～1845年，民眾抗議、示威，1846年國會廢止穀物法。

1961年起，實施汽車業政策的成功與辛苦奮鬥組

項目	辛苦奮鬥組		成功組				
	臺灣	馬來西亞	泰國	墨西哥	印度	南韓	中國大陸
保護貿易政策	1967年國內汽車工業保護及進口外國汽車辦法	1.1970年實施進口許可證（AP）2.1987年起停止進口許可證，改課高關稅	1961年進口替代工業化（ISI）	1962.8.25汽車工業法	1953年汽車工業國產化	1962.5汽車工業保護法	1953年起1994.7.3～2004.5汽車工是產業政策
2018年生產排名	30	23	11	6	4	7	1
2018年生產量（萬輛）	25.3	56.5	216.7	410	517	403	2.781
必要條件：國內需求市場夠大							
及格與否	X	X	V	V	V	V	V
2020年人口數（億人）	0.2365	0.3262	0.696	1.33	13.9	0.5	14.15
2018年總人均產值（美元）	25,977	11,237	6,992	9,723	2,133	32,775	10,088
2017年銷量（萬輛）	44.4	57.5	104	70	401（全球第四）	160	2,888（全球第一）

資料來源：英文維基百科 " List of countries by motor vehicle production "。2018年全球產量9,563萬輛

大國內市場效果（home market effect, HME）

年	學者	期刊、論文
1970年	W. M. Corden	在Studies in International Economics期刊上，"A Note on Economies of Scale, the size of the Domestic Market and the Pattern of Trade. "
1980年	Paul R. Krugman	在American Economic Review期刊上" Scale Economics, Product Differentiation, and the Pattern of Trade, pp. 950~959

弄巧成拙的幼苗階段產業政策

時：2000年
地：美國首都華盛頓哥倫比亞特區
人：Ehsan U. Choundhri and Dalia S. Hakuro, 國際貨幣基金經濟研究處研究員
事：International Trade and Productively Growth; Exploring the Sectoral Effects for Developing Countries, pp. 30~53

第 **14** 章

世界貿易組織是全球貿易投資的準則

章節體系架構 ▼

Unit 14-1
關貿總協到世界貿易組織

　　全球200國，有164國地區加入世界貿易組織，占全球土地、人口、總產值、貿易額98％以上；世貿組織訂的20個協定，主要精神是自由貿易，以工業製品加權平均關稅稅率來說2.48％，農產品略高，配額已絕跡。本章開宗明義的說，在世貿組織的架構下，以往教科書大談提高關稅稅率、降低配額，用供需曲線來說明消費者淨利、公司淨利，可說已經「英雄無用武之地」。

一、關貿總協

　　在領教過以鄰為壑的後果後，1947年美、英、法、中等23國於瑞士日內瓦市召開會議，簽署關稅暨貿易總協定（GATT），該協定的宗旨為消除保護主義及關稅，以創造互利的自由貿易環境。關貿總協根據原先的構想，僅是國際貿易組織（International Trade Organization, ITO）成立前的一個臨時組織，但是因國際貿易組織的創設憲章始終未獲聯合國同意（主要反對者為美國），關貿總協遂長期扮演重要的角色。此時，締約方數目40幾個，而且在八個回合談判的前五個回合（1948~1960年代初），全球經濟快速成長，大部分國家都往外看，有助於關稅稅率降低。

二、世界貿易組織：多邊自由貿易協定

　　1993年，在烏拉圭回合（Uruguay Round）、第八次談判中，104國締約方決議在關貿總協的基礎上，成立世界貿易組織，並於1995年成立。原先關貿總協的所有業務，於1996年起完全由世界貿易組織接管。截至2019年，約有164個會員國，詳見表一。五項法定職能，詳見表二。組織架構，詳見右圖。

三、雙邊自由貿易協定

通用國家範圍	英文	協定
一、世貿組織出面 　1. 多邊協定 　2. 複邊協定	multi-lateral pluri-lateral	agreement
二、世貿組織下各國 自行簽定雙邊協定	bi-lateral	

　　跨國間簽定經濟合作協定，依據涉及國家數目和是否有外交關係，有些微的用詞上的差異，詳見表，以下詳細說明。

　　1. 國家數目：二國（或不同區域三國）簽定自貿協定，常用國家名稱來命名，例如：美韓自貿協定（U.S.-Korea FTA）。自貿協定涵蓋的地區稱為「自由貿易地區」（Free Trade Area），其簡寫跟自貿協定簡寫FTA相同）。嚴格來說，「國家」這個詞還有人用「經濟體」（economy）一詞，常見的指「臺澎金馬經濟體」以代表臺灣，就像奧運以「中華臺北」一樣。另一常見的經濟體是中國大陸的香港、澳門兩個特別行政區。

　　2. 區域貿易協定：以同一個區域的三國（以上）簽署貿易協定稱為「區域貿易協定」（Regional Trade Agreement），彼此稱為會員國、成員國。

表一　貿易自由化的二代機制

年	1948年	1995年
性質	名稱為關稅暨貿易總協定（GATT），這是世界貿易組織的前身	世界貿易組織（World Trade Organization, WTO）
地點	瑞士日內瓦市	同左
參與者	締約方（Contracting Parts）	會員國：2001年12月中國大陸加入；2002年1月臺灣（名稱：臺澎金馬獨立關稅領域）加入
後續	八回合多邊貿易談判	後續有其他國家加入，共164國與地區

表二　世界貿易組織五項法定職能

管理活動	世界貿易組織的五項法定職能
一、規劃	1.（多邊）貿易談判 2.國際組織（國際貨幣基金與世界銀行等）政策統合
二、執行	1.執行協定 2.爭端解決
三、控制	貿易政策檢討

世界貿易組織的組織架構

會員國
部長級會議

理事會
祕書處
·最高職位：祕書長

大會僅於必要時召開。至少每二年舉行一次會議，重要職掌有二：
1. 審核新會員國，由部長級會議三分之二的會員國通過。
2. 任命祕書長。

大分類	中分類：市場	世貿組織12個委員會
一、多邊	（一）生產因素市場 （二）商品市場	智慧財產權貿易委員會* 1.關稅 　·商品貿易委員會*（下有11個委員會） 　·服務貿易委員會 　·貿易糾紛處理委員會 2. 貿易通關費用 　2015年7月設立貿易便捷化委員會，此屬於商品貿易委員會之一
二、雙邊		1996年2月，設立區域貿易協助委員會

資料來源：整理自世貿組織網站。　　　　　　　　　　　　　　*：三大委員會

Unit 14-2
世界貿易組織架構下的國際貿易協定公版

　　每年10月迄翌年6月，是美國職業藍球比賽季，針對兩隊球員、客場／主場、裁判人數等，全部的遊戲規則都是國家藍球協會（National Basketball Association, NBA）發展出來的。同樣的，全球各國的貿易、海外直接投資的遊戲規則，則是在關貿總協打下基礎，在世界貿易組織這舞臺上，各會員代表長期開會，簽訂協定，本單元說明。共分兩階段。

　　・1995年時，12項協定；詳見右表第二欄。
　　・1996年後，7項協定，詳見右表第三欄。

一、世貿組織的三大原則（詳下面）

二、大分類：表第一欄

　　由表第一欄可見，世貿組織推動各國的各項協定可分為三方面，以進口國來說：
1. 邊境措施（boarder measure）：這主要是指出口國的海關到進口國的海關。
2. 境內措施（behind the boarder measure）：這主要是指進口國的海關。
3. 貿易救濟（trade remedies）：這是指不公平貿易情況下，進口國可以採取的自力「救濟」的方式。

三、中分類

1. 邊境措施分二中類，詳見表第二欄
　　・針對特定產業（農業）、行業（工業中製造業中的成衣業）。
　　・一般產品的出口貿易規定。

2. 境內措施，分二中類
　　・商品進口的貿易規定。
　　・跟治外直接投資有關。

世界貿易組織的三大、九小原則

三大類原則（cardinal principle）	小分類：九小原則
一、透明度原則（transparency）	1. 同左，市場開放，權利與義務平衡 2. 市場進入原則
二、無差別待遇原則（non-discrimination）	1. 同左 2. 互惠原則（reciprocity） 3. 最惠國待遇原則（most favoured nation, MFN） 4. 對新興、開發中國家 5. 國民待遇原則（national treaty） 6. 公平、平等處理貿易爭端原則
三、公平貿易原則（fair trade）	同左，貿易自由化原則

世界貿易組織的商品、服務貿易協定

大分類	中分類12項	1995年以後新協定7項
一、 邊境協定 （boarder measure） 6項	（一）農工業特殊商品規定 1.農業：農產協定（agreement on agriculture, AG） 2.紡織品協定（agreement on textiles and clothing, ATC） （二）一般產品貿易規定 1.輸入許可證協定（agreement on import licensing procedures） 分2種： ・自動進口許可程序 ・非自動進口許可程序 2.原產地規則協定（agreement on rules of origin） 3.裝運前檢驗協定（agreement on pre-shipment inspection, PSI）進口國在出口國委託檢驗公司檢驗 4.關稅估價協定（agreement on customs valuation），簡稱關稅協定，有6種估價方法	（一）同左 1.民用航空器貿易協定（agreement on trade in civil aircraft） 2.資訊產品協定（information technology agreement, ITA） （二）同左 1.跟貿易有關的智慧財產權協定（agreement on trade-related aspects of intellectual property rights, TRIPS）這是兩國間常簽屬的專利審查高速公路（patent prosecution highway）的國法，例如：2011年12月11日～2013年11月30日，美中啟動專利申請試點
二、 境內措施 （behind the border measure） 3項 （一）商品	1.技術性貿易障礙（agreement on technical trade barriers on trade, TBT）：包括下列技術性法規。 ・商品品質：包括產品標準、國際標準協調一致原則：產品檢驗相互承認協定（MRA）。 ・產品檢驗：達「符合性評鑑程序」。這包括：相互承認原則、透明度原則。 2.食品安全與動物植物檢驗檢疫協定（agreement on the application of sanitary and phytosanitary measures, APS）	貿易便捷化協定（agreement on trade faciliation, TFA）
（二）跟海外直接投資有關	1.貿易相關的投資措施協定（agreement on trade-related investment measures, TRIMS）	1.爭端解決規則及程序備忘錄（rules and procedures governing the settlement of disputes, DSD） *註：1979年已有貿易政策檢討機制 2.服務貿易總協定（general agreement on trade in services, GATS） 3.政府採購協定（agreement on government procurement）
三、貿易救濟措施（trade remedies）3項	1.防衛協定（agreement on safeguard, SG） 2.反傾銷實務（agreement on anti-dumping） 3.補貼和平衡措施（agreement on subsides and countervailing measure, SCM）	

Unit **14-3**
商品自由貿易協定之邊境措施

每次有禽流感、伊波拉病毒等流行疾病，各國衛生福利部「疾病管制署」（Centers for Disease Control, CDC）、農業部動物植物檢疫防疫局在機場，針對入境人、動植物檢查，希望在「邊境」時就能第一時間發現與處理。同樣的，進口國對出口國商品的二階段管制：即邊境措施與境內措施，本單元說明邊境措施。

一、邊境措施的範圍

常見的貿易方面的邊境措施有二中類。

1. 貿易障礙：自貿協定的重點在於去除貿易障礙（Trade barrier），這包括下列二小項。
   * 關稅：貿易可分為出口、進口，因此關稅可分出口關稅、進口關稅，只有極少數國家會對珍貴出口品（例如：稀土）會課徵出口關稅，絕大部分情況，「關稅」是指進口關稅。
   * 配額（quota）：分成出口、進口配額，例如：中國大陸的進口電影配額制度，詳小檔案。
2. 原產地原則：兩國彼此取消貿易障礙，為了避免第三國搭順風車，商品出口到一會員國，換個包裝，再出口去另一會員國。因此自貿協定都訂有原產地（country of origin）原則，以中韓自貿協定1,100頁來說，約占24%。以臺海兩岸經濟合作架構（ECFA）為例，2014年7月起全面實施原產地證明書（certificate of origin, C/O）電子資料核銷作業，通關程序全透過電腦作業進行、填報產證編號及產證品項，公司可省略押保證金的麻煩，享有更便捷的通關作業。

二、兩個版本的自貿協定

第二版自貿協定對邊境措施的規範比第一版寬鬆，但每一個國家有可能採取兩種版本，原因如下。

1. 2004年以前簽的大都是第一版。
2. 2005年以後，工業國家間簽第二版自貿協定：新興國家間、新興國家跟工業國家簽第一版自貿協定。

三、貿易障礙的正常、異常情況處理

簽自貿協定，取消（或降低）貿易障礙是正常情況，但也給予會員國碰到異常情況有裁量權，詳見表。

中國大陸對外國電影的每年配額制度

時：2001年12月起，加入世界貿易組織起

地：中國大陸

人：國務院直屬機構國家新聞出版廣電總局，外掛國家版權局

事：為了保證中國本土的電影公司等每年開放外國電影64部，分成二種型式
* 買斷法30部
* 分帳法34部，外國電影公司跟中資戲院公司分成

邊境措施中貿易障礙的正常、異常情況

項目	異常情況	正常情況
一、關稅	1. 當進口數量異常增加 2. 當進口價格異常下跌 政府可以採取下列措施： 1. 安全防衛措施：例如：針對稻米 2. 特別防衛措施	1.「過渡期」後關稅降為零，過渡期間有下列兩種： ⑴ 5年 ⑵ 10年，但也有最長20年的 在降低關稅過程，可採「後段加重」方式，即到過渡後半段才大幅調降關稅稅率 2. 少數除外 ・例外情況：季節關稅，即關稅稅率隨季節調整
二、配額	1. 安全防衛措施 牛奶與乳製品 2. 特別防衛措施 少數肉類	1. 配額內「零關稅」 2. 配額量須逐年增加

➕ 知識補充站——短供清單（short supply list）

自由貿易協定的會員國之一的原料，如果無法從自己或其他會員國取得，稱為「短供」（short supply）。以跨太平洋夥伴全面進步協定（CPTPP）為例，可向其他國家購買，不違反TPP協議，輸美成方仍可享關稅優惠；短供清單共194項，內含暫時清單8項（協定生效後五年後消失）及永久清單為186項。短供清單中的產品，大都加工複雜度較高、原料較稀少或附加價值較高的產品，許多是臺灣的強項，如透濕防水布、嫘縈布等。臺灣輸出到越南的前三大（6006、5407及5402這三個節的商品號碼）都被涵蓋，但在使用上仍有許多條件及限制。

Unit 14-4
技術性障礙 I：商品自由貿易協定之境內措施

「看得到、吃不到」這句俚語運用在國際貿易，甚至自貿協定會員國間，明明對方關稅降至零、取消配額，但有可能貨物出口到進口國海關，便卡在海關。世貿組織、自貿協定簽約國皆在此「境內措施」有所著墨。由右表第一欄可見境內措施至少包括三項，其中「貿易便捷化」於Unit14-7說明。

一、定義

根據世界貿易組織1995年「技術性貿易障礙協定」（Agreement on Technical Barriers to Trade, 簡稱TBT協定），技術性貿易障礙（Technical Barrier to Trade, TBT）是指成員國基於保護國家或地區安全及利益、保障人類、動物或植物的生命健康、保護環境等因素，可制定相關規定，常見的詳見右表第一欄的五項。

1. Barriers在中國大陸譯為壁壘。
2. 技術性障礙的型態：產品法規、標準和協議。

二、技術性貿易障礙的功能

技術性貿易障礙常是有些國家政府耍小手段的方式，用此以刁難外國出口公司，等於遠看近似開大門，近看卻是一個玻璃門，看似開放，但卻不易進得來。

三、世貿組織的對策

1. 此協定的主要內容：在前述協定，要求各會員國在實施技術性法規、標準和符合性評鑑等措施時，必須遵循數項原則，不能無限上綱。
2. 世貿組織的主管機構：世貿組織最大的業務類委員會商品貿易委員會旗下11個次委員會中，技術貿易障礙委員會負責此協定的落實，委員會每年平均召開三次例會，非正式的會議視當年討論議題之發展彈性召開。

四、中國大陸的相關事項：以經濟部標準檢驗局為例

在中國大陸有關「技術性貿易障礙」的主管機關主要是國務院直屬機構－市場監督管理總局旗下「認證認可監督管理委員會」，對產品的安全、健康、環保、產業標法（規格）制定國家標準。在臺灣，由經濟及能源部商品檢驗局負責。

良好法規實務（good regulatory practice）

時：1995年起
人：各國政府
事：政府落實「良好法規實務」，分成二個項目：
1. 在自由貿易協定中的（商品）標準，技術章節中，藉以促進技術法規調和
2. 提升各國政府（對商品）等管制品質，以提升法律命令規定的透明程度，降低公司法令遵循成本

技術性貿易障礙的分類

大分類	說明	以韓歐自由貿易協定為例（2011年7月生效）
一、工業製品	針對工業製品的考量有二，說明如下	一、專章
（一）環境保護	汽車、化學品 汽車須符合人體安全保障（例如：防撞係數、安全氣囊、安全帶） 汽車常見的環保法令如下： 1.油耗係數（燃料係數）：即一公升汽油最少可跑幾公里，以2,000cc汽油汽車為準，美國2016年標準14.06公里，2025年標準20.26公里 2.廢氣排放標準	二、專章內容 1.適用範圍：包括可能影響貿易的標準、技術性法規與符合性評估程序的擬定、採行等 2.規範 ⑴採用國際標準：作為技術性法規等相關規範，而對於還沒有國際標準的議題或產業別，雙方合作，制定出合適的標準、技術性法規及符合性評估程序 ⑵法規透明化：法規作業程序良好／法規作業實務（Good Regulatory Practice, GRP） ⑶修法：當簽約國的一方制定新法規時，除需給予對方書面評論期之外，還需提供產業充分的調適期 3.產品檢驗：為推動南韓商品進入歐盟市場，藉由加強雙方的驗證機構及實驗室的合作關係，提高商品進入歐盟市場的機會及消費者對產品的信心 4.合作：雙方針對技術性貿易障礙的合作，協調推動貿易便捷化計畫
（二）安全：家電、3C產品類	1.家電、醫療器材、藥品：以家電來說，最常碰到的規格為美規、歐規 2.資訊產品電磁相容性檢驗相互承認協定	
（三）安全、健康	1.玩具：油漆不含鉛等 2.紡織品 3.藥品：給予藥證 4.肉品 　添加瘦肉精 　（萊克多巴胺）的安全標準 5.穀類	
二、農產製品		
（一）衛生	基因改造作物的進出口限制 全球60餘國（不包括美國）規定食品包裝須標明基因轉殖物質（Genetically Modified Organism, GMO）	
（二）檢疫	1.牛：狂牛症 2.豬：口蹄疫 3.魚蝦	

Unit 14-5
技術性障礙 II：食品安全檢驗與動物植物防疫檢疫

這是世貿組織、自貿協定中跟每個人生活最息息相關的，新聞性很強，最常見到的鏡頭是立法委員在立法院打架，農民帶小豬到農業部（前身為農委會）前抗議。

一、食品安全檢驗和動植物防疫的重要性

1. 食品安全檢驗：食品涉及人體的健康，許多人認為「人命無價」，要求政府嚴格把關。
2. 動物植物防疫檢疫：動植物貿易造成外來物種、新的疾病蟲害或是人畜共通傳染疾病的入侵和傳播等風險的增加。

二、世貿組織的規定

1995年世界貿易組織訂定食品安全檢驗與動物植物防疫措施（Sanitary and Phytosanitary Measures, SPS, 或譯為衛生和植物衛生措施），作為各國相關措施的參考，各國的措施必須向世貿組織通報。第二版自貿協定在防疫檢疫方面有專章，三分之二以上的自貿協定皆有此專章。有規定還是有國家不理，僅三成國家符合國際標準，其餘七成國家有些是「藉題發揮」，常藉某外國是動物疾病（例如：豬的口蹄疫或非洲豬瘟、牛的狂牛症）、植物疾病（蘋果的飛蛾病）的疫區，管制進口；因此常引發他國特定貿易關切（Specific Trade Concerns, STCs），甚至造成貿易爭端事件。2015年3月18日，美、紐西蘭向世貿組織申訴，指責印尼針對蘋果、馬鈴薯、牛肉、禽類等農畜產品設下進口限制構成貿易障礙，嚴重違反其身為世貿組織會員國的義務。

三、以臺灣漁產出口中國大陸為例

臺灣漁產品產值約1,200億元，其中八成外銷，中國大陸是出口最大市場（2014年2.56億美元，2017年只剩1.45億美元）。漁產品（尤其是活魚）愈新鮮價格愈高。2015年，臺海兩岸針對臺灣的漁產品出口中國大陸檢疫流程與標準建立協議。

1. 臺灣南部檢疫中心（農業部動植物防疫檢疫局高雄分局）：在高雄市興達港，服務臺南、高雄、屏東銷往中國大陸的漁產。
2. 主要漁產品：石斑、虱目魚、鮪魚等鮮魚和加工漁產。

中國大陸跟五國的自貿協定中檢疫規定

時：2001年5月7日
地：臺灣臺北市
人：中華經濟研究院世貿組織中心
事：針對「中國與各國簽訂自貿協定」中「農產品與食品衛生檢驗檢疫」（SPS規定）報告，共23頁，以跟南韓、日本、新加坡、紐澳為例。

食品檢驗與動植物防疫檢疫相關事務

項目	世貿組織的相關事項	中國大陸情況
一、法源		
·英文	1995年，Agreement on Sanitary and Phytosanitary Measures（SPS）	Sanitary, adj.（公共）衛生的 Phyto植物之意的結合辭 Phytosanitary引申為植物檢驗
·臺灣用詞	食品安全檢驗與動植物防疫疫措施	
·中國大陸用詞	實施衛生與植物衛生措施協定	
二、組織設計		
（一）世貿組織	世貿組織三個業務委員會中，商品委員會中11個次委員會的「食品安全檢驗與動植物防疫檢疫委員會」	國務院直屬機構 海關總署
（二）標準制定	國際食品法典委員會（Codex Alimentarius Commission, CAC）由聯合國糧農組織（FAO）和世界衛生組織（WHO）成立 成立時間：1960年 宗旨：確保食品貿易公平和保障消費者的健康。	1. 國務院食品安全委員會 2. 國務院部會管理的國家局中藥品監督管理局，由直屬機構市場監督管理總局代管
1. 牛肉	2012年7月5日國際食典委員會表決牛肉、豬肉，萊克多巴胺殘留容許量10ppb（10億之一）	禁用
2. 豬肉		禁用

瘦肉精（或瘦體素）

1. 功能：可以減少牛豬少吃10%飼料。多長5%～10%的肉（尤其是瘦肉）。
2. 瘦肉精種類：約40種，其中萊克多巴胺（Ractopamie）
3. 對人體副作用：當缺乏長期的人體實驗結果，動物實驗結果，多吃會噁心、頭暈。

Unit 14-6
產地證明

你知道你買的日本食品原產地（是否來自311地震的輻射災區）嗎？你知道你買的歐洲汽車（福斯等）在南非、印度生產嗎？

一、產地證明的重要性－以臺灣的茶葉、茶飲為例

2015年臺灣媒體大幅度報導進口茶葉帶來諸多問題。臺灣一年內需茶葉4萬噸（主要是手搖茶飲料店），但自產茶葉1.4萬噸（七成在南投縣），即有3萬噸茶葉進口。由於越南茶、中國大陸茶比臺灣茶便宜七成，許多茶葉公司進口越南茶，混進臺灣茶，以臺灣茶名義銷售。這涉及兩個問題。

1. 以次充好的商品詐欺：許多中客在南投縣（尤其是魚池鄉明潭）買阿里山、南投高山茶，1斤售價3,000元，本質是越南茶，成本200元。
2. 越南茶的三大問題：越南茶有三大問題，農藥、肥料、落葉劑（1966~1974年越戰期間，美軍轟炸機所投的橘劑）。

二、世貿組織的相關規定

1. 原產地規則協定：1995年世貿組織頒布「原產地規則協定」（Agreement on Rules of Origin）。
2. 原產地規則：原產地規則有兩種。
   · 優惠規則：主要是自貿協定的國家間的特殊規定，你上網很容易看到樣張，例如：臺灣跟紐西蘭間。
   · 普通規則：主要是進口國為大。
3. 原產地三條件：許多商品都會用到進口原料，加工後再出口，那如何判定原產地呢？
   · 更改關稅稅目，原料和產品關稅稅目不同。
   · 附加價值。
   · 特殊加工規定。

申請原產地證明到出口託運一條鞭作業

上網搜尋托一家報關行（customs broker），會發現報關行全包了，從替出口公司申請原產地證明，作裝箱車（packing list）供海關查驗和向承運輪船公司拿「發貨單」（shipping order）。

世界貿易組織跟中國大陸對於產地證明的規範

項目	世貿組織	說明
一、用詞 1. 英文 2. 臺灣 3. 中國大陸	(general) certificate of origin (c/o) 原產地證明書，簡稱產地證明 · （一般原）產地證明書 · 原產地證書	origin產地 certificate證明書
二、原產地證明書的內容	· 出口公司名稱和住址 · 外國進口公司名稱和住址 · 出口商品的發票、編號、嘜頭 · 商品名稱、數量和重量 · 運輸方式和航線	進出口貨物原產地條例： 1. 加工裝配證明書申請書 2. 出口貨物原產地證明書，一式四份
三、組織設計 1. 主管機關 2. 核發機關 3. 進口國執行機構	世貿組織最大業務委員會商品貿易委員會旗下11個次委員會中的「原產地」委員會 (1) 駐在出口「地」的進口國領事館 (2) 出口「地」的商會 · 世界海關組織 · 中國大陸稱為海關總署	簽證機構 · 國務院市場監督管理總局 · 認證認可監督勞理委員會 · 中國國際貿易委員會（即中國商會）

原產地證明

　　美國與許多國家簽署的自貿協定，皆採「從紗開始」（Yarn Forward）原產地證明，會員國的成衣銷售至美國可享受免關稅的優惠，但前提條件是必須從紗開始認定，原料須是來自於會員國的紗。

　　在跨太平洋夥伴全面進步協定中，美國提議「紗原產地」證明。如此一來，越南不能向非會員國（例如：中國大陸）購買紗，而必須向會員國（例如：美國）或國內公司購買。

由於越南成衣原料七到八成皆需進口，假如缺原料時，美國為了避免利害方（例如：越南），以「簽署國原料不足」為由提出抗辯，在協定中提出「短供清單」（Short Supply）方式，意即會員國中對於原料無法提供時，可向非會員國購買，不違反協定。短供清單分為兩類：一為永久性、一為暫時性的（3年）。

Unit **14-7**
貿易便捷化：峇里協定

圖解國際貿易理論與政策：國際經濟與區域經濟

282

　　出過國的人便體會到「快速通關」的好處，各國海關針對優良旅客，實施免驗行李的快速通關待遇，約可節省一小時的時間。旅客與行李算很單純，國際貿易的商品通關，涉及商品價格（主要是抽關稅）、商品種類（主要是配額）、商品安全（主要是毒品、武器等違禁品）。由於貨櫃數量驚人，各國海關通常得花許多時間檢驗，如果能加速過海關速度，貨暢其流的程度會更上一層樓。

一、貿易便捷化：貿易促進協定

　　1995年起，世貿組織推動各國簽定「貿易便提化協定」（Trade Facilitation Agreement, TFA），讓各國簡化通關手續。貿易便捷化（Trade Facilitation, TF），即藉由簡化通關、邊境查驗所需文件及程序，降低交易成本。據世界銀行、經濟合作暨發展組織估計，貿易便捷化約能降低10～15%的貿易成本，有活絡貿易的效果，重要性跟降低或消除關稅相近。據世界銀行2018年物流績效指標，臺灣進、出口的通關時間皆約為一天，實體檢驗的抽驗比率約2%，在168國中，居第27名，南韓25，中國大陸26名。

二、峇里協定

　　2001年杜哈回合談判進程不順，各會員國有共識，先處理部份較不棘手的議題，以重建全球對多邊貿易體制的信心。2013年12月7日，世貿組織在印尼峇里島舉行的第九屆部長會議中，「峇里套案」（Bali Package）是會議三大成果之一，是世貿組織達成的第一個全球貿易協定。

　　2014年11月28日，世貿組織通過「峇里協定」，經由簡化海關程序（包括海關規費降低），並使各國程序一致，美國彼得森經濟研究所（Institute for International Economics）預估創造9,600億美元的經濟活動與2,100萬個（其中1,800萬個在新興國家）工作機會。

三、實施

　　2017年2月22日，有110會員（世貿組織164會員超過三分之二）政府通過核准接受此協定，此協定開始實施，分兩類國家。

　　1. 工業國家立即全面執行。

　　2. 新興國家自訂時間表（依時間順序分三類）。

物流績效指標（Logistics Performance Index, LPI）

時：每兩年6月28日～7月24日，自2007年起

地：全球168國

人：世界銀行貿易與競爭優勢全球實踐局與大學等合作

事：公布〈聯接以競爭——全球經濟中的貿易物流〉報告，調查對象是各國物流公司的中高階管理者，詢問其對各國物流績效表現的客觀績效數據和主觀意見

關務合作與貿易便捷化

關務合作	貿易便捷化
1 關港貿單一窗口	兩國海關互相承認：2014年12月17日，中國大陸重慶市與上海市、新疆阿拉山口跟歐洲22個國家的海關實現關檢互認，有助於外向型經濟發展。
2 預報貨物資訊	優質企業認證（AEO）及管理機制：臺灣跟美國、新加坡及以色列簽署優質企業認證相互承認協議，陸續跟中國大陸、香港及東協主要貿易夥伴洽談，讓雙方彼此貨品出口達快速通關待遇。
3 查驗技術現代化 世界關務組織「全球貿易安全與便捷標準架構」（SAFE Framework）簡化對快遞貨物的免稅程序，「48小時通關」的原則 	貨物安全移動：經濟示範區採前店後廠及境內關外概念，不必報關，不必繳營業稅、貨物稅、關稅，區內公司只要設電子帳冊，在網路上監控貨物流向，進行遠端稽核，針對公司進行ABCD四級管理。優質企業若屬經濟示範區內，列入A級管理，通關採最低查驗比例，除非有異常才會查驗，出口至相互認證的國家，可享通關快速便利好處。
4 兩國檢驗互相承認* 食品和化妝品檢驗機關的相互認可	原產地證明*：中韓自貿協定頁數298頁，原產定証明，占協定28%，產品特定原產地規則中，出口700美元以下產品不需要提交產地證書。
5 其他	其他*：中國大陸在中央政府和各省市政府內安排負責解決南韓企業營運障礙的機關或人員等。

*中韓自貿協定

資料來源：整理自中經院。

283

第 **15** 章

區域經濟整合

章節體系架構

Unit 15-1
跨國政治經濟整合的程度

圖解國際貿易理論與政策：國際經濟與區域經濟

286

　　兩國（以上）基於建立友好關係，會在許多方面簽署協定，總的來說，稱為國際整合，本書的焦點在於二大類國際整合中的經濟整合；跨國整合在政治學、經濟甚至軍事各學程都有深入討論。有關區域經濟整合的「程度」（或分類），大都以印度裔美國學者巴格瓦帝（Jagdish Bhagwati, 1934~）在1961年出版的《經濟整合理論》（*The Theory of Economic Integration*）書中的五層分類為基礎，本書多考慮右圖中的X軸地理範圍、整合程度（評分）。

一、X軸：地理範圍

　　在X軸中，以跨國整合所涉及的國家數目來分，至少可以分成三情況。

1. 二國：二國的整合由於項目較容易量身設定，因此比較容易獲得結論。
2. 一洲的區域：三國以上的整合由於複雜程度大增，各有各的底線，比二國時更難獲致結論。因此三國以上的跨國整合往往是一洲同一區域的情況，這是因為語言、文化型態相似，且通俗文化在民間已長期交流之故。
3. 全球：經濟無國界，許多國家會把「政治擺一邊」，追求經濟整合。

二、Y軸：整合程度

　　在Y軸，考慮到跨國整合程度，以政經同盟為滿分，往下分數愈低，經濟同盟最多只有80分，分數高低只是表示整合程度，不能用於計數推論。

1. 100分，政經同盟或全面整合：政治經濟同盟（Political Economic Unions）是比經濟同盟再進一步地整合，由聯盟的超國家機構決定同盟內、外一切決策，包括各會員國必須遵一致的經濟、財政與社會福利政策。此外，並建立聯盟的中央銀行及發行共同使用的單一貨幣；各成員國家必須配合放棄各項財經政策，甚至國防、外交政策等主權敏感事務，可說是區域整合中最難的。全面整合（Full-fledge Integration）不討論。
2. 90分，泛經濟事務的整合：勞動部、衛生福利部有一半事務跟經濟有關，主要是最低工資、勞工退休金提撥率、失業津貼）、衛生福利部中的福利偏重社會救助。為了圖形簡化起見，泛經濟事務整合未標示在圖Y軸上，許多書也沒有討論。
3. 80分，經濟整合：經濟同盟是指在同盟區內經濟一體化，而槍口一致對外。

歐洲聯盟理事會（Council of the European Union）

時：2004年羅馬條約簽署之後
地：比利時首都布魯塞爾Justus Lipsiun大廈
人：理事會主席
事：這可說是歐盟27國的政策決定機構，跟一般國家的部會一樣，下設10個司。

跨國政治經濟整合的分類

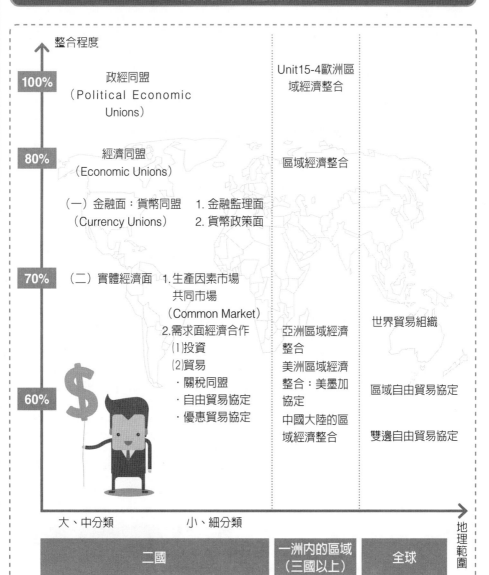

整合程度

100%	政經同盟（Political Economic Unions）
80%	經濟同盟（Economic Unions）

（一）金融面：貨幣同盟　1. 金融監理面
（Currency Unions）　2. 貨幣政策面

70%　（二）實體經濟面　1. 生產因素市場
　　　　　　　　　　　　共同市場
　　　　　　　　　　　（Common Market）
　　　　　　　　　　　2. 需求面經濟合作
　　　　　　　　　　　　(1)投資
　　　　　　　　　　　　(2)貿易
　　　　　　　　　　　　・關稅同盟
60%　　　　　　　　　　・自由貿易協定
　　　　　　　　　　　　・優惠貿易協定

Unit15-4歐洲區域經濟整合

區域經濟整合

亞洲區域經濟整合

美洲區域經濟整合：美墨加協定

中國大陸的區域經濟整合

世界貿易組織

區域自由貿易協定

雙邊自由貿易協定

大、中分類　　　　小、細分類　　　　　地理範圍

二國	一洲內的區域（三國以上）	全球

®伍忠賢 2017.10。

287

Unit **15-2**
經濟整合的程度

　　兩國間的經濟整合往往是由淺到深，本單元綱舉目張，讓你一目了然。由右圖可見，國際間的經濟整合依經濟活動常見的二分法，分為實體經濟面及金融面。

一、金融面的經濟整合最高得80分

　　金融面經濟整合至少包括三小類，依困難程度由高往低說明。

1. 金融監理面：2010年起歐元區五國政府陸續出現倒債風暴（即歐洲債務風暴），因此針對歐元區金融業監理的統一，2014年11月開始實施「單一監理機制」。
2. 貨幣政策面：貨幣政策整合的落實，在於成立區域中央銀行，全球只有一個實例即歐洲中央銀行，甚至採取統一貨幣，歐洲央行發行歐元取代19個會員國的本國貨幣。

二、實體經濟面的經濟整合最高得70分

　　實體經濟在狹義的一般均衡分析中，又分為商品市場、生產因素市場，這是本書的重點，在實體經濟整合方面，可以再依市場整合程度由高往低分成兩小類。

1. 生產因素市場面經濟合作：在商品市場（主要是貿易、投資）方面整合後，再往下一步便是生產因素（主要是勞工、資金）市場面的整合，主要出現在勞動市場，即勞工可以跨國移動、就業，整個區域成為單一勞動市場；區內人民跨國移動不需簽證，歐盟在1987年才成為名副其實的共同市場（common market）。
2. 需求面（或商品市場面）經濟合作：在需求結構四項中，主要會針對貿易、投資二方面洽談合作，其所簽的協定稱為經濟合作協定（Economic Cooperation Agreement, ECA），在臺灣有名的是「臺紐經濟合作協定」，有時稱為「○○貿易投資協定（xxx Trade Investment Agreement, 即xxxTIA）」。因此在商品市場的合作還可分為二小類。
    - 投資協定：兩國開放服務貿易時，由於必須到夥伴國去設點提供服務，因此往往在簽服務貿易協定時或之後，簽定投資協定。投資協定主要說明開放投資（產業）項目、地區、人員移動等。「投資保障協定」有可能單獨簽定，內容包括適用範圍、投資促進與保護、投資待遇、徵收、損害賠償、投資資本及收益匯出、投資爭端解決、代位求償、協定生效等。
    - 自由貿易協定，詳見Unit14-2。

國際的全面經濟合作協定範圍
(Comprehensive Economic Cooperation Agreement, CECA)

投入：生產因素市場	轉換：產業	產出：商品市場
一、自然資源 二、勞工 三、資本 四、技術 　　技術交流 五、企業家精神	產業合作（industrial collaboration），在中國大陸由商務部下的各司負責 1.國際經貿關係司 2.國際經貿合作司 3.各區域司、歐洲司等	一、消費 二、投資協定 三、政府支出 　　租稅協定 四、國際貿易協定 　　1.商品貿易 　　2.服務貿易

經濟整合的意義

套用第一章一開始時以說文解字方式分解「國際貿易」一詞，同樣的，「經濟整合」一詞可分解成基本名詞（類似化學元素中的基本元素）來了解其涵義。

經濟 （Economic）	**+**	整合 （Integration）	**=**	經濟整合 （Economic Integration）

▶ Economy (n.)
▶ 指一國的經濟，可分為實體面、金融面

▶ Integrate (vt.)
▶ 整合（各部分成整體）
▶ （數學）積分
▶ 1620年，牛津字典第一次出現整合一字，其意義為「把部分結合為一整體」
▶ 此字源自拉丁文 Integratio，大致跟英文的 Renovation（革新）相近，也就是「構成整體或全部之行動與過程」

▶ 二國（或經濟體）以上在經濟方面整合
▶ 英國聖安德魯（St. Andrews）大學經濟學者彼得·羅布森（Peter Robson）在《經濟的國際整合》（the economics of international integration）（1980）書中，把經濟整合視為一種透過特別性安排，以提升整合體的經濟資源更能有效率地運用，與增進經濟成長的過程。此書論文引用次數2150次

➕ 知識補充站——投資人與地主國之間的爭端解決機制

（Investor-State Dispute Settlement, 簡稱ISDS）

1. 世界貿易組織架構

   外國公司必須遵守投資所在國的法律。一旦發生利益糾紛，所在國擁有司法裁判權。如果外資公司不服可以上訴到世貿組織，但外國公司必須通過其母國政府才能上訴到世貿組織，因為只有主權國家才有權提出訴訟，也只有世貿組織成員才擁有解決貿易爭端機制的最終主導權，包括選擇仲裁機構的權利。

2. 跨太平洋夥伴全面進步協定

   提出訴訟和仲裁的權利移轉給設立在華盛頓（或紐約）等地的國際投資爭端解決機構，這類機構通常都由傾向維護跨國公司權益的律師或商務仲裁員組成，不提供上訴機制。

Unit 15-3
經濟整合中的自由貿易協定

跨國間的貿易協定依貿易自由化的程度由高往低依序分成三小類。

一、關稅同盟

關稅同盟＝自貿協定（零關稅）＋同盟，同盟指的是「槍口統一對外」。

關稅同盟地區內的國家，對彼此採取撤除關稅與關稅以外貿易障礙等措施，而且對於同盟外的其他國家，也採行共同一致性的關稅類的貿易政策。最早的關稅同盟（Customs Union）為1921年比利時跟盧森堡兩國，二次大戰時，荷蘭加入，改名為比荷盧關稅同盟（Benelux Customs Union），此外，歐盟也是。

二、自由貿易協定

跨國簽定的自由貿易協定最狹義的是指商品貿易，關稅逐年減至零，以商品來說，關稅稅則8位碼，項目約一萬項。各會員國對於區域外國家，仍然維持著自訂的關稅，美署加協定就是一個例子。廣義則包括服務貿易、投資等。

三、優惠貿易協定

兩國間簽定優惠貿易協定（Preferential Trade Agreement, PTA），會員國間的商品關稅稅率比其他國家為低，這可說是最低程度的經濟整合，所以往往不被列入正式的經濟整合組織行列。依「優惠」方向可分為下列兩種。

1. 雙向，優惠貿易地區（preferential trade area）：例如：1981年東非與南非十一國組成「優惠貿易區域」，且跟東協一樣，有祕書處，設於尚比亞。
2. 單方對他國優惠：歐美工業國往往會單向對開發中國家給予「普遍化關稅優惠」（GSP），以協助其出口。其中較著名的是1970年代起，美國飽受來自南美洲哥倫比亞等國毒品侵擾，於是1991年推出「安地斯貿易優惠法」（Andean Trade Preference Act, ATPA），美國針對玻利維亞、哥倫比亞、厄瓜多和祕魯等4個安地斯山區國家，單方面給予免關稅等優惠，以鼓勵農民種花以取代罌粟花。哥倫比亞、厄瓜多得地利之便（有2,800公尺高山），花卉產業蓬勃發展，厄瓜多花農月薪354美元。2013年，美國的優惠停止，但歐盟給予優惠貿易，2013年厄瓜多花卉勞工10萬人、產值8.37億美元。

經濟合作協定與地區

跨國間簽定經濟合作協定，依據涉及國家數目和是否有外交關係，有些微的用詞上的差異，詳見表，以下詳細說明。

1 國家數目：二國（或不同區域三國）簽定自貿協定，常用國家名稱來命名，例如：美韓自貿協定（U.S.-Korea FTA）。自貿協定涵蓋的地區稱為「自由貿易地區」（Free Trade Area, 其簡寫跟自貿協定簡寫FTA相同）

2 區域貿易協定：以同一個區域的三國（以上）簽署貿易協定稱為「區域貿易協定」（Regional Trade Agreement）。在區域自由協定所涵蓋的地區稱為「區域貿易地區」（Regional Trade Area），彼此稱為會員國、成員國

自由貿易協定與地區的中英文名詞

項目	合約	地區
名稱	（一）兩國自由貿易協定（Free Trade Agreement, FTA） **協定vs.協議** | 協定（Agreement）	協議（Arrangement）
協定是指邦交國間簽約契約；但也有例外，例如：2013年7月10日，臺灣跟紐西蘭簽定「臺紐經濟協定」（ANZTEC）便是用協定一詞	協議是指無邦交國（或地區）間簽約契約；但也有例外，例如2010年9月12日中臺簽「海峽兩岸經濟合作架構協議」（ECFA） | （二）區域 　區域貿易協定（Regional Trade Agreement, RTA）	自由貿易地區（Free Trade Area, FTA） 例如：美韓自由貿易地區指的是適用美韓自由貿易協定的地區，指的是美、南韓兩國 　area：地區 　region：區域 自由貿易區域（Free Trade Region）

Unit 15-4
一洲內的區域經濟整合

　　一個洲內往往有東西南北中五個區域，各區域少則三個國家，多則二、三十個國家，因地緣經濟的緣故，長久以來，人民自由的進行貿易、投資。只要各國政府一接洽，往往區域自貿協定（regional trade agreement, RTA）就水到渠成。

一、區域經濟整合的定義

　　沿用在第一章一開始把「經濟地理」的定義採大易分解法，分解成「經濟」、「地理」；同樣的。

經濟（Economic）　＋　整合（Integration）　＝　經濟整合（Economic Integration）

　　在Uni15-5詳細解「經濟整合」和「區域經濟整合」，而後者只是「經濟整合」的一部分。

二、區域整合的得與失

　　以音樂家為例，個人獨奏時容易表現出個人特色，但是加入交響樂團，由於有弦樂、管樂甚至打擊樂器的搭配，整個演奏的豐富感遠高於單一樂器獨奏或合奏；但各樂手必須跟其他樂手協調，比較沒有個人色彩。同樣的，區域經濟整合也是如此。

三、以歐洲聯盟為例

　　1952年以來，歐盟從一個6國之間的煤鋼共同體起步，一路提升整合的層次，擴大整合的範圍，發展到了28個（2019年27個，英國脫離）國家的規模，實現了商品、服務、資本與人員自由流通的單一市場，以及在這個大範圍中19個國家的統一貨幣歐元（Euro），這是前無古人的巨大成就，為全人類追求與實現和平、和諧與合作樹立了最佳典範。歐盟成員之間，在長遠歷史上存在過極大的、複雜的、難解的恩怨，如今豈止是「一笑泯恩仇」，還更能在相互寬解恩怨的基礎上，以更大的智慧透過磨合，謀求世代的福祉，為全人類文明的提升下了最精彩的註腳。

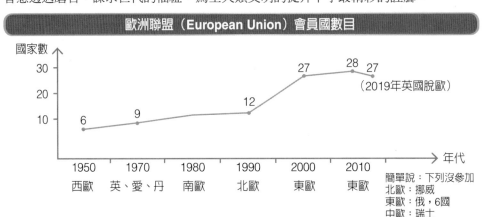

歐洲聯盟（European Union）會員國數目

全球三大區域經濟整合　2020年

貿易集團	I	II	III
生效年	1992年	1994年	2016年
洲、國家	歐盟27國 （2019年英國退出）	美墨加自貿區3國 加美墨	東協經濟共同體 10國
人口（億人）	4.54	5	6.7
總產值（兆美元）	18	22.87	3.1
衍生版			
生效年	2020年（預定）	2018年12月30日	2020年（預測）
洲、國家	跨大西洋自貿區 28國	跨太平洋夥伴協定 （CPTPP）11國	區域全面經濟夥伴關係協定 （RCEP）16國
人口（億人）	7.8	4.74	34
總產值（兆美元）	39	5	30

區域整合的效益成本分析

範圍	成本（cost）：失（loss）	效益（benefit）：得（gain）
一、政治整合	在歐洲區域整合方面著名美國學者林柏格（Leon N. Lindberg, 1932～）在其書《區域整合：理論和研究》等書中也有類似主張。在政治同盟情況下，各會員國更必須放棄國家主權象徵，包括國防治安與外交政策等，並讓渡給超國家（super nation）組織的聯盟機構。	以區域政經整合而促進世界和平，歐盟可說是楷模。2012年10月，瑞典諾貝爾委員會把2012年諾貝爾和平獎頒給歐盟，歐盟獲獎的原因是：「60年以來，這一聯盟和其先驅者為歐洲和平和解、民主和人權等各方面的進步做出了貢獻」。
二、經濟	參與區域整合的代價便是：必須逐漸放棄部分經濟政策主導權。	
（一）金融面	歐盟在1998年成立歐洲中央銀行。2002年歐元上市，各國的本國幣停用，各國中央銀行貨幣政策中的匯率政策完全交出來，對內的利率政策也一樣，只剩數量、選擇性信用管制等二項貨幣政策工具有用武之地。	經濟整合帶來的重要貢獻在於有效地降低潛在性武裝衝突，從歐洲整合歷史的發展來看，藉由整合程度的不斷提升，增進經貿的成長，而且得以協調制定共同的財經政策，進一步發展共同的政經利益，明顯地有助於促進區域安定，進一步促進全球性的經濟整合。
（二）生產因素市場	出入境的管制、移民政策等；衍生兩個問題： 1. 社會治安 2. 本國人工作機會被外國人搶走 2016年6月23日，英國脫離歐洲公民投票（Brexit Vote）過關，老年人投票贊成，基於此。	這是比自由貿易更高一層級的「共同市場」（common market），包括生產因素市場中兩項。 1. 勞動市場：開放人民跨境工作 2. 資本市場：資金流通
（三）商品市場	例如：關稅的課徵、市場的開放。	區域內國家的結盟，主要好處是「廣結善緣」，甚至「得道多助」。1969年諾貝爾經濟學獎二位得主之一荷蘭籍的丁伯根（Jan Tinbergen）於其1946年出版的《國際經濟合作》（International Economic Cooperation）書中指出：國際經濟整合消除會員國間（負面性的）貿易障礙，甚至可能出現（正面性的）負責協調與制定共同政策的新機構。

Unit 15-5
區域經濟組織

　　同一區域的幾個國家，往往使明同樣的水源（例如：中歐的萊茵河、東南亞的湄公河），因地緣關係，貿易也較頻繁。因此各國間面臨較多的經濟互動，逐漸發展出「同在一艘船」上的感覺；以致成立經濟組織以尋求共同發展，由右表可見四個洲中的區域與對應的經濟組織。

一、歐洲

歐洲的經濟整合組織較有規模的是歐洲同盟（European Union），從1956年起發展。

二、亞洲

亞洲人口數占全球人口60%，土地占33%，是全球區域經濟整合的熱區。
1. 東南亞到東亞。
2. 南亞：1985年南亞七國（印度次大陸上五國、斯里蘭卡與馬爾地夫）組成南亞區域合作組織（South Asian Association for Regional Cooperation, SARCS）。

三、美洲

美洲是一個洲，但因為在中美洲有巴拿馬地塹，所以一般分為北美與中南美洲，區域經濟整合分成南北兩區。
1. 「美墨加」協定：美國一直是全球經濟強國，美洲國家一直希望能打入會內賽，但1994年北美貿易協定（U.S. Mexico Canada Agreement）實施後，因美國對鄰國貿易糾紛不斷，美洲國家只好結伴自己整合，其中較大的是有南方共同體（MERCOSUR）的南方共同市場，美洲自貿區看似無望。
2. 南美洲的區域經濟整合：19181年3月，墨、巴、阿等11國組成中南美統合聯盟（LAIS），屬於廣泛論壇性質。表中的各洲的區域經濟組織中，舉一個較新成立的為例說明。2011年4月28日，墨西哥、哥倫比亞、智利、祕魯，在祕魯首都利馬市發表「利馬宣言」，宣布推動成立太平洋聯盟（Pacific Alliance）。

美墨加協定（U.S.–Mexico–Canada Agreement, USMCA）

時：2020年
地：北美（加拿大、美）、中美洲（墨西哥）
人：三國元首，美墨總統、加拿大總理
事：1994年的北美自由貿易協定（North American Free Trade Agreement, NAFTA），在美國川普總統堅持重議後，2018年9月30日，三國政府重簽更名為「美墨加協定」，預計2020年實施。其中例如：在三國境內製造汽車的零組件由62.5%提高到75%，另加、墨每年出口到美汽車，只有260萬輛免關稅，另加墨的汽車公司付給勞工時薪16美元（墨西哥現5.5美元），才適用免關稅出口至美

亞、歐、美、非洲的區域經濟組織

成長階段	西北部	中部	東南部
一、工業國家 （一）歐洲 （二）美洲中北美洲	美墨加協定（USMCA）3國：加美墨	**1. 歐洲聯盟（EU）27國（英2019年退出） 2. 歐洲自由貿易協會（EFTA）4國（中歐瑞士、列支敦斯登、北歐挪威、冰島）	1. 歐盟加三。由歐盟再加上歐洲自由貿易組織三國（除掉瑞士）組成歐洲經濟區（European Economic Area, EEA）
（三）美洲的中南美洲	另有1975年非洲、（美洲）加勒比和太平洋國家集團（African, Caribbean and Pacific Group of States, ACP） 非洲：48國 加勒比海區：16國 太平洋：15國	**1. 中美洲共同市場（Central American Common Market, CACM），1962年7月 2. 加勒比海包括15個屬地、國家，另有稱為加勒比海石油聯盟（Petrocaribe），加勒比海18國家和地區加上委內瑞拉	1. 安第斯共同體（Andean Community, CAN）：玻利維亞、哥倫比亞、厄瓜多、秘魯四國。 **2. 南方共同市場（MERCOSUR）5國，1995年1月
亞太 亞洲 大洋洲	**海灣合作理事會（Gulf Cooperation Council, GCC）：阿拉伯半島上國家，包括沙烏地阿拉伯、科威特、阿聯、卡達、巴林、阿曼6國，2008年1月 海灣是指阿拉伯波斯灣	1. 2001年上海合作組織：包括陸、俄與中亞四國（吉爾吉斯、塔吉克、哈薩克、烏茲別克，另加南亞2國（印、巴基斯坦）共8國，有4個觀察員國、6個對話夥伴國。	1. 東協自由貿易協定（ASEAN）共10國 2. 南亞自由貿易協定（SAFTA）8國（南亞6國），加阿富汗、馬爾地夫 ・區域全面經濟夥伴協定（Regional Comprehensive Economic Partnership, RCEP） ・東協（10國）＋6國 ・大洋洲紐澳
非洲	1. 西非經濟和貨幣同盟（WAEMU）8國 另阿拉伯馬格里布聯盟（UMA）5國，包括阿爾及利亞、利比亞、茅利塔尼亞、摩洛哥與突尼西亞，處於北非的馬格里布（Maghreb）地區	1. 中非洲經濟和貨幣共同體（CEMAC）6國。喀麥隆、中非、查德 2. 中非洲經濟共同體（ECCAS）11國 3. 2018.3.29非洲中國大陸自由貿易協定（African Continental FTA, AFCFTA）44國	1. 東非經濟共同體（EAC） **2. 東非和南非洲共同市場（COMESA）20國，1993年12月 3. 南非洲發展共同體（SADC）15國，2010年1月

資料來源：整理自世界貿易組織，世界貿易統計Review。 　　**號稱共同市場

Unit 15-6
各區域貿易協定占商品、服務貿易比重

歐、美、亞、非洲的區域經濟組織

單位：%

洲／區域	出口		進口	
	2006年	2015年	2006年	2015年
全球(兆美元)	12.13	16.482	12.461	16.725
一、歐洲	40.22	35.036	40.78	33.778
1. 歐盟	37.87	32.606	1.7	31.785
2. 歐洲	2.25	2.43	39.08	1.993
二、美洲	16.75	16.651	22.747	21.714
1. 北美	13.72	13.92	20.887	18.83
2. 中南美	3.03	2.731	2.36	2.884
・其他	0.91	0.905	0.97	1.142
・南方	2.12	1.826	1.39	1.742
三、亞洲	11.62	13.888	9.26	12.5306
1. 東南亞自貿協定	6.35	7.918	5.52	6.52
2. 南亞自貿協定	1.31	2.03	1.93	3.048
3. 海灣合作會議	3.06	3.94	1.81	2.933
四、非洲	3.135	2.88	2.22	2.828
小計	71.725	68.455	75	70.85

亞洲為主的三大區域自由貿易協定			
年	2014年起	2018.12.20	最快2020年
一、主導國	中國大陸	日本	東南亞國家協會（ASEAN）
會員國	亞洲基礎設施投資銀行，97個國家和地區。	11國 亞洲：東亞的日本、東南亞10國 大洋洲：紐澳 美洲：加、墨、智利、祕魯	16國 亞洲：中、日、韓 東南亞：10國 南亞：印度 大洋洲：紐澳
二、協定	一帶一路政策（one belt one road economic policy） 1.投資協定 2.自由貿易協定	跨太平洋夥伴全面進步協定（Comprehensive and Progressive Agreement for Trans-Pacific Partnership，CPTPP）	區域全面經濟夥伴關係協定（Regional Comprehensive Economic Partnership，RCEP）

以中國大陸為首的貿易集團

中國大陸在籌組區域經濟合作方面起步較晚，2003年進口市場（尤其是消費構成的世界市場）大幅成長，多了跟他國「交朋友」的本錢。2014年中國大陸以「一帶一路」嘗試建立「亞歐經濟圈」，2015年3月，由中國大陸發起的亞洲基礎設施投資銀行（AIIB, 亞投行）截止申請成為創始會員國，創始「朋友圈」能從最初設定的亞洲境內，迅速擴展至北美以外的全球各地，足見中國大陸的經貿磁吸力量極強。美國只剩加、日等少數鐵桿粉絲撐著。

Unit 15-7
貿易集團間的競爭：美中的努力

　　二支筷子（或箭）容易折斷，十隻筷子便很難折斷。（洲內鄰近）二國間的貿易同盟，很容易引起樂隊花車效應（band wagon effect）效果，逐漸形成一洲的區域貿易協定。第一個便是歐洲同盟，在歐盟等的經驗之下，學者們的深入研究貿易集團（trading bloc）的數學模型，其中著名的是保囉・克魯曼的數學模型，說明全球的貿易集團最適數目，例如：4個。以個體經濟的角度，把每個國家視為一家公司，數個國家簽定區域自由貿易協定，組成一個貿易集團（trading bloc），本質就是一個合法的壟斷利益集團（Cartel，之前音譯卡特爾）。

一、貿易集團間競爭

　　有些貿易集團間會彼此競爭，這主要表現在「搶會員國」。

1. 擴大成員數目：「數大即是美」，以便利商店加盟為例，臺灣四大便利商店業者（統一超商、全家、萊爾富、OK）積極推動加盟，以拓展店數。同樣的，每個貿易集團會擴大成員國數目，藉以增大成員國的加盟效益；此又稱為「貿易自由化的競爭」（competitive liberation）。

2. 自由貿易開放程度：便利商店透過加盟條件去吸引加盟主近悅遠來。同樣的，貿易集團提供會員國的加盟效益，主要來自貿易自由化承諾廣度、深度，這些都在貿易協定範本（template）中載明。

二、貿易集團內競爭

　　貿易集團內，各國的經濟規模、國際地位有可能差距很大，因此有些大國便會爭取當非正式領袖，對內帶領成員國去提升貿易協定範本；對外，代表貿易集團去跟其他貿易集團協調。

三、美中兩大國各組貿易集團

　　經濟往往是政治的工具，例如：以經濟制裁作為「棍子」，以取代出兵作戰。反之，經濟合作成為美中兩國給同盟國的「蘿蔔」。

1. 美國為首的貿易集團：2017年1月，美國川普總統上任，強調公平貿易，在建構貿易集團方面，大都是「美國優先」，不容易結交朋友。

2. 中國大陸為首的貿易集團：由右表第二欄可見，中國大陸以「海納百川」方式，透過各種投資（金融等）、貿易、產業合作方式、大有進展。

小博士解說——貿易集團（trading bloc）

· 經濟學者的用詞
· 另又用詞例如：巨型自由貿易協定（mega FTA），常指簽約的會員國很多（5家以上）、占全球總產值大（例如：30%）、占全球貿易金額大。
· 推薦閱讀：徐遵慈，「巨型FTA之興起及其對全球經貿規則之影響」，經濟前瞻，2015年7月，第83~87頁。

區域	中國大陸	美國
美中建構貿易集團的努力		
一、美洲北美	—	美墨加貿易協定
二、歐洲	·金磚5國（BRICS）：巴西、俄、印度、中、南非，金磚4國2006年6月成立，2010年南非加入。 ·每年中東歐16國高峰會議	美歐跨大西洋貿易投資夥伴協定（Transatlantic Trade and Investment Partnership），美加上歐盟
三、新興國家	—	—
（一）美洲	—	2018年4月13~14日，川普總統參加美洲高峰會議
（二）亞太	1.2001年上海合作組織 2.東協加1（中） ·2015年3月起，推動一帶一路政策 ·絲路：主要是亞洲中亞、西亞到歐洲 ·海上絲路：主要是亞洲東南亞 ·南亞、中東到非洲北非 ·歐洲 ·東亞自由貿易區（East Asia Free Trade Area）：包括中國大陸、韓、日	1.2017年1月23日，美國退出「跨太平洋夥伴協定（Trans-Pacific Strategic Economic Partnership Agreement） 2.2018年3月簽，日等11國跨太平洋夥伴全面進步協定（Comprehensive and Progressive Agreement for Trans-Pacific Partnership, CPTPP）

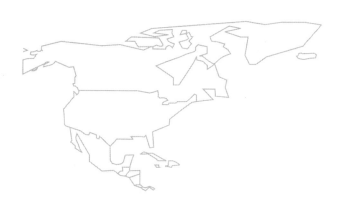

第 **16** 章

世界貿易組織架構下的國際貿易政策：
兼論美中經濟貿易政策與相關部會

章節體系架構 ▼

Unit 16-1
全景：出口、進口的可能方向與政策

　　每個國家採取國際貿易政策（international trade policy, 詳見本頁下方用詞）以達到經濟目標，本單元先拉個全景。

一、國際貿易政策的種類

1. 邏輯上，2×2＝4有4種可能

・2：依商品流動方向兩種情況，即出口、進口。

・2：依政策的用力方向有兩種，一是「鼓勵」、一是「減少」（包括禁止）。

2. 99%情況一種情況「重商主義」：擴大出口、減少進口

　　寫書必須面面俱到，所以表一拉個國際貿易政策的全景（即2 x 2的4種情況），但限於篇幅，只能挑重點的說，大體來說，各國政府腦子裡想的多是「重商主義」，要多創造貿易順差，如此人均總產值、就業人數都提高，這是執政績效。

二、為什麼管制出口？

　　國際商品貿易的交易標的不只是汽車、玩具，有涉及戰略物資（strategic materials）的大都有出口管制，由表二可見。

1. 多邊協定：以瓦聖納協定為例

　　42個國家針對三類產品（其中常見的8中類軍火）都有管制名單（control list），即不准賣給哪些國家。

2. 單邊：美國為例

　　美國在「出口管制」（export regulation）法規詳見表二第二欄，針對二類產品由商務部、國務院核發出口許可證。各國每年都會辦說明會，以說明現況，此外邁克菲（McAfee）等線上系統也可查到禁運名單、商品碼（export control classification number, ECCN）。

3. 禁運名單、項目是運輸公司必須知道的

　　你上任何一家國際運輸公司（例如：TNT，天遞公司網站），會看到「出口管制與制裁的規定，即說公司不替歐盟禁運名單、美國政府相關部會制裁或管制名單、運送「禁運物資」（主要是戰略物資）。

國家的國際貿易政策		
英文	臺灣用詞	中國大陸用詞
trade policy	貿易政策	同左
foreign trade policy	國際貿易政策	對外貿易政策

表一　政府國際貿易政策的情況

商品流通方向政策	出口		進口	
	減少	擴大	減少	擴大
對象	初級產品 1.農 2.礦	工業製品 1.消費品 2.資本品	消費品	初級產品
情況	1%	99%	99%	1%
政策工具				
關稅相關措施（customs related measures）	出口關稅（export duties）	免稅	進口關稅（import duties）	免稅
數量配額（quota）	出口配額（export quota） （本國）自願出口限制（voluntary export restraint）	主要是武器類	進口配額（import quotas） 1. 全球配額 2. 國際配額	例如中國大陸對外國電影的配額
品質	出口許可證（export licensing）	—	進口許可證（import licensing） 進口禁令（import prohibition）	主要是基於人民安全考量
時效	—	—	檢疫檢驗程序	—

表二　全球與美國的出口管制

項目	單邊：美國	多邊協定——瓦聖納協定（Wassenar Agreement）
一、針對兩用產品出口		
時	1970年代	1996年9月，5月12日簽約
地	美國	荷蘭瓦聖納市
人	美國商務部出口管理局（Bureau of Industry & Security, BIS），針對軍用、民用兩用項目（dual-use items）	33個國家（主要是北約國家），後來增加到42個國（主要是東歐國家）
事	出口管理法（The Export Administration Act, 有效期1970~1990年）制定的《出口管理條例》（Export Administration Regulation），把外國（加拿大除外）分成七組出口商品 / 技術分成三區（紅區、黃區、綠區）	《關於常規武器與兩用產品和技術出口控制協定》，簡稱瓦聖納爾協定，祕書處設在奧地利維也納市 1. 管制對象：伊朗、伊拉克、北韓、利比亞 2. 管制出口項目：包括三種 　·國際原子能清單 　·國際軍火清單，有八項 　·工業清單 3. 各國權衡原則（national discretion） 4. 尊重他國原則，俗稱「不破壞原則」（no undercut agreement）
二、針對軍用產品出口		
時	1976年6月30日	
地	美國	
人	美國國務院國防貿易控制辦公室	
事	依據「武器出口管制法」（Arms Export Control Acts） 1. 軍事武器（munitions items） 2. 相關產品 3. 原料（銅、獸皮、核桃木、原油、西洋紅杉）出口	

資料來源：整理自余萬里，「美國對華技術出口：管制及其限制」，國際經濟評論，2005年5月。
　　　　　整理自中國國際商會，「出口必知！美國出口管制制度與企業合規建設」，壹讀，2017.3.18。

Unit **16-2**
世貿組織的各項協定與組織設計

　　由表一～三可見，世界貿易組織依產業（表一）、貨品貿易出口（表二）、進口（表三），各成員皆簽定了相關協定，各表中第二欄，為了節省英文用詞起見，只有第一次出現時「農業協定」（Agreement on Agriculture）中有agreement on, 其餘皆省略，第三欄可見，職有專司，各項協定皆有對應理事會，理事會下轄委員會或工作小組。

表一　貨物貿易依產業區分

產業	協定	理事會下轄委員會
一、農業	Agreement on agricultures	
二、工業 （一）紡織品與成衣 （二）資訊技術（產品）	Textiles & clothing Information technology	紡織品監督機構 V
三、服務業 （一）與貿易有關的投資 （二）民用航空器 （三）政府採購	Trade-related investment measures（TRIMS） Trade in civial aircraft Government procurement agreement（GPA）	V V, 註：（二）、（三）屬於複邊協定 V

304

表二　貨物貿易下的商品出口協定與組織設計

貨物出口與服務貿易	協定	理事會下轄委員會
一、貿易出口 （一）原產地規則 （二）裝運前檢疫	Rules of origin Pre-shipment inspection（PSI）	V －
二、服務貿易 （一）委員會 （二）工作組	服務貿易總協定（附件1B） － －	服務貿易理事會 1. 金融服務貿易委員會 2. 專業服務委員會 1. 國內法規工作組 2. 服務貿易總協定規則工作組

表三　貨物貿易下商品進口協定與組織設計

進口程序	協定	理事會下轄委員會
一、市場進入	－	V
進口許可「證」（或程序）	Import licensing procedures	V
二、邊境措施		
（一）關稅	Implementation of Article VII of the GATT 1994（即Customs Valuation Agreement）	海關估價委員會
（二）食品安全檢驗與動植物防疫檢疫	The application of sanitary and phytosanitary （SPS） measure	衛生與植物檢疫措施委員會
（三）技術性貿易壁壘	Technical barriers to trade （TBT）	對貿易的技術壁壘委員會
（四）智慧財產權	與貿易有關的智慧財產權協定（Agreement on Trade-Related Aspects of Intellectual Property Rights, TRIPS）附件1c	與貿易有關的智慧財產權理事會
三、貿易救濟		
（一）補貼與反補貼措施	Subsidies and countervailing measures	V
（二）反傾銷	Implementation of Article VI of the GATT 1994（即Anti-Dumping Agreement）	反傾銷措施委員會
（三）保障措施	某國占本國進口產品（數量）	委員會
（四）其他	－	第19條特定產品輸入之緊急措施

資料來源：部分來自「世界貿易組織」——MBA智庫百科。

Unit 16-3
各種貿易障礙：兼論進口國的進口貿易障礙

圖解國際貿易理論與政策：國際經濟與區域經濟

世貿組織的宗旨是達成「自由貿易」（fair trade），這名詞很空幻，最簡單的比喻便是「搬走路上石頭」，本單元說明國際貿易路上障礙。

一、貿易「障礙」的定義與名詞

1. 自由貿易＝沒有貿易障礙：如何了解自由貿易？另一種說法是「無貿易障礙」，這個說法跟「無障礙空間」（barrier free space）的說法一樣。
2. 貿易障礙的英中文用詞：由表一可見，常見的英文、中文用詞有兩種，貿易障礙反面字是貿易促進（trade-facilitating measure）。

二、貿易障礙的範圍與種類

1. 常見大分類：依關稅區分
   · 關稅障礙（tariff barrier）；又稱貨幣貿易障礙（monetary trade barriers）。
   · 關稅以外障礙（non-tariff barriers），又稱貨幣以外貿易障礙（non-monetary trade barriers）。
2. 美國貿易代表署的分類：每年3月30日，美國貿易代表署針對64國公布「各國貿易障礙評估報告」（National Trade Estimate on Foreign Trade Barriers, NTE），這可說是全球最有影響力的貿易障礙，分成10小類。在表二中，依貿易、直接投資分成三大類。

三、貿易障礙形成方式

表三可見，依貿易障礙的合法性質區分，貿易障礙形成方式有四種。

四、世貿組織的監督

· 時：2009年起，每年一次，公布去年
· 地：瑞士日內瓦市
· 人：世界貿易組織
· 事：在世界貿易統計回顧中，第七章「貿易政策發展」。

資料庫：Integrated Trade Intelligence Portal (I-TIB): http://i-tip.org/goods

表一　貿易障礙的英文中文用詞	
英文	**中文**
trade barrier	貿易障礙、壁壘
trade-restrictive measure	貿易限制措施 這是世貿組織的用詞

表二　美國貿易代表署「各國貿易障礙評估報告」之貿易障礙

大分類	中分類	補充說明
一、商品貿易	（一）出口 1.出口補助 2.缺乏智慧財產保護 （二）進口 1.進口政策 2.食品衛生檢驗及動植物防疫檢（SPS）、食品衛生檢驗（sanitary）、動物檢疫措施（phytosanitary measure）與技術性貿易障礙（technical barriers to trade, TBT） 3.數位貿易障礙（digital trade barrier）	·出口許可證（export licenses） ·自願出口限制（voluntary export restraints） ·當地自製比率（local content requirement） 妨礙跟貿易有關的智慧產權的措施 進口限制（import bans） ·例如：進口關稅和其他進口費用 ·進口配額（import quotas） 　⑴技術措施／法令（technical measure/regulatory） 　⑵法令（regulation） 　⑶其他貿易限制（trade restriction） 數位貿易42項 ⑴監管機構 ⑵開放市場 ⑶促進電子商務發展的倡議 ⑷增強多邊貿易體系透明度
二、服務貿易	（一）服務業障礙 （二）政府採購（government procurement）	例如：健康保險制定中對藥品等相關規定
三、直接投資	（一）投資障礙 （二）不公平競爭 （三）其他障礙	例如限制外資公司持股比率 政府允許國營或民營公司不公平競爭 1.例如：賄賂 2.外匯方面：例如：匯率貶值 3.禁運（embargo）

表三　貿易障礙的形成方式

合法程度	說明
一、立法（legislation）	包括法律、法規、條例、法院判決
二、行政命令（administrative order）	1.行政命令 2.行政決定 3.行政指令
三、作法（practice）	1.短期內頻繁使用反傾銷措施 2.地方政府 3.官僚主義 4.官員貪汙、腐敗
四、政策或輿論（policy or consensus）	1.政策：政府透過宣導 2.輿論（consensus）：例如愛用國貨、抵制外國貨

Unit 16-4
出口國獎勵出口政策：
進口國三道防線之第一道防線

在本章開宗明義的說，在世界貿易組織的自由貿易原則下，164個會員沒有多少「促進出口、減少進口」政策空間，只有一些影響（出口、進口金額）10%以內的國際貿易政策（例如：技術貿易障礙）可用，要想商品貿易順差，必須靠基本實力強。

一、第一道防線：世界貿易組織大幅限縮各國國貿政策範圍

1995年，世貿組織成立後，迄2019年已有164個會員，全球99%的總產值、國際貿易值國家／地區（例如：中國大陸香港）皆已加入。世貿組織的宗旨是去除一切貿易障礙，以促進全球公平貿易。

1. 全球的平均進口關稅：由圖一可見，由於烏拉圭回合的決議全面執行，1995年以來，世貿組織成員的關稅稅率逐年降低，全球平均關稅稅率5%以下，而且只能往下降，特例情況下，才可採取貿易救濟的對貿易對手抬高關稅。

2. 配額：關貿總協第九條「數量限制之普遍消除」：簡單的說，在世貿組織架構下，99%（只有少數農產品）配額已取消，只有少數情況例外。

3. 世貿組織定期審核各成員的法令遵循：世貿組織有專門機制（其實就是會員大會）針對貿易政策檢討小組（或會員派駐世貿組織的大使）組成來裁決該成員是否有遵守協定。一般來說，164個會員大都相安無事。

二、加入世貿組織的條件：以中國大陸為例

以2001年12月加入世貿組織的中國大陸來看，就一目了然。

1. 1992年以前關稅稅率15.3%。

2. 200年121月加入世貿組織

　　‧關稅稅率：由圖二可見，加入世貿組織有二批商品，農產品、工業製品。各有3、8年的逐年降稅緩衝期；到了2010年9.8%、2016年3.5%，已接近工業國家標準。

　　‧關稅以外貿易障礙：配額、進口許可證、特定招標等皆取消。

世界貿易組織的各國貿易政策檢討機制（世貿組織附件I）	
年：1979年起 事：依貿易量排名，排定定期評估是否依約行政。 ‧第1~4名，2年1次。 ‧第5~20名，4年1次。 ‧第21~120名，6年1次。 ‧低度開發國家10年1次。 ‧最嚴重的違反世貿組織協定，該成員（國）可能被除籍。	（一）組織／設計 1. 貿易政策檢討機構（The Trade Policy Review Body, TPRB） 2. 貿易政策檢討小組 （二）功能 1. 每年年初此機構選出當年主席，由各成員代表中選出。 2. 每年審核各成員提出的去年多邊、雙邊貿易協定執行情況。

圖一　全球關稅稅率

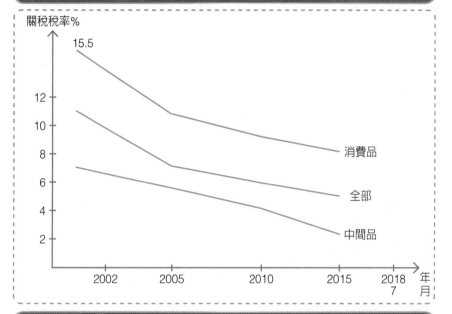

圖二　中國大陸加入世界貿易組織的進口關稅稅率

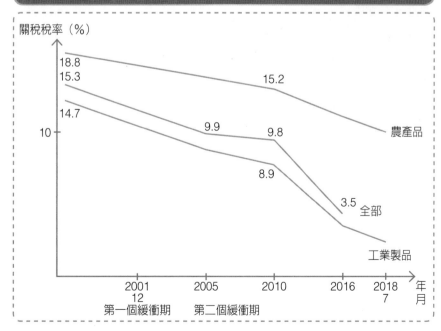

Unit 16-5
國際貿易法規

在Unit 15-3提及一個國家的法令是塑造技術貿易障礙的主要方式，所以有必要簡單說明「國際貿易法」（或國際貿易法規）。

一、了解國際貿易法的好處

1. 消極來說：以了解本國的國際貿易法來說，以了解利用政府力量，針對侵門踏戶的外國公司，本公司如何自己救濟。
2. 積極來說：以了解自由貿易協定來說，可了解成員國在哪些項目的進口關稅如何。以南韓的產業通商資源部每年委外的調查可知，大企業人力、財力多，所以大都知道該如何利用南韓跟外國政府簽的自貿協定，小企業往往狀況外，所以出現出口到成員國的產品50%，未利用自貿協定。

二、第一欄：兩大分類

1. 國際經濟法（international economic law）。
2. 國際經濟法以外。

三、第二欄：國際經濟法的中／小分類

經濟包括實體面、金融面，美國等許多大學在國際經濟法課程下，還依下列兩方面開了小分類課程、出書。

1. 小分類：實體面。實體面包括生產因素、商品市場。商品市場中的國際法常見有二個小分類。
   · 國際（直接）投資法（international investment law）。
   · 國際貿易法（international trade law）。
2. 中分類：金融面。例如國際金融、國際金融管理。

四、第三欄：細分類

這是國際貿易法依國境二分法。

1. 境外：廣義的國際貿易法。

依地理範圍由大到小分成：
   · 全球（或稱多邊）：即世貿組織的協定，俗稱「公約」。
   · 雙邊：即自由貿易協定。
   · 貿易對手國的國際法規、慣例等。

2. 境內：最狹義的國際貿易法

   · 直接：大部分的國家都是為了加入關貿總協、世貿組織，才訂定（國際）貿易法，以中國大陸來說，詳見右頁小檔案。
   · 間接：國際貿易法是專法，是跟世貿組織對接的，其他還有一般法令也跟國際貿易有關。

圖解國際貿易理論與政策：國際經濟與區域經濟

國際貿易法的種類

大分類	中／小分類	細分類
一、世界經濟法（international economic law）	（一）實體面 1.生產因素市場 2.商品市場 　・消費 　・投資 　・政府支出 　・國際貿易 （二）金融面 1.國際（經濟）發展 2.國際金融法 3.外匯管理	1.境外 ・多邊：世界貿易組法 　主要來自關貿總協 ・雙邊：自由貿易協定 2.境內 ・直接，例如：1993.2臺灣 　「貿易法」 ・間接
二、世界經濟以外法		

資料來源：維基百科 " International Trade Law "

中國大陸對外貿易法

英文：Foreign Trade Law，中文：中國大陸稱對外貿易法，1994年5月12日通過

章	章名	章	章名
1	總則	7	對外貿易調查
2	對外貿易經營者	8	對外貿易救濟
3	貨物進出口與技術進出口	9	對外貿易促進
4	國際服務貿易	10	法律責任
5	與對外貿易有關的知識產權保護	11	附則
6	對外貿易秩序		

資料來源：中國對外貿易法。

Unit 16-6
美中經濟目標與政策：兼論國際貿易政策

美國經濟目標與主要經濟政策			
投入	轉換	產出	經濟績效
生產因素市場	產業結構	商品市場	

需求結構

生產因素市場

自然資源
1.土地
2.水
3.電
4.空氣
退出巴黎氣候公約

勞工

資本

技術

企業家精神
2018年起，公司所得稅稅率降低，最高35%，降低至21%

產業結構

一、農業

二、工業
提高工業（尤其製造業）占總產值比率，俗稱「再工業化」（re-industrialization）
1.2010. 8. 11 歐巴馬總統的「美國製造業振興法」（US Manufacture Enhancement Act）
2.2017年1月，製造業勞工1,400萬人，間接相關800萬人

三、服務業
對金融業的監督管理「鬆綁」，監管是隱形稅收

商品市場

消費
・2018～2025年對家庭減稅

投資
1.海外直接投資流入
2.國內投資

政府支出
1.2017～2026年擴大基礎建設5000億美元
2.減稅

國際貿易
自由公平的國際貿易
1.出口
2.進口
⑴自由貿易協定再談判
⑵進口替代政策：對外國太陽能、鋼、鋁、水泥等課進口關稅，以減少進口

經濟績效

一、經濟效率
1.經濟成長率、總產值
2.人均總產值
　美國再次偉大（Make American Great Again）
3.就業
　・工作創造目標：2017～2026年增加2,500萬人就業
　註：2017年1月20日川普總統就職典禮的演講
4.物價上漲率2%以下

二、經濟公平

中國大陸主要經濟目標與政策

投入	轉換	產出	經濟績效
生產因素市場	產業結構	需求結構	

生產因素市場

自然資源
1. 土地：2008年起，廣東省騰籠換鳥計畫
2. 空氣：2013年大氣汙染防治行動計畫

勞工
1. 人口紅利還在
2. 2008年起，各省市「千人計畫」

資本

技術
1. 研發密度2%以上，2017年2.13%
2. 2017年專利申請量24.35萬項，美56624，中48882，日48009

企業家精神
2015年3月，大眾創業，萬眾創新政策

產業結構

一、農業

二、工業
2015年5月公布「2025中國製造」，目標是「製造強國」
1. 10大策略行業
2. 高值化
3. 中國大陸版工業4.0 2025年製造業強國

三、服務業
2013年服務業產值占總產值比率46.1%，首次超越工業（43.9%）

需求結構

商品市場

消費
1. 減稅
2. 嚴防房市泡沫

投資
1. 海外直接投資流入
2. 國內投資改革紅利，即公營企業開放民間資金參股

政府支出
城鎮化目標：2020年達60%，2013年53.7%

國際貿易
1. 出口：一帶一路政策（one belt, one road）
2. 進口

經濟績效

一、經濟效率
1. 經濟成長率6%
2. 人均總產值2020年10,000美元，全面建成小康社會
3. 就業城鎮失業率4.7%以下
4. 物價上漲率3.5%以下

二、經濟公平
1. 全面脫貧2015年以年收入2,300原人民幣來說，5,575萬人
2. 吉尼係數2008年0.491 2017年0.467

Unit **16-7**
美國貿易相關法律

2018年，美國川普總統對世界各國宣告貿易戰。

· 3月8日，川普總統引用貿易擴張法第232條，不需國會同意，認為外國出口到美國的鋼、鋁對國家安全構成威脅，對進口鋼品加 25%、鋁品加徵10%國安關稅，5月31日，商務部長宣布對象包括加墨、歐盟。6月22日歐盟展開報復，22日起對美國牛仔褲、摩托車和威士忌等出口商品開徵報復性關稅。

· 2018年7月6日，美國貿易代表署引用1974年貿易法301條，美國宣布對240億美元進口中國大陸產品開徵25%的懲罰性關稅。

　　本單元依時間順序，把美國國際貿易相關的法律依時間順序作表整理，並列出其中重要法條。

貿易戰是美國政府的常見國貿易政策

時：2019年1月28日
地：美國首都華盛頓特區
人：郭德堡（Pinelopi K. Goldberg），世界銀行經濟學家（World Bank Chief Economist）。
事：美國歷代史上試圖用貿易政策促進自身利益，最著名的是1971年尼克森政府對所有進口品加徵10%關稅，目的是阻止美國經常帳逆差擴大。雷根政府則針對一些進口品，尤其日本產品，樹立關稅以外壁壘。

美國跟貿易相關法律

年	背景	法律
1917年	第一次世界大戰 （1914～1918年） 協約國：美英法等 同盟國：德、奧匈帝國、鄂圖曼帝國	通敵法（Trading with the Enemy Act） 美國政府有權對「特定國家」進行下列措施： 1. 凍結所有形式貿易 2. 課徵無上限關稅 3. 凍結該國在美國境內所有資產
1930年	美國1929年10月24日～1933年，美國股市重挫，經濟大蕭條，貿易保護主義抬頭，美國國會通過〈斯姆特‧霍利關稅法〉，1921～25年美國關稅從價稅平均稅率25.9%，但1931～35年50%	關稅法（Tariff Act） 1. 第337條：對外國出口到美國的產品侵害美國智財權或其他不公平競爭，美國政府可排除、停止、禁止 2. 第338條：針對外國對美國出口商品「歧視」，美國政府可外國出口到美國商品禁止或課50% 3. 第731、730條反傾銷稅 4. 第701～709條是平衡稅
1962年	關稅及貿易總協定 甘迺迪回合談判的進行，在1964～1967年在瑞士日內瓦舉行，之所以稱為「甘迺迪回合」（Kennedy Round）是46國為了回應美國的貿易擴張法，制定了第一個「反傾銷」協定	貿易擴張法（Trade Expansion Act） 授予總統有權可降低關稅稅率下降80%。 第232條款（Section 232）構成要件：「特定產品的進口對國家安全構成威脅」 政府措施：「對該外國產品禁止進口、設立進口配額或新關稅稅率。」

美國跟貿易相關法律（續）

年	背景	法律
1974年	1969～1973年，美國政府向關貿總協提出數件貿易爭端控訴案，在處理過程中，突顯關貿總協爭端解決機制的多項缺失，於是制定本法	貿易法（Trade Act） 1. 第201條防衛條款對進口大增以致美國公司嚴重侵害。美國政府可採關稅、配額、關稅配額 2. 第182條（俗稱特別301條款）主要是針對特定國家在智慧財產權的不公平貿易行為（例如：保護不足、侵害、強制移轉等） 貿易代表署應定期調查，提出： ・優先指定國家（priority foreign country） ・優先觀察名單（priority watch list）、一般觀察名單（watch list） 第301條款（Section 301）：當特定國家的法律、政策或行為違反跟美國的相關經貿協定義務，或跟美國貿易「不合理、不公平」 美國政府措施如下： ・暫停美國（在經貿協定）的義務 ・對特定國家出口到美國商品提高關稅、提高對其服務貿易限制 ・該國自願提出補償並跟美國簽定逐年降低貿易限制的雙邊協定
1975年	部分法源來自1950年的〈國防生產法〉第721條	福特總統以行政命令，設立美國外資投資委員會（Committee on Foreign Investment in the US, CFIUS），針對外資公司在美投資（主要是公司併購）於國家安全和重要基礎設施案，予以審核
1977年	美國在冷戰期間，總統希望有權對美國敵人施以經濟制裁	國際緊急經濟權力法（International Emergency Economic Powers Act）當國家陷入緊急狀態，美國政府可以課徵無上限關稅
1988年	1995年，美國出現鉅額貿易赤字、國際收支赤字、財政赤字，美國失業率升高、所得停滯，美國民意傾向於採取貿易保護主義	綜合貿易暨競爭力法（Omnibus Trade and Completeness Act） ・此法案給予國會在貿易方面較多權力。 ・貿易代表署每年3月31日公布「各國貿易障礙評估報告」（National Trade Estimate Reports）針對違反世貿組織跟美國協定的國家，採取裁量行動（discretionary action） ・貿易待遇：最惠國待遇、國民待遇、互惠待遇、普遍優惠待遇
2015年	2000年，美國工業產品的貿易赤字3,170億美元 2016年商品貿易赤字6,480億美元 2017年8,100億美元	貿易便捷化及貿易執行法（Trade Facilitation and Trade Enforcement Act） 2016年2月11日國會通過，2月24日總統簽署

315

Unit 16-8
美中國際貿易政策決策部會

　　美中的國際貿易政策相關業務由許多部會負責，把兩國的主管機構作表整理，有比較才知道差異。本單元與Unit 15-10中美國部份，依2015年貿易便捷化和貿易執行法（Trade Facilitation and Trade Enforcement Act），把相關部會的權力責任畢其功一役的整理。

美國與中國大陸國際貿易政策決策部會		
組織層級	中國大陸	美　　國
一、總統		
（一）總統	國家主席習近平 兼中央總書記 兼軍事委員會委員長	川普總統
（二）財經委員會	中央財經領導小組	─
（三）委員會	中央財經委員會	1.美國總統辦事機構經濟顧問委員會（Council of Economic Advisers, CEA） 2.國家貿易委員會：2017年由川普總統成立
二、國務院		
（一）副總理	4位副總理在經濟相關事務皆有主轄部會 2018年3月19日起，劉鶴主管國際貿易等事務（資料來自其網站）	─ （註：國務院等於一般國家的外交部）
三、國際貿易談判	商務部	*第6章（Title VI） 美國總統辦事機構
（一）貿易談判主管機構	1.商務部貿易談判代表 　2010年8月17日設立 　兼副部長，代表下轄祕書局 2.條約法律司	貿易代表署（Office of the US Trade Representative, USTR），1962年成立 貿易代表署下設5個司
（二）世界貿易組織	世界貿易「組織司」 （另通報諮詢局）	1.多邊談判司 　・世界貿易組織 　・普惠制（GSP） 　・聯合國貿易發展組織
四、地理範圍	1.國務院直屬機構 　國家國際發展合作署	2.分析、法律事務和政策協調司

美國與中國大陸國際貿易政策決策部會（續）

（一）全球	2.商務部直屬事業單位 　國際經濟合作事務局 3.商務部國際經貿關係司 　外事司	3.公共範圍司
（二）區域	亞洲司、臺港澳司、西亞非洲司、歐洲司、美洲大洋洲司	4.雙邊談判司，分5個區域
（三）援助	對外援助司	聯邦政府獨立機構 美國國際開發署（Agency for International Development USITC）
五、服務貿易	商務部服務貿易和商業服務業司	5.產業活動司，依農工服務業區分

美中對外資直接投資與外匯管理主管機構

領域	中國大陸	美　國
直接投資	商務部	
（一） 外資直接資流入	1.商務部直屬事業單位投資促進事務局 2.商務部外國投資管理司	1.針對國防工業：2008年1月〈外人投資與國家安全法〉（Foreign Investment and National Security Act, FINSA）設立委員會，14位代表實際執行：財政部投資安全辦公室（office of investment security） 2.對銀行業：1991年12月對外國銀行加強監督法 3.一般行業：美國外資投資委員會（The committee on Foreign Investment in the US, CFIUS），1975年成立。1976年國際投資調查法（the International Investment Survey Act）
（二） 外資直接投資 （流出）	1.商務部對外投資和經濟合作司 2.2006年7月5日由8個部會發表「境外投資產業指導政策」	

資料來源：中華經濟研究院，「全球主要國家對外人投資之審查制度、流程及限制條件研究」。

Unit **16-9**
美中貿易政策執行部會

圖解國際貿易理論與政策：國際經濟與區域經濟

318

美中政府主管出口事務相關部會		
出口項目	中國大陸	美　國
一、促進		
（一）商務部	商務部直屬事業單位外貿發展局	商務部17個局之一國際貿易署（International Trade Administration）1980年1月成立旗下美國商業服務局（US Commercial Service），1927年成立 網站上提供出口下列資料： 1. 行銷和出口融資資源資訊 2. 每年制定「聯邦－各州」貿易年度推廣計畫 包括下列區域： 1. 海外：美國駐各國的大使館中的商務處，例如：美國駐中國大使館經濟處 2. 美國國內：比較像中國外交部駐各國大使館經濟商務處加中國國際貿易促進委員會
（二）其他部會		*第5章（Title V） 聯邦政府獨立機構聯邦小型公司署成立（SRA）1953年建立貿易擴展計畫（state trade expansion program）建立出口促進協調工作小組
二、出口許可		
（一）產地證明	法源：「進出口貨物原產地條例」，2005年1月1日實施，之前1992年3月8日～2004年是「出口貨物原產地規則」 1. 普遍優惠：市場監督管理總局、海關總署 2. 一般：中國國際貿易促進委員會（China Council for the Promotion of International Trade, CCPIT）1952年是社會團體，在全國有 　・行業分會：17個 　・行政地區分會：省市48個、縣級600餘個支會.	全球源頭是 　・年：1923年 　・地：瑞士日內瓦市 　・事：日內瓦協議 1. 特殊：聯邦貿易委員會（Federal Trade Commission, FTC） 　・1914年成立，下轄3個局：消費者保護局、經濟局、公平競爭局 2. 一般：左述稱為商會產地證明（Chamber of Commerce），源自1899年 3. 在自貿協定時，出口公司填「發票申請」（invoice declaration）即可
三、智慧財產權事宜		
（一）申請	國務院部會管理的國家局國家知識產權局，由市場監督管理總局代管	商務部專利與商標局（Patent & Trademark Office, PTO）
（二）出口管制	國務院部會管理的國家局國家國防科技工業局 由工業和信息化部代管	第6章（Title VI）有關智慧財產權 　・組織設計：設立一位創新和智財權談判代表，由總統任命 　・政策：制定保護智財權的行動方案
（三）海關執法	海關總署 主動保護：權利人向海關提出扣押申請，2017年共扣留1.8萬多批、1.03億件、商品價值人民幣5.16億元	第3章（Title III）國土安全部 海關和邊境保衛局應跟外國執行與海關協調（特別是資訊分享），以強化智財權保護，把進出口商品是否侵犯智財權通知智財權所有人 移民與海關執法局（TLE）建立國家智財權協調中心，以協調相關活動，防止侵權商品進出口美國

美中政府主管進口的相關部會

進口項目	中國大陸	美　國
一、進口許可		
（一）進口許可證	商務部產業安全與進出口管制局，頒發軍用民間兩用物項與技術進出口許可證	免
（二）配額	對外貿易司（國家機電產品進出口辦公室）	1. 農產品配額：農業部 2. 其他配額未實施
二、邊境措施 I		
（一）商品		
（二）食品	國務院部會管理的國家局藥品監督管理局，由市場監督管理總局代管	*第2章（Title II）國土安全部 針對威脅美國消費者安全或健康的貨品輸美，國土安全部應制定進口安全、快速反應計畫（import safety rapid respond plan）
（三）一般	國務院直屬機構海關總署	
（四）農產品檢疫		
三、邊境措施 II	國務院部會管理的國家局 國家移民管理局（對外另有牌子：出入境管理局），由公安部代管	*第2章（Title II） ・美國國土安全部移民及海關執法局 ・確保符合美國「海關－貿易反恐聯盟」合作計畫的進出口公司的貿易利益
四、邊境措施 III		
（一）關稅稅率	國務院關稅稅則委員會辦公室 1987年3月7日行政命令發布，此單位是「議事協調機構」，由國務院祕書長長擔任主任、地址在財政部，主要是關稅司	*第3章（Title III）國土安全部（DHS）7個署之一 美國海關和邊境保衛局（CBP）
（二）稽徵	海關總署關稅徵管司	
（三）通關：貿易便捷化	海關總署直屬機構的各地海關	第1章（Title I）國土安全部海關和邊境保護局 ・跟外國政府制定貿易便捷化協定等 ・跟國家調查中心協調在適當時機對運位美國商品發出貿易差
五、貿易救濟		第6章（Title VI）
（一）調查裁處	國家市場監督管理總局（State Administration for Market Regulation）旗下反壟斷局	聯邦政府獨立機構 國際貿易委員會（International Trade Commission, ITC） ・應於網站上設置進口監測工具，提供大眾查詢進口商品價格和數量的工具
（二）執行	1. 商務部貿易救濟調查局，2014年成立，前身為產業損害調查局 2. 商務部產業安全與進出口管制局，2014年成立，前身為進出口公平貿易局	*第4章（Title IV） 1. 國土安全部海關和邊境保衛局，旗下貿易救濟執法處（Trade Remedy Law Enforcement Division） ・針對下列貿易課題（農業安全、智財權、貿易協議、貿易收入、反傾銷和平衡稅等）建立優先處理順序，就可能構成「反傾銷及平衡稅」的商品進行風險評估，以防止、打擊公司僥倖行為 2. 財政部

Unit 16-10
2018年3月～2019年美中貿易戰

圖解國際貿易理論與政策：國際經濟與區域經濟

　　美國谷歌搜尋，每年都有熱門搜尋字排行，2008年由於美國政府對金融業、汽車業疏困（bailout），這字成為當年英文熱搜字。2018年熱搜字之一是「貿易戰」（trade war），尤其是「美中貿易戰」（Sino-American Trade War），使全球經濟成長率由2017年3.1%降至2018年2.8%、2019年2.9%，2020年2.8%（2019～2021年是世界銀行2019年1月預測），全球主要股市皆下跌約8%。以美中貿易戰為例，說明兩國爆發貿易戰三階段。

一、第一階段：2017年放話到嗆聲

　　事出必有因，貿易戰之前一年，貿易受害國（此例美國）分兩時期表達不滿。
1. 起因——貿易摩擦（trade friction）：事出必有因，1970年以來，一半以上的貿易戰都是由美國政府發動，起因是美國商品貿易逆差導致「貿易摩擦」。
2. 引發貿易糾紛（trade disputes）：美國總統、商務部長、貿易代表署代表、財政部長等，上臺要求貿易對手國改善，對手國不服而回槓，形成貿易爭端。

二、第二階段：貿易談判

　　由右表第二欄可見，分二時期。
1. 先向世貿組織備案：於是雙方向世貿組織告狀，彼此展開「和平」談判。
2. 自力救濟：2018年3月，美國政府認為該談的都談了，談得不如己意，只好「敬酒不喝，喝罰酒」。

三、第三階段：和談不成就開戰

　　「以戰逼和」是美國政府一貫方式。

320

中國大陸特色的「新型經濟全球化」

時：2017年1月17日
地：瑞士達沃斯鎮
人：習近平，中國大陸國家主席
事：在世界經濟論壇（WEF）開幕式中，以「共擔時代責任．共同促進全球發展」為題演講。
目標：提高經濟全球化的正面效應，所得分配更平均，環境保護，以使人民普遍受惠，經濟環境平衡
作法：中國大陸政府將主動作為，堅持公平的適度管理，開放共贏的合作模式、公正合理的治理模式

階段時期	貿易戰期 2018.3～2018.11	休戰期 2018.12.1~2019.2.1	達成協議 2019.5
一、美方			
時	2018年3月22日	2018年12月1日	
人	川普總統	川普總統 習近平	美中高層
事	簽署對陸出口的部分商品（價值億）課徵25%關稅稅率，7月6日生效	在「20國」集團（G20）會議，在阿根廷的布宜諾斯艾利斯市，宣布談判三個月	秩序上： 1. 設立美中貿易協定執行辦公室 2. 美國保留報復性關稅措施
二、中方			
時	2018年4月4日	2018年4月10日	
人	國務院關稅稅則委員會	習近平	
事	宣布對自美進口的106項商品（大豆、汽車、化工品）加徵關稅稅率25%，6月1日生效 2018年7月起，降低進口汽車關稅稅率，以九人座以下汽車享例，由25%降至15% 2018年7月28日實施「外商投資准入特別管理措施（負面清單）」	在海南省博鰲市舉辦亞洲論壇的開幕主席演講，宣布四大開放： 1. 研發：強化知識產權局，加強保護智財權 2. 實際結構之一：投資放寬外資、市場准入 3. 實際結構之二：國際貿易 4. 擴大進口	一、商品市場 1. 在貿易 　‧減少商品貿易順序 　‧減少貿易障礙 2. 在直接投資 　‧強化智慧財產權條款 二、在轉換 停止產業補貼

2018～2019年美中貿易戰

資料來源：部分整理自中文維基百科「2018年美中貿易戰」。

321

五南圖解財經商管系列

書號：1G92
定價：380元

書號：1G89
定價：380元

書號：1MCT
定價：350元

書號：1G91
定價：320元

書號：1F0F
定價：280元

書號：1FRK
定價：400元

書號：1FRH
定價：560元

書號：1FW5
定價：300元

書號：1FS3
定價：350元

書號：1FTH
定價：380元

書號：1FW7
定價：380元

書號：1FSC
定價：350元

書號：1FW6
定價：380元

書號：1FRM
定價：380元

書號：1FRP
定價：400元

書號：1FRN
定價：450元

書號：1FRQ
定價：420元

書號：1FS5
定價：270元

書號：1FTG
定價：380元

書號：1MD2
定價：350元

書號：1FS9
定價：320元

書號：1FRG
定價：350元

書號：1FRZ
定價：320元

書號：1FSB
定價：360元

書號：1FRY
定價：380元

書號：1FW1
定價：380元

書號：1FSA
定價：350元

書號：1FTR
定價：350元

書號：1N61
定價：350元

書號：1FSD
定價：450元

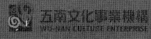
五南文化事業機構
WU-NAN CULTURE ENTERPRISE

f 🔍 五南財經異想世界 ✖

國家圖書館出版品預行編目（CIP）資料

圖解國際貿易理論與政策 ： 國際經濟與區域
經濟 / 伍忠賢著. -- 初版. -- 臺北市：五
南, 2019.07
　面 ； 　公分
ISBN 978-957-763-373-6(平裝)

1.國際貿易　2.國際貿易政策

558　　　　　　　　　108004980

1MCL

圖解國際貿易理論與政策：
國際經濟與區域經濟

作　　　者－伍忠賢

發　行　人－楊榮川

總　經　理－楊士清

主　　　編－侯家嵐

責任編輯－李貞錚

文字校對－許宸瑞

封面完稿－王麗娟

出　版　者－五南圖書出版股份有限公司

地　　　址：106台北市大安區和平東路二段339號4樓

電　　　話：(02)2705-5066　傳　　真：(02)2706-6100

網　　　址：http://www.wunan.com.tw

電子郵件：wunan@wunan.com.tw

劃撥帳號：01068953

戶　　　名：五南圖書出版股份有限公司

法律顧問　林勝安律師事務所　林勝安律師

出版日期　2019年7月初版一刷

定　　　價　新臺幣380元整

經典永恆・名著常在

五十週年的獻禮──經典名著文庫

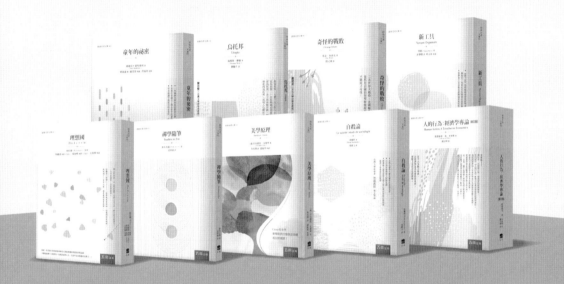

五南，五十年了，半個世紀，人生旅程的一大半，走過來了。
思索著，邁向百年的未來歷程，能為知識界、文化學術界作些什麼？
在速食文化的生態下，有什麼值得讓人雋永品味的？

歷代經典・當今名著，經過時間的洗禮，千錘百鍊，流傳至今，光芒耀人；
不僅使我們能領悟前人的智慧，同時也增深加廣我們思考的深度與視野。
我們決心投入巨資，有計畫的系統梳選，成立「經典名著文庫」，
希望收入古今中外思想性的、充滿睿智與獨見的經典、名著。
這是一項理想性的、永續性的巨大出版工程。
不在意讀者的眾寡，只考慮它的學術價值，力求完整展現先哲思想的軌跡；
為知識界開啟一片智慧之窗，營造一座百花綻放的世界文明公園，
任君遨遊、取菁吸蜜、嘉惠學子！